医療保険制度の再構築

失われつつある「社会保険としての機能」を取り戻す

Nishizawa Kazuhiko
西沢和彦［著］

慶應義塾大学出版会

はじめに

新型コロナウイルス感染症（新型コロナ）が世界中を席捲するなか、わが国は、新型コロナによる死亡者数が諸外国に比べて顕著に少なく、医療のあり方を称賛する声が上がっている。加えて、第二波の到来に備え、医療の一層の充実を求める声も聞かれる。

ただ、それは、わが国の医療が今のままの姿かたちでよいということを意味するものではないし、予算制約を抜きに議論することもできない。もともと、わが国は、人口動態の変化や極めて厳しい財政状況を背景に、医療をはじめとする社会保障制度の改革は最重要課題であったうえに、新型コロナによって、財政需要は一段と高まりつつ、経済活動縮小によって税収減が見込まれることから予算制約の厳しさは増しているためである。

ポスト新型コロナのビジョン策定が急がれなければならない。その際、医療保険制度を本来的な社会保険へと再構築すべきである。医療保険制度は、負担と受益が対応し、保険者自治が発揮される社会保険であるべきだ。これが本書の主張の核心である。

なんだ、今でも医療保険は社会保険だろう——そんな声もあるかもしれないが、実際には、医療保険の社会保険らしさは徐々に損なわれてきている。高齢化の進行や就業構造の変化といった社会保険を取り巻く環境の変化もあり、制度を運営していくことも難しくなっている。「世界に冠たる国民皆保険」と謳われる傍ら、自ら社会保険を壊しているのではないかと考えざるを得ない場面も見受けられる。なお、本書では公的な医療保険を対象とし、民間保険は対象外とする。

社会保険とは、社会保障という目的を実現するための方法の一つであり、給付に必要な費用は自ら拠出する自主的責任の観念を伴う方法である点に妙味がある。負担と受益が結びついているからこそ、給付内容に厳しい目が向けられ、自らに受益があるからこそ負担に納得感が伴う。負担と受益が結びつくとは、被保険者・患者の需要が供給に適切に反映されることも含まれる。被保険者・患者の合理的な判断のためには、整理された情報と制度のわかりやすさも必要である。医療保険を社会保険らしく再構築していくことこそ、医療保険制度を持続可能なものとしていくうえでの最も重要なポイントである。

医療保険に関する優れた書籍はすでに多く出版されている。そうしたなかであえて本書の特徴を挙げれば、次の三つに集約できるだろう。一つは、医療保険財政と医療提供体制を一体的に論じていることである。医療制度は、しばしば医療保険財政と医療提供体制の二つに分けられる。それぞれファイナンスとデリバリーとも呼ばれる。医療提供体制とは日常的に使う言葉ではないが、次のような例からイメージすることができる。病院と診療所という二種類の医療機関は、いずれも外来患者および入院患者を受け入れているが、病院は入院患者の受け入れ、診療所は外来患者の受け入れにそれぞれ特化し、そのうえで病院と診療所とが緊密に連携すれば、それはまさに医療提供体制の改革である。

本書は、医療保険財政が主題ではあるが、医療提供体制との関連を重視する。それぞれが独立して存在するのではなく、すなわち、保険者や被保険者はただ単に保険料を納めるだけの存在ではなく、医療保険財政と医療提供体制は密接に関連するはずであると考えるからだ。なお、医療提供体制に関する記述において、引用部分は、著者自らが参加した議論における医師や研究者の発言を中心にしている。

本書の特徴の二つめは、社会保障を議論する際にしばしば用いられる用語であっても抽象的であり、概念の共有が図られていないものについては使用を避ける、あるいは、留意しつつ使用していることである。たとえば、自助・共助・公助という言葉は、それぞれ、民間保険、社会保険、生活保護にあてはめられる場合があるが、実際には、社会保険は自助を制度化したものとも言えるといったように、必ずしも概念が共有されているわけではない。また、医療費は、社会保険料、公費、自己負担の三つで賄われるとも言われる。もっとも、公費といっても、政府自ら生産手段を有しているわけではなく、租税か赤字国債でしかない。赤字国債ということは将来の租税である。公費の充実といえば一見聞こえはよいが、それでは実のある議論にならない。

特徴の三つめは、政府の資料や用語を無批判に使うことを避けていることである。綺麗に作られた政府の資料のなかで、医療保険制度はあたかも理論的帰結であるかのような顔をしている。ところが、第1章以降でみていくように、われわれの目の前にある制度は、過去から現在に至る過程において、その時どきの課題に対し実現可能な解をあてはめてきたような側面があり、決して理路整然と説明できるようなものではない。

たとえば、2018年度にスタートした地域医療構想は、医療提供体制の改革におけるキーワードの一つであり、通常の解説書であれば、「地域医療構想とは」という書き出しで始まるであろうが、本書はそうしたスタイルはとっていない。地域医療構想は、関係者のなかで必ずしもイメージが共有されているとは思えないためである。

本書の構成をあらかじめ示せば、以下の通りである。

第1章の目的は、本書の導入部分として医療保険制度の全体像を捉えることである。ポイントは二つある。一つは、社会保障、社会保険、公平、および保険者自治など基本的な概念を整理することである。たとえば、医療保険における公平な負担というフレーズが政府の審議会の文書などでもしばしば見受けられるが、その定義について十分に吟味された形跡はなく、用法は混乱している。租税原則における公平の概念を社会保険料にそのままあてはめることはできないといったことなどがここでは示される。

もう一つは、医療費の範囲を明確にし、さらに、医療保険財政のアウトラインを把握することである。「国民医療費」という統計がよく用いられる。現在43・1兆円である。もっとも、「国民医療費」は、もっぱら治療に要し保険給付された費用の集計にすぎず、介護はもちろん、予防にかかる費用も含まれていない。利用には十分な注意を要する。

また、わが国の医療保険制度は、複雑に入り組んだ構造になっている。保険制度は、企業の健康保険組合、全国健康保険協会（協会けんぽ）、公務員の共済組合、国民健康保険（国保）、および後期高齢者医療制度などに分立し、財政力の格差を埋めることを主目的として国と地方自治体から公費が投入され、さらに、制度間の財政調整が行われている。この構造を把握することが医療保険制度を理解するための出発点となる。

第2章は、医療保険制度間の財政調整に焦点を当て、過去から現在に至るまでの制度改正を振り返る。医療保険財政は、おおまかにいえば、制度間の財政調整を通じ、現役世代が高齢世代を支える構造になっている。高齢者は、平均すれば一人あたり医療費は高く負担能力は低い。高齢者人口の増加と支え手である現役世代の減少がこの構造を困難にしており、展望も開けていない。このような認識は広く共有されているところであろう。

本書で特に強調したいのは、そうした人口動態の変化という、いわば不可避の要因のみならず、人為的な要因で医療保険制度の本来あるべき姿が徐々に歪められ、とりわけ近年その傾向が強まっていることである。嚆矢は1983年に導入された老人保健制度にある。それ以降、医療保険制度向けの公費圧縮と医療保険制度改正は結びつき、医療保険制度は少しずつ歪み、複雑化してきた。複雑化は民主的な意思決定を難しくし、保険者や被保険者の当事者意識を薄れさせる。この点こそまさに正されるべきポイントである。

第3章は、働き方と医療保険との関係に焦点を当てる。年金も含め、わが国の社会保険制度は、働き方の多様化への対応が遅れている。健康保険組合、協会けんぽなどの被用者保険は、一つの会社に毎日通い、一定時間就業する正規雇用者を加入者として想定している。もっとも、非正規雇用者の増加、複数事業所勤務者、および自営的雇用の登場など、実際にはそうした働き方ばかりではない。

そのため、もともと自営業者・農林漁業者のための制度であった国保の就業別最大の加入者は、いまや被用者になっている。同じ収入でも、被用者保険と国保では、保険料負担は総じて国保のほうが被用者保険よりも重い。この点への対応は極めて重要である。

働き方の変化は、被用者保険の保険者の活動のあり方にも課題を突きつけている。保険者の枢要な仕事の一つに保健事業がある。加入者の健康増進である。健康であることはそのものに価値があり、医療費抑制も期待できる。近年では、事業主と保険者が共同でこれを推進するコラボヘルスも積極的に進められている。もっとも、たとえば、複数企業で働く人や、在宅ワークのような働き方が増えてくると、保健事業のあり方も見直しを迫られることとなる。

第4章では、国民健康保険（国保）の実像を探る。国保は、国民皆保険のラストリゾートである。2015年の国保改正法が2018年度から施行されている。これは50年ぶりの抜本的改革であるとも言われるが、実態はどうなのだろうか。2015年改正の実像は極めて掴みにくい。2015年改正の起点は、2012年12月に設置された社会保障制度改革国民会議に見ることができる。政府内には、財政制度等審議会に代表されるように都道府県を保険者に位置づけるべきとの考え方と、すでに都道府県単位の広域化が進んでおり、あえて都道府県を保険者に位置づける必要はないとの対立する考え方があった。

本章では、2015年改正は、都道府県単位化が柱であると言われるものの、実際は2017年度まで段階的に進められてきた都道府県単位化の延長線上にあることなどを示す。加えて、子育て支援とは逆行する保険料負担体系や前期高齢者納付金の仕組みをはじめ、国保固有の課題が少なからず置き去りになっていることなどを明らかにする。

なぜ、そうなったのだろうか。それは、2015年改正が、国保固有の課題解決のためだけに行われたのではなく、都道府県を国保の保険者と位置づけ（結局完全にはそうならなかったが）、医療提供体制の改革あるいは医療費抑制をより強力に推し進めるために行われたためと考えられる。なお、第4章は、「おわりに」と併せて読んでいただいたほうが理解しやすいかもしれない。

第5章は、薬剤費、特に薬剤費統計がテーマである。当初1人3500万円の価格設定となり注目を集めた抗がん剤オプジーボをはじめ超高額薬が次々と登場し、医療保険にとって大きなチャレンジとなっている。国民医療費は、費用面からみれば、ヒトとモノとに大きく分けることができる。限られた財源のヒトとモノへの最適な配分は医療保険財政にとって核心的課題である。モノの中心が薬剤であり、薬剤費はしばしば約10兆円であるといわれる。もっとも、それは大雑把な数字にすぎない。薬剤費に関する正確な統計がそもそも存在していないためである。そのような状況では、最適な資源配分の議論など覚束ない。

そこで、本章は、過去20年程度にわたって薬剤費の推計を行い、実態を明らかにする。「約10兆円」は実態に比べ過少である。そのうえで、薬価政策、医薬分業などを評価し、これからのあり方を議論する。統計は、統計法第1条にもあるように、合理的な意思決定に欠かせない基盤であり、根本的な改善が欠かせない。統計改善に向けた課題もここでは示す。

第6章は、第5章までの議論を受けて、各章において残された部分、各章横断的な内容の提言である。医療保険を真の意味で社会保険として再構築していくための施策がここで述べられる。そのために重要なことは、税制、財政制度、統計など医療保険制度以外の見直しが必要であるということである。

本書は、これからの医療保険制度のあり方を、行政や一部の専門家任せにするのではなく、被保険者、患者、納税者として国民一人ひとりが考えるための手引きとして手にとっていただくことが目指されている。医療に限らず、制度も行政サービスも、国から一方的にあてがわれるのではなく、国民自らが判断し選択していけることが重要である。その目的が少しでも達せられれば、著者にとってこの上ない喜びである。

西沢　和彦

医療保険制度の再構築・**目次**

第1章　わが国の医療保険制度……1

1　社会保障は目的、社会保険は方法――1

2　医療費の範囲と規模――2

3　社会保険料における公平とは――9

(1)　租税における水平的公平　9

(2)　租税における垂直的公平　11

(3)　社会保険料における公平の整理　13

①　垂直的公平　13／②　水平的公平　15／③　保険集団同士の公平　16

4　事業主負担と消費税――17

(1)　社会保険料の事業主負担　17

(2)　租税と社会保険料の差異を明確にしつつ一体的な議論を　21

5　医療費と医療保険――22

(1)　キャッシュフローの理解が制度理解の出発点　22

(2)　医療費の自己負担における課題　29

(3) 国の財政と医療保険 32
(4) プライマリーバランスの財政健全化指標としての問題点 36
6 保険者自治こそ起点 40
補論 医療機関の設備投資額（資本形成）把握に関する諸問題――44
(1) 医療機関の設備投資額（資本形成）の規模 44
① 医療機器 44／② 建物・構築物 46
(2) 設備投資額（資本形成）の把握不在による問題点 47

第2章 医療保険財政の危機……53
1 高齢者医療費への支援金等の増大――53
2 老人保健制度導入とその後の健康保険料による再分配強化――57
3 マイナス・シーリング予算と退職者医療制度の導入――64
4 介護保険第2号保険料という目的税――69
5 高齢者医療制度の再構成――72
(1) 前期・後期高齢者医療制度への再編と拡張 72
(2) 後期高齢者支援金全面総報酬割導入による公費の付け替え 75
(3) 介護納付金総報酬割導入による公費の付け替え 80

(4) 現役並み所得者の対象拡大案と公費　82
(5) 租税からの逃避　85
(6) ガバナンスが効きにくい後期高齢者医療制度　87
(7) 後期高齢者支援金の加算・減算は正しいインセンティブか　90
(8) 後期高齢者医療制度の保険料の構造　91
(9) 前期高齢者の財政調整制度の問題点　94
補論1　オランダにみる税と保険料の役割分担――98
補論2　医療保険を危機に陥れる不作為――100

第3章　働き方の変化が医療保険に迫る変革……103
1　社会保険の理念と現実――103
(1) 理念の美しさと運営の難しさ　103
(2) 国保の就業世帯のうち被用者が最大のウエート　105
2　協会けんぽの適用・資格取得という二つのハードル――107
(1) 事業所の適用　108
(2) 本人の資格取得　110
3　国保加入の被用者の保険料負担――113

4 ハードル引き下げに向けた改革案――117
(1) 理論的な二つの選択肢 117
① 標準報酬下限の引き下げ 118／② 複数事業所勤務者の名寄せ 119
(2) 適用・資格取得の見直し 120
(3) 保険料納付方法の見直し 122
① 現行の方法 122／② 見直し案 124
(4) 多方面での活用が可能 126
(5) 複数の執行機関の機能の再編統合を 127
5 これからの健康管理（保健事業）は誰が行うのか――128
補論 一定の収入以下の専業主婦と被用者保険――130

第4章 国民健康保険はどこへ向かうのか……135
1 実像の見えにくい2015年改正――135
2 2015年改正法施行前の国民健康保険財政――138
(1) 改正法施行前の国民健康保険財政 138
(2) 約35年間にわたる都道府県単位化 140
(3) 保険財政共同安定化事業の導入と拡大 143

3　2015年改正の全体像――149
(1) 改正法施行後の国民健康保険財政　149
(2) 新たな国保運営　150
(3) 実際は保険財政共同安定化事業の精緻化　155
4　2015年改正後の保険者の多面性――156
(1) 都道府県が描くそれぞれの国保の将来像　156
(2) 都道府県内保険料水準統一は自明ではない　162
5　国保と医療提供体制の改革――167
(1) 医療提供体制の改革と地域医療構想　167
(2) 地域医療構想は主体的取り組みとして踏みとどまれるのか　172
(3) 医療費適正化、地域医療構想、国保　175
(4) 地域医療構想の推進に向けて　176
6　子どもにもかかる均等割と子育て支援政策――181
7　国民健康保険の将来――183

第5章　高額医療費の登場と薬剤費統計

第5章　高額医療費の登場と薬剤費統計……187
1　1人年間3500万円オプジーボの衝撃――187

2　厚生労働省から示される薬剤費と薬剤費比率——188
3　薬剤費と薬剤費比率の推計——193
(1)　出来高払いの薬剤費9・5兆円の内訳　193
(2)　入院における包括払いの増加　196
(3)　包括払いの薬剤費は約1・2兆円　199
(4)　トータルの薬剤費　200
4　薬剤費のより精緻な把握におけるその他の論点——201
(1)　消費税抜き価格での薬剤費比率の算出　201
(2)　介護保険および予防接種に含まれる薬剤費　203
5　薬剤費統計の整備に向けた課題——205
補論1　推計方法——207
(1)　出来高払い部分の薬剤費の推計　207
(2)　包括払い部分の薬剤費の推計　209
①　医科－入院　209／②　医科－入院外　211
補論2　診療報酬における消費税に関する諸問題——212
(1)　診療報酬と消費税　212
(2)　薬価と消費税　213
(3)　診療報酬（本体）と消費税　214

(4) 税制としての議論を　218

第6章　社会保険としての医療保険……221
1　再構築に向けて──221
2　ビジョンの共有──221
(1) 家庭医を起点とした医療提供体制ビジョン　221
(2) 税と社会保険料の役割に応じた再構築　226
3　所得捕捉の精度向上が拡げる政策の選択肢──228
4　マクロ費用統計の根本的な改善──230
5　消費税の再評価と改善──235
6　社会保障横断的な改革に進める場合──236
7　国の財政運営の見直し──240
8　後期高齢者支援金・前期高齢者納付金をどうするか──241
9　保険者によるデータ利活用と留意すべき点──243
10　保険者という寄辺と多様な議論──245

おわりに　249
参考文献　259

装丁・坂田　政則

第1章　わが国の医療保険制度

1　社会保障は目的、社会保険は方法

社会保障と社会保険という二つの似た言葉がある。このちがいは重要である。社会保障は目的、社会保険はその目的を実現するための方法と捉えるのがわかりやすい。終戦からほどない1950年に公表され、現在でもしばしば参照される社会保障制度審議会の勧告（「社会保障制度に関する勧告」）は、そうした関係を次のように表している。

「国民が困窮におちいる原因は種々であるから、国家が国民の生活を保障する方法ももとより多岐であるけれども、それがために国民の自主的責任の観念を害することがあってはならない。その意味においては、社会保障の中心をなすものは自らをしてそれに必要な経費を拠出せしめるところの社会保険制度でなければならない」

この引用文にあるように、社会保険という方法は、必要な経費を自ら社会保険料として拠出することを通じ、国民の自主的責任の観念を阻害しないことがポイントとなる。ちなみに、社会保障制度審

議会は、2001年に経済財政諮問会議が設置されるのとともに廃止されており、現在の厚生労働省の社会保障審議会とは異なる（こちらには「制度」の語がつかない）。

社会保険という方法をとる社会保障制度としては、本書の主題となる医療保険のほか、国民年金、厚生年金保険、介護保険、および労働保険などがある。他方、社会保険という方法をとらない社会保障制度には、生活保護、児童手当、母子保健などがある。これらは費用の拠出を給付要件としておらず、もっぱら租税で財源が賄われる。給付に際し、所得や資産の審査が伴う。「福祉」という言葉が充てられるのも、こうした社会保険という方法をとらない社会保障制度である。

社会保障制度審議会は、社会保険という方法を通じ、社会保障という目的が達成されることが基本になるべきであると勧告している。それから約70年、本書でこれからみていくように、医療保険は、むしろ社会保険らしさを失う過程をたどってきたと言える。今日、そうした状況はより深刻化している。方法が蔑ろ（ないがしろ）にされているこの現状は正されなければならない。

2　医療費の範囲と規模

「医療」は日常的な用語であるが、一体どのような範囲までが想定されており、いくらの費用がかかっているのだろうか。医療政策の議論で注目を集めるのが、厚生労働省から公表されるマクロの医療費統計「国民医療費」である。2017年度の国民医療費は43・1兆円にのぼり（表1－1）、その対GDP比は負担の許容度を示す指標として政策の議論の場で頻繁に用いられる。もっとも、「国民医療費」を用いる際、十分な留意が必要である。たとえば、次の1～5は、通常われわれがまさにイメージする「医療」のはずだが、「国民医療費」には計上されていない。

1. 予防接種のワクチン代と問診料
2. 妊産婦健診やがん検診の費用
3. 一般医薬品（ＯＴＣ医薬品）
4. 公立病院に対する地方自治体からの補助金
5. 介護医療院の費用

なぜなら「国民医療費」とは、もっぱら怪我や病気をして医療機関にかかった際の治療費であって、かつ、医療保険の給付対象となる費用を集計したものにすぎないためである。「医療費」というより、狭義に「保険で支払われる治療費」と呼んだほうが実態に近い。よって、保険給付の対象外である予防接種、妊産婦を対象としたものをはじめ各種の健康診断、検診、および処方箋なしで購入可能なＯＴＣ薬などは（ＯＴＣはover the counter の略）、「国民医療費」に含まれない[1]。

地方自治体からは、公立病院向けに６８５０億円（２０１７年度）が繰り入れられているが、これも保険給付ではないため「国民医療費」には含まれない。いわば隠れ医療費である。介護医療院は、医療保険の給付対象である療養病床からの転換先として期待されている新しい施設形態であるが（２０１８年スタート）、介護保険の給付対象となるため、国民医療費には含まれない。なお、療養病床とは、主として長期にわたり療養を必要とする患者を入院させるための病床である。

すると、次のような不都合が生じる。インフルエンザの予防接種のワクチン代と問診料は「国民医療費」に含まれないが、インフルエンザにかかって診療所で受ける診察および処方された薬の費用は「国民医療費」に計上される。あるいは、自らがドラッグストアで購入した目薬は「国民医療費」に含まれないが、眼科で処方された目薬は「国民医療費」に含まれる。療養病床が介護医療院に転換することで「国民医療費」は減るが、費用は介護保険に付け替えられただけである（飛田［２０１８］）。

本来であれば、予防にかけた費用とそれにより抑制された治療費との大小関係が検証されるべきであるし、保険給付の対象となる処方薬のうちＯＴＣで代替可能なものは、代替によって節約できる医療費の規模が測られるべきである。ところが、「国民医療費」ではそうした議論が困難である。不都合はこれだけではない。次の1と2の費用は、「国民医療費」に含まれているものの、個別に切り出された数値を知ることはできない。

1　処方薬

2　医療機関の病棟・診療所建物建設、医療機器やコンピューター購入などの設備投資

「国民医療費」のなかには薬局調剤医療費という項目があり、２０１７年度は7・8兆円が計上されているものの、これは院内（病院および診療所の窓口）ではなく院外すなわち調剤薬局で提供された処方薬の薬剤費5・8兆円と調剤薬局の技術料2兆円の合計額である（内訳は筆者推計）。では、薬剤費に関する包括的な統計があるかといえば、それも見当たらない。そこで、国民医療費に占める薬剤費を推計すると、２０１７年度10・7兆円となる。薬剤費については第5章で詳しく論じる。

表1－1　「国民医療費」と Health Expenditure（いずれも日本の値）

国民医療費

（兆円）

診療種類別	金額
医科診療医療費	30.8
入院医療費	16.2
病院	15.8
診療所	0.4
入院外医療費	14.6
病院	6.1
診療所	8.5
歯科診療医療費	2.9
薬局調剤医療費	7.8
入院時食事・生活医療費	0.8
訪問看護医療費	0.2
療養費等	0.5
合計	43.1

Health Expenditure

（兆円）

機能別	金額
Curative and rehabilitative care（治療とリハビリテーション）	32.6
Long-term care（介護）	10.8
Ancillary services（画像診断や検査など）	0.3
Medical goods（処方薬、OTC薬、補聴器や眼鏡など）	11.7
Preventive care（予防）	1.7
Governance and health system and financing administration（行政費用）	1.0
Health Expenditure	58.0

資料：厚生労働省「平成29年度国民医療費」、OECD 'Health Data: Health expenditure and financing'（2016年）より筆者作成

医療機関の毎年の設備投資（資本形成）額も、適当な統計を探しても見当たらない。広く知られているように、わが国は人口あたり病床数が先進諸外国比多く、ＭＲＩ（Magnetic Resonance Imaging units）、ＣＴスキャナー（Computed Tomography scanners）といった高額検査機器の人口あたり保有台数も先進諸外国のなかで突出している[2]。

たとえば、人口１００万人あたりのＣＴスキャナー台数は、ＯＥＣＤ加盟国のなかで第1位の１１１台（２０１７年）と、第2位のオーストラリア64台のダブルスコアに近い水準である。

図１－１　主要国の人口あたりの病床数の推移

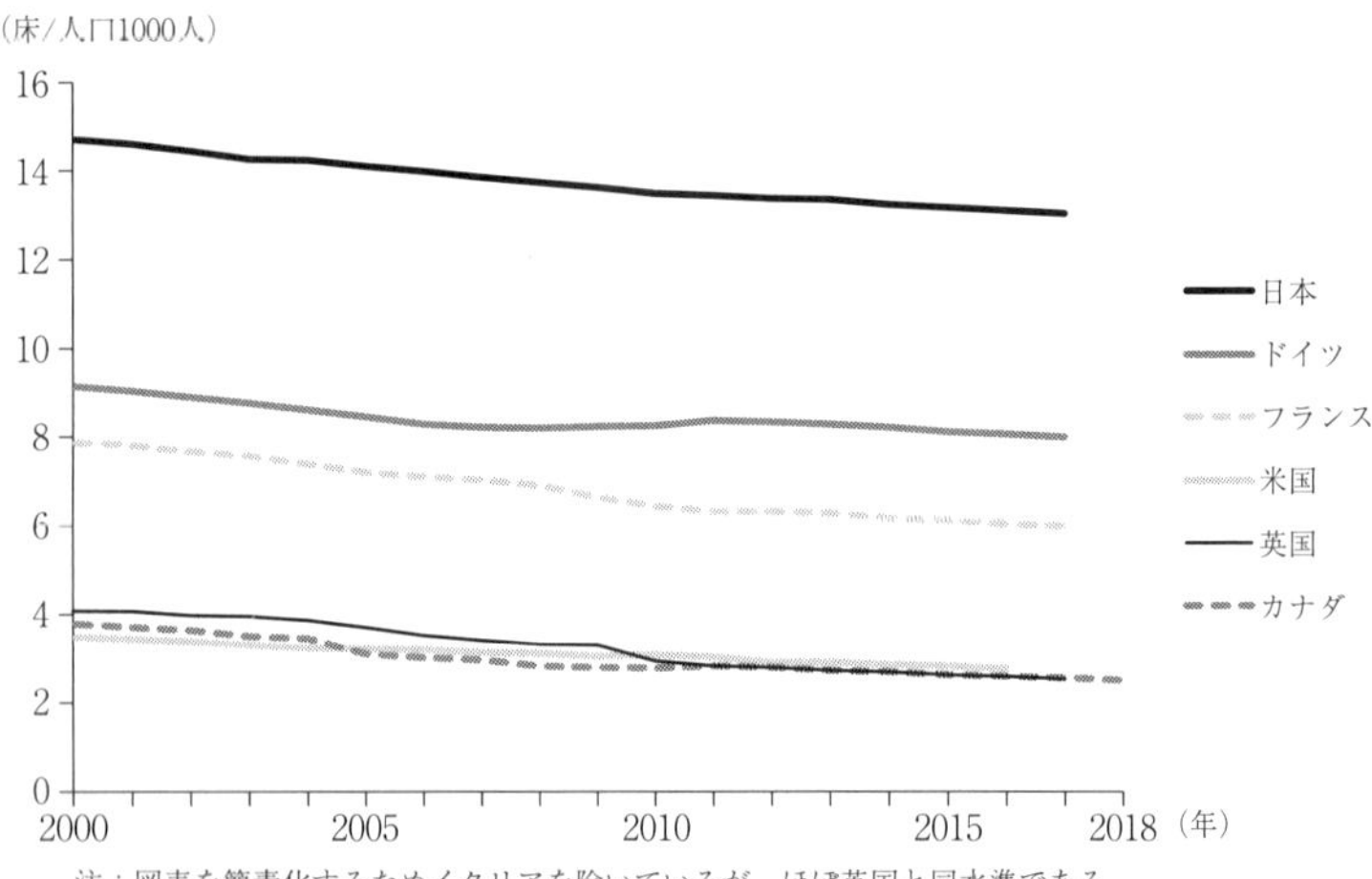

注：図表を簡素化するためイタリアを除いているが、ほぼ英国と同水準である。
資料：OECD.Statより筆者作成

他のＧ７諸国と比較しても、米国47台、ドイツ、イタリアいずれも35台、フランス17台、カナダ15台、英国９台（英国のみ２０１４年の数値）であるのに対し、わが国の保有台数は際立って多い。ＭＲＩも同様の状況である。

病床数も、わが国は、減少傾向にあるとはいえ、主要先進国のなかで突出している（図１－１）。人口１０００人あたり病床数は、わが国は13・1床であり、Ｇ７のなかでわが国に次いで多いドイツより５・１床多い。フランスは６床、英国、米国、カナダはそれぞれ２・８床、２・５床、２・５床にすぎない。

医療機関が設備投資をすれば、投資コストを回収するための医療サービス提供のインセンティブが生じ、ひいては過剰供給にもつながりかねない。しかも、分散して設備投資がなされれば、資本効率も低下する。医療に振り向けられる財源が限られるなか、設備投資のウエートが高まれば、その分、医師や看護師などの労働にしわ寄せが及ぶ。医師の長時間労働の常態化などを背景に、２０１７年８月には、厚生労働省に「医師の働き方改革に関する検討会」も設けられ、２０１９年３月には報告書がとりまとめられている。よって、本来、資本、労働、およびモノ（もっぱら薬剤である）への最適な資源配分の議論が不可欠であるが、「国民医療費」ではそれが困難である。それに代わる適当な公的統計もない。

こうした統計における不都合は、ＳＨＡ（A System of Health Accounts）であれば解消される。ＳＨＡとは、ＯＥＣＤ、ＥＵ、ＷＨＯの三者によって整備された、健康（Health）に関するマクロの費用統計体系である。いわば健康版の国民経済計算（ＳＮＡ：The System of National Accounts）であり、健康版の連結会計であるといえる。ＳＨＡに則り作成されているのが、健康支出（Health Expenditure）であり、ＯＥＣＤのＨＰ上で公表されている（表１－１）。わが国の健康支出は、58・０兆円（２０１６年度）と推計されている。健康支出のうち治療とリハビリテーション32・６兆円とMedical Goods 11・７兆円が、ごく大まかには国民医療費に相当する。

健康支出は、わが国でも、保健医療支出、あるいは、単に医療費と訳され、多用されてきた。たとえば厚生労働省の審議会は、診療行為の公定価格である診療報酬改定の基本方針を示すなかで、わが国の医療制度のコスト・パフォーマンスの高さの根拠として用いている。「医療費の対ＧＤＰ比は、ＯＥＣＤ諸国の中で中位にあり、世界一の高齢化水準に鑑みれば決して高い水準ではなく、世界に高く評価されるコスト・パフォーマンスを達成してきた(3)」。医療費といっているのは健康支出を指している。

健康支出には、治療費のみならず、予防にかかる費用、介護費用、ＯＴＣ薬なども含まれる。資本形成については、健康支出には含まず、参考値として推計が求められている。

このように、ＳＨＡの体系自体は極めて有効なのだが、わが国の健康支出の推計値は、介護費用や予防費用に過小推計が見られ、信頼を置ける水準には至っていない。資本形成についてはそもそも推計が行われていない。Long-Term Care（介護）として10・8兆円（２０１６年度）が計上されているが（表１－１）、介護保険から給付されている費用、すなわち高齢者向けの介護費用のみであり、若年障害者向けの介護費用が計上されておらず、その分過小になっているとみられる（西沢［２０１５ｂ］、西沢［２０１５ｃ］）。

Preventive Care（予防）も１・７兆円（２０１６年度）が計上されているものの、予防接種をはじめ地方自治体の担う予防の推計方法については多くの改善余地があり、やはり過小推計になっていると考えられる（西沢［２０１７ａ］、西沢［２０２０］）。ＥＢＰＭ（エビデンス・ベースト・ポリシー・メイキング、証拠に基づく政策立案）の推進が叫ばれつつ、信頼に足るマクロの費用統計を持たないまま議論がなされているのがわが国の実態と言え、その是正が強く求められている。ＳＨＡに基づくマクロ費用統計の整備については第６章で再論する。

医療保険を扱う本書における「医療」の射程も、第４章までは、おおむね「国民医療費」すなわち治療費の範囲にとどまっている。第５章以降において、ＳＨＡの健康支出のような予防や介護なども含む広義の医療に射程を拡げる。

3　社会保険料における公平とは

医療保険の費用負担を巡る議論において、「公平な負担」という表現が政府内で多用される。もっとも、社会保険料にとっての公平とは何か、確固たる共通概念が形成されているわけではなく、単なる装飾語となっている場合が少なくないように見受けられる。翻って、租税においては、公平・中立・簡素といった租税原則がおおむね共有されているのとは対照的である。そこで、租税との異同を明確にしつつ社会保険料における公平を改めて整理しておく必要がある。真に「公平な負担」とは一体何だろうか。なお、以下では、健康保険料のみならず年金保険料にも共通する部分は社会保険料という用語を用いる。

(1)　租税における水平的公平

租税に関し、とりわけ個人所得税を念頭に置けば、公平は、次の二つに大きく整理できる。一つは、水平的公平である。この原則は、同じ負担能力であれば、同じ負担であるべきことを求めている。そのためには、個人の負担能力が包括的に把握されなければならない。たとえば、サラリーマン（給与所得者）であっても、給与収入以外に、親から遺贈を受けた不動産や株式といった資産から収入を得ている人もいる。水平的公平の原則では、こうした収入も本業の収入とともにすべて合計し負担能力（担税力）を測り、課税することが求められる。これを総合課税という。今日、家計は、不動産や金融資産で約3000兆円分を保有しており（2018年末、国民経済計算）、これらから得られる収入を担税力に含めることは極めて重要である。

もっとも、望ましさとその実現は別問題である。水平的公平の実現は、主に次の三点から、必ずしも容易ではない。一つは、負担能力を表す指標としてもっぱら用いられる「所得」の定義である。たとえば、給与収入1000万円のサラリーマンと売上1000万円の個人事業主がいた場合、収入は同じ1000万円であっても、偶然を除けば、所得は同じにはならない。個人事業主は、仕入代金や人件費などの経費をすべて負担しており、売上からそうした経費を差し引いたものが事業所得となる。

他方、サラリーマンは、業務上の経費のほとんどを勤務先が負担しつつ、給与所得控除という経費控除が税制上認められている。給与収入から給与所得控除を差し引いた額が給与所得となる。なお、給与所得控除は、たとえば給与収入500万円で154万円、同様に1000万円で220万円であり、経費控除であることのみを根拠とすれば過大といえる。このように、稼得形態が異なる場合、所得の定義を揃える困難さがある。

二つめは、税務当局（国税庁、地方自治体）による正確な所得捕捉である。サラリーマンであれば、事業主によって所得税が源泉徴収されることから、税務当局による所得捕捉は相対的に容易である。他方、個人事業主については、個人事業主自らによって、売上や経費が正確に記録され、税務当局（国税庁、地方自治体）に申告されていなければならない。どうしても不正確さが生じる。

こうした事業所得の捕捉の難しさは、クロヨン問題としてかねてより問題とされてきた。クロヨンとは、給与所得、事業所得、さらに、農林漁業所得それぞれの所得捕捉率が9割、6割、4割にとどまると受け止められてきたことが語源となっている（詳しくは、西沢［2011］を参照）。現在もクロヨン問題が解消されたという客観的な証拠は見当たらない[4]。

三つめは、資産所得の捕捉である。現在、金融資産については、銀行口座へのマイナンバー付番および税務当局への報告は義務づけられておらず、税務当局は、個人の銀行口座保有状況を把握しているわけではない。そのためもあり、金融資産所得については、他の所得と合算されることなくもっぱら分離課税とされ、所得税および住民税が20・315％の単一税率で源泉徴収され、納税関係が完結している。不動産については、そもそも所有者のわからない所有者不明土地も問題となっており、その面積は、九州本島よりも広い約410万haに相当すると推計されている（国土計画協会［2017］）。

水平的公平は、誰もが納得しやすい原則ではあるが、このように実現は必ずしも容易ではなく、租税では、理想と現実との間で常に解が模索されている。税務行政の強化が図られることはもちろん、たとえば消費税や相続税といった他の税目を用い、所得で担税力を測る難点がカバーされる。仮に、事業所得の捕捉率が6割にとどまるとしても、実際の所得に比例して消費がなされているとすれば、所得よりもむしろ消費のほうが実際の負担能力を忠実に表していると考えられるためである。

(2)　租税における垂直的公平

租税における二つめの公平は、垂直的な公平である。これは、負担能力が高い人ほどより多く負担することを公平と考える基準である。応能負担の用語が充てられる。たとえるならば、職場の飲み会

図１－２　累進的、比例的、逆進的

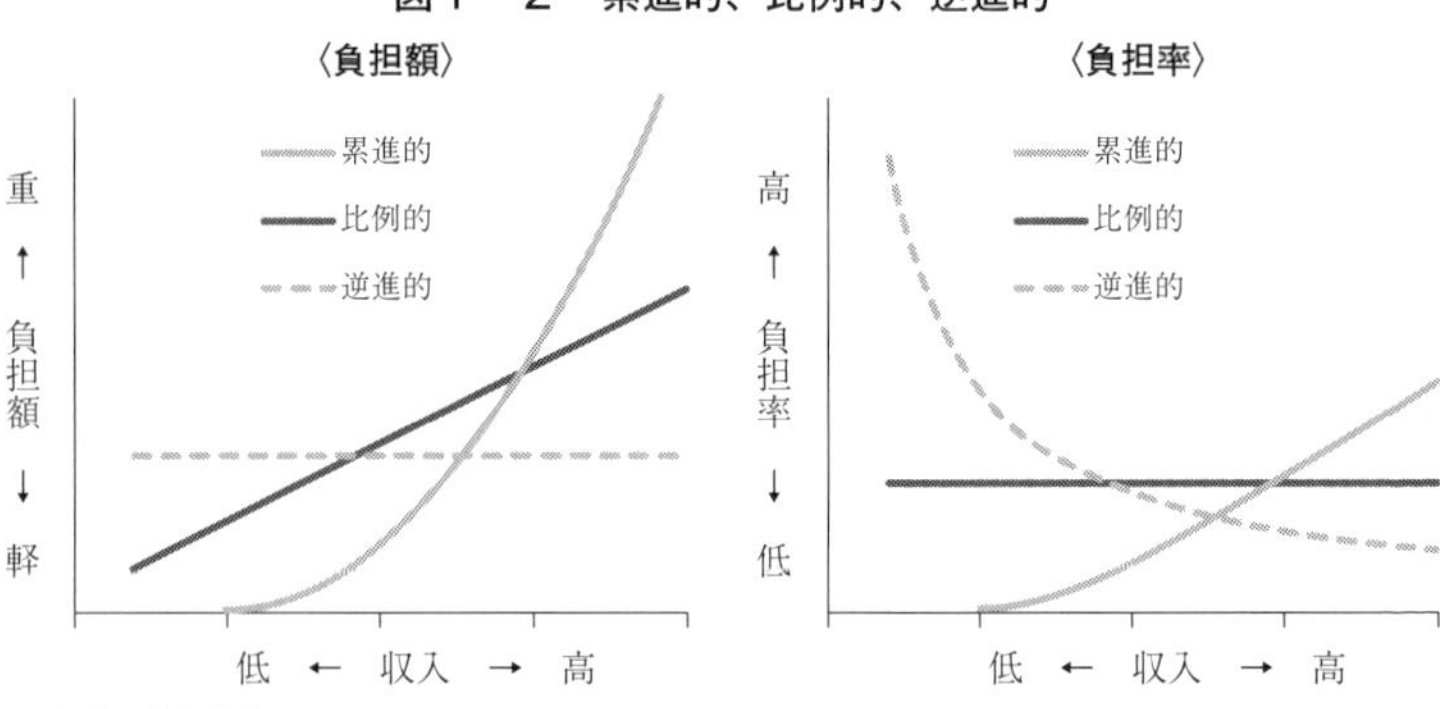

資料：筆者作成

で、役職や年次に応じ代金に差をつける傾斜配分のようなものである。傾斜配分の程度によってさらに二種類に分けられ、収入が高くなるにつれ負担額は多くなるが、負担率（負担／収入）は一定であることを比例的、収入が高くなるにつれ負担額だけでなく負担率も高くなることを累進的という（図１－２）。

累進性は、収入に応じて複数の税率を用いればもちろんのこと、単一税率であっても所得控除の導入によって実現される。たとえば税率10％、所得控除１００万円の場合、収入３００万円、収入１０００万円の人の負担率はそれぞれ６・７％［(300－100)×0.1/300］、９％［(1000－100)×0.1/1000］となり、単一税率でも累進的になっている。年収１００万円であれば、税負担はゼロである。この場合、１００万円は課税最低限と呼ばれる。個人所得税では、基礎控除、給与所得控除、配偶者控除などの所得控除を積み上げることで、課税最低限が求められる。こうしたことから、個人所得税は、所得再分配機能を強く備えていることになる。

もっとも、垂直的公平の原則は、水平的公平の原則ほど自明ではない。第一に、これは、より多くの収入を得ることに対するペナルティとして機能するためである。実際問題としても、そのペナルティは、経済の活力を削ぎかねず、経済成長が抑えられれば、再分配の原資確保をも難しくするかもしれない。第二に、経済格差を許容範囲に抑える政策意図があるとしても、租税は唯一の手段ではなく、社会保障給付という手段もあり得るためである。

なお、収入にかかわらず負担額が一定である場合など、収入が上がるにつれて負担率（負担／収入）が低くなる負担形態を逆進的という（図１－２）。民間保険の保険料は逆進的であり、社会保険料においても、国民年金保険料などは、収入にかかわらず月額１万６５４０円（２０２０年度）の定額負担であり、逆進的である。消費税のデメリットとして真っ先に挙げられるのが逆進性であり、ネガティブな響きのみが残るが、ここでは価値観を交えず、定義のみを確認し、議論を先に進める。

(3)　社会保険料における公平の整理

このような租税における公平の考え方を踏まえ、社会保険料における公平を整理すれば、以下の三点になろう。

①　垂直的公平

第一に、租税原則における垂直的公平は、社会保険料の性質からは重視されず、むしろ負の側面があることに注意する必要がある。社会保険料は、本来、負担と受益の対応を特徴としているためである。年金保険料に顕著だが、保険料を多く負担することで、自ら受ける給付も多くなる（すなわち所得再分配の要素が少ない）。すると、年金保険料とは、一方的な負担ではなく、貯蓄の性格を帯びてくる。

医療保険においても、健康保険料を負担することによって健康保険証が交付され、健康保険料の水準が医療サービスの質・量と結びついていれば、それは決して一方的な負担ではない。このように、負担と受益が結びついていることにより、垂直的公平に関心を払うことは重視されない。

むしろ垂直的再分配を強めることによる負の側面に注意を払う必要がある。一つは、権利性を弱めてしまうことである。職場の飲み会の例を続ければ、上司と部下で代金を傾斜配分し、上司に多めに払ってもらうより割り勘にしたほうが、部下の立場からみてすっきりするのではないだろうか。仕事の延長ではなく純粋にその場を楽しめ、食べたいメニューも注文しやすくなる。たとえわずかでも傾斜配分になると、高いメニューは注文しにくく、上司にも負い目を感じる。社会保険においても同様である。収入が低くとも相応の負担をすることで、正々堂々と給付を受けることができる。給付内容にも注文をつけやすい。それが権利性である。

割り勘という逆進的な負担がむしろ肯定的な意味を持つことになる。英国の経済学者ウィリアム・ベヴァリッジによって1942年に発表された「ベヴァリッジ報告」でも、定額負担が社会保険の基本原則の一つとなっている。「計画の第2の基本原則は、各被保険者またはその使用者から徴収される強制保険料拠出が、被保険者の資力に関係なく均一額であるということである。すべての被保険者は、富める者も貧しい者も、同一の保障に対しては同額の保険料を払う」（山田［1969］187

ページ）。

もう一つ注意すべきは、垂直的な再分配を強めることで、給付にかかるコストが見えにくくなることである。たとえば、国民一人あたり50万円の給付に対し、ある人は5万円の保険料負担、ある人は95万円の保険料負担というのでは、50万円という真のコストが認識されにくくなる。

実際の制度設計をみても、被用者保険の健康保険料は、所得控除がなく、収入そのものに賦課されるため、個人所得税と比較すれば収入の低い層から負担が生じる。加えて、所得税のような累進税率（5％から45％の7段階）ではなく、単一料率を採用することによって垂直的な再分配も抑制的なものとなっている。図1－2の比例的な姿が健康保険料に相当する。垂直的な再分配が採り入れられているのも、低収入層も強制加入である社会保険に取り込み、皆保険とするための手段であって、再分配そのものが目的ではない（堤［2018］37ページなど）。

② 水平的公平

第二に、水平的公平については、社会保険料においても必要性が高まっているものの、制度のほうが追いついていない。被用者保険を念頭に置けば（国民健康保険の場合は異なる）、まず、保険料のかかる対象（税の用語では課税標準）は事業所の賃金に限定される。しかも、それはもっぱら一つの事業所であって、複数事業所勤務者の収入は合算されにくく、働き方改革の一環として推奨されている副業や兼業があっても、そこからの給与は社会保険料の対象に含まれてこない。本来であれば、これらはすべて合算されるべきであろう。金融資産所得や不動産所得が社会保険料の対象となっていな

図１－３　協会けんぽ・組合健保被保険者の総報酬額の分布

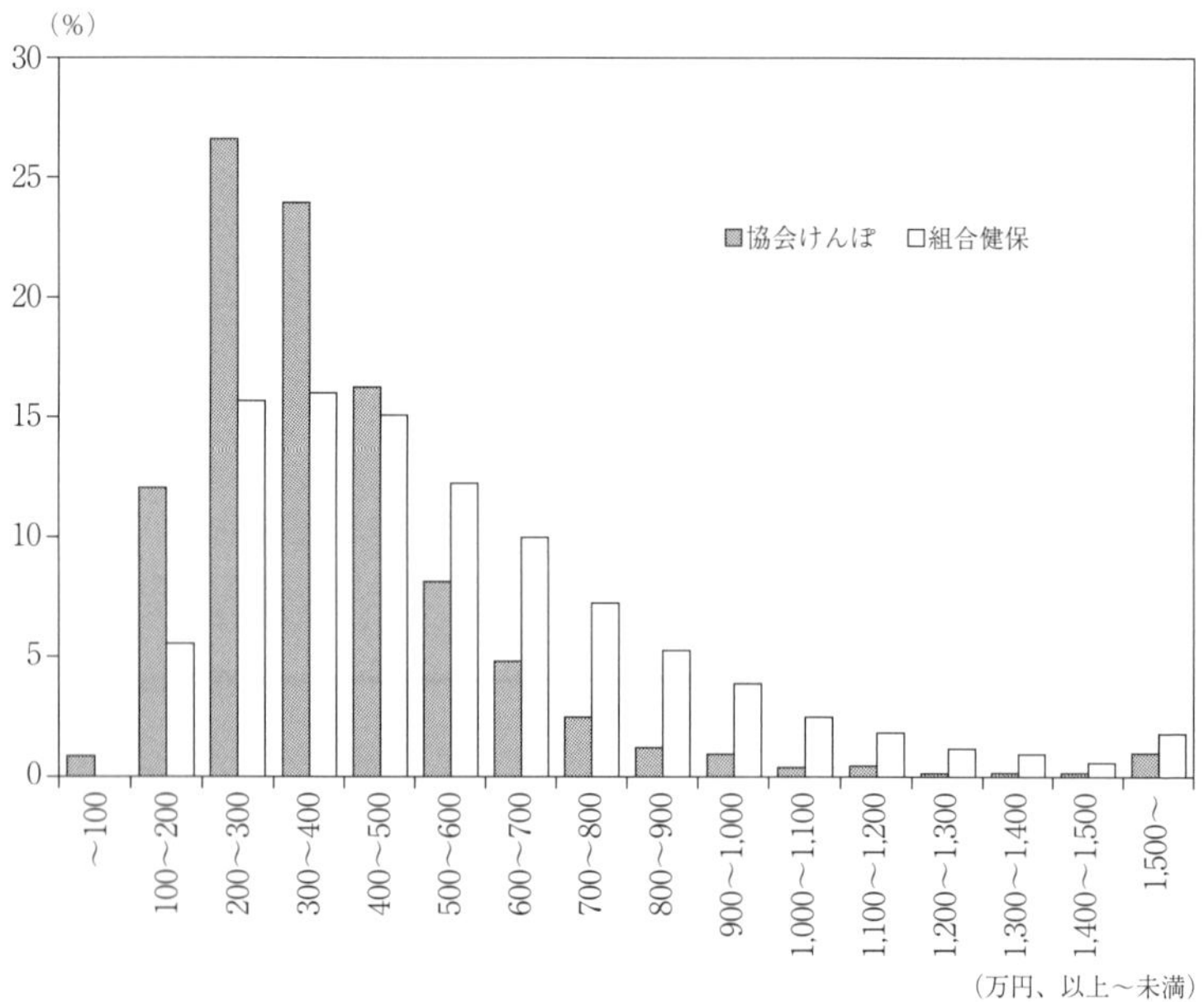

資料：厚生労働省「健康保険・船員保険被保険者実態調査平成30年10月」より筆者作成

いことも本来重要な論点となる。

③　保険集団同士の公平

第三に、社会保険料における公平は、伝統的に、もっぱら異なる保険集団（保険者）同士の比較に関心が払われ、個人への着目が希薄である。(5) たとえば、組合健保と協会けんぽ被保険者のそれぞれの平均総報酬額（年間）は３９０万円、５５５万円であり、１６５万円の差がある。社会保険における「公平」の議論では、もっぱらこうした平均値に着目される。それが、協会けんぽに対する１・１兆円の公費投入（後述）の根拠となっている。

もっとも、総報酬額の分布をみ

れば（図１－３）、たしかに組合健保のほうが右側に位置しつつも、組合健保の被保険者のなかにも報酬の低い層はおり、協会けんぽの被保険者のなかにも報酬の高い層はいる。個人への着目が重要であるのは、相対的貧困率の定義を考えれば明らかである。貧困を測る代表的尺度である相対的貧困率は、可処分所得すなわち税と社会保険料差引後の所得を用いて計算される。よって、社会保険料負担の設計如何によって相対的貧困率を引き下げることが可能であり、保険集団同士の公平のみならず、個人に着目することが欠かせない。

租税との異同に着目しつつ社会保険料における公平を整理すれば、おおむね以上のようになるだろう。垂直的公平の強化にはむしろ負の側面がある。水平的公平、個人への着目は重要なのだが、いずれも十分な対応がなされていない。第２章以降、「公平」という言葉の使用実態を踏まえつつ、議論を掘り下げていく。

4　事業主負担と消費税

(1)　社会保険料の事業主負担

被用者保険の社会保険料には事業主負担がある。事業主負担は、労使間、あるいは、学術的にも争点となる部分であるが、雇用主の当然の義務として負担せよ――と言うだけでは、議論は成立しない。社会保険料事業主負担の特徴を、とりわけ消費税との類似性を念頭に置きつつ、整理しておく必要が

図1－4　消費税の基本的な仕組みと輸出の場合

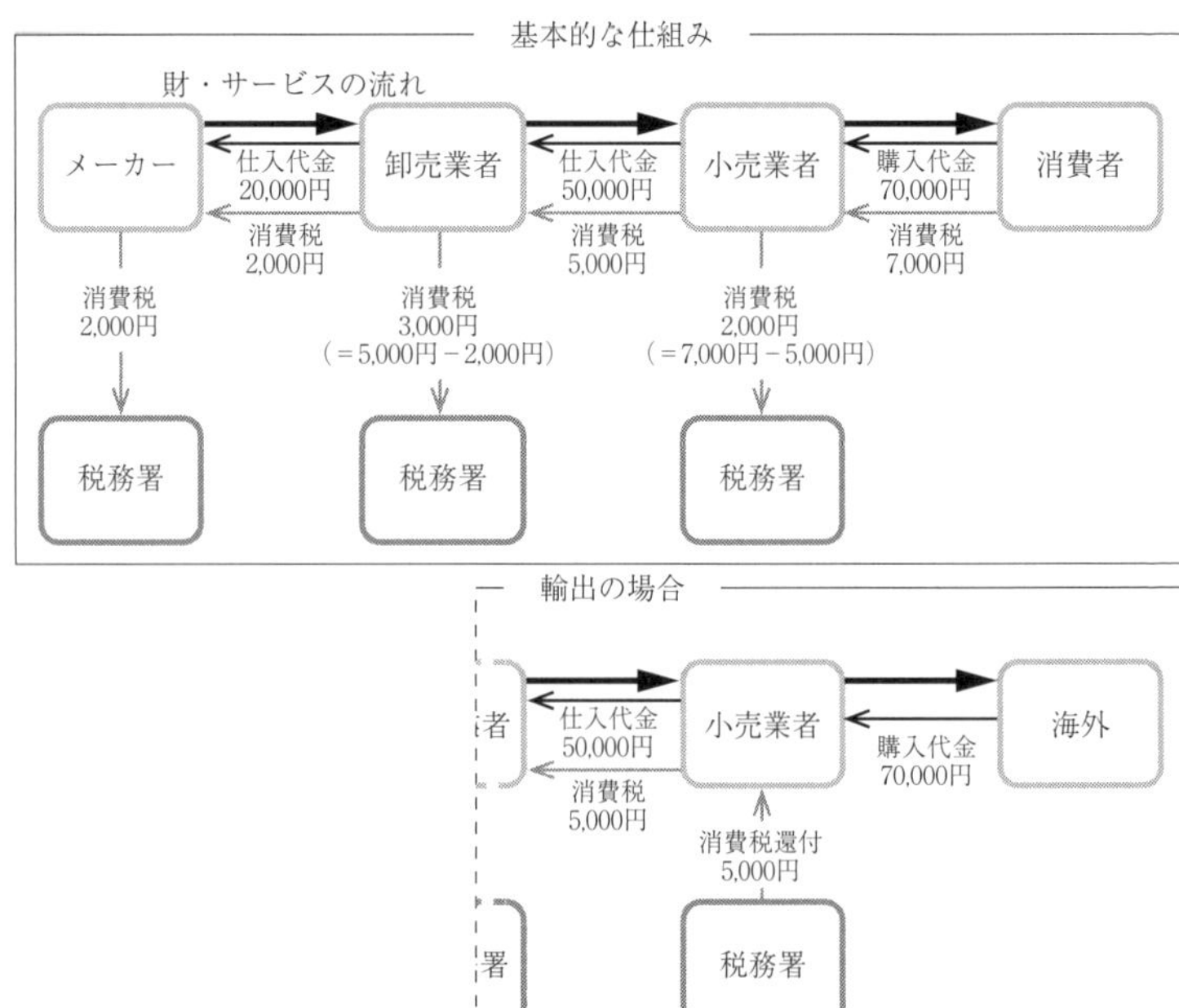

注：簡単にするためメーカーには仕入れがない、よって、仕入税額控除がないものと仮定している。
　　税率10％。
資料：筆者作成

ある（法人税との比較は第3章で触れる）。租税原則でいえば、中立性にかかる問題である。租税が企業や家計の経済活動における選択を極力歪めるべきではないというのが中立性の原則である。

国民医療費43・1兆円（2017年度）の財源構成は、公費、保険料、自己負担を中心とした「その他」がそれぞれ16・5兆円、21・3兆円、5・3兆円であり、保険料のうち9・1兆円が事業主負担である。協会けんぽと共済組合は、健康保険料を労使折半、組合健保の場合、事業主負担と本人負担の割合は組合ごとに異なっている。

他方、同年度の消費税は国と地方を合わせて22・２兆円であり[(6)]、生産・流通の各段階において、事業者が付加価値を課税標準として納税している点がポイントである。たとえば、図１‐４のようなメーカー、卸売業者、小売業者、消費者の四者間の財・サービスと代金、それに伴う消費税の受け払いを想定する。メーカーは、卸売業者に２００００円の財を販売、消費税２０００円を受け取る。話を簡素化するため、このメーカーには、仕入れがないと仮定している。

メーカーは、受け取った消費税２０００円を税務署に納税する。卸売業者は、２００００円で仕入れた原材料を加工し小売業者に５００００円で販売、消費税５０００円を受け取る。卸売業者は、受け取った消費税と支払った消費税の差額３０００円を税務署に納税する。小売業者も、同様に受け取った消費税と支払った消費税の差額２０００円を税務署に納税する。税務署に納税された消費税の合計額７０００円は、メーカー、卸売業者、小売業者それぞれの付加価値２００００円、３００００円、２００００円を課税標準としている。

この付加価値が、もっぱら労働によってもたらされている、すなわち人件費で測られると考えると、消費税と社会保険料の事業主負担は、ほぼ同じ性質であることになる。国内総生産（ＧＤＰ）５４８兆円のうち約半分２８５兆円が雇用者報酬である（２０１８年度）。そうしたなかでも、消費税と社会保険料の事業主負担の差異としては次の二点が指摘でき、いずれも事業主にとっては、社会保険料の事業主負担のほうが事業を展開するうえで困難である。すなわち中立性に劣る。

一点めは、消費税であれば受けることのできる輸出還付が、社会保険料事業主負担にはない点である。財・サービスの最終的な販売先が、国内消費者ではなく海外である場合、輸出業者には、仕入先に支払った消費税が還付される。消費税は輸出先で負担される原則（仕向地原則）になっているためである。よって、消費税率が引き上げられても、財・サービスの輸出価格はその影響を受けない、すなわち国際競争において価格競争力が低下することはない。他方、社会保険料事業主負担の場合、輸出還付のような仕組みはない。事業主負担分を財・サービスの価格に上乗せすれば、それは価格競争力の低下を招く。

二点めは、転嫁の難しさである。消費税の場合、消費者の側も税率が上がることは報道や店頭表示を通じて十分承知している。国も転嫁を全面的にバックアップしている。たとえば、大規模小売事業者が卸売業者に対する優越的な地位を利用し、消費税率引き上げ前と引き上げ後の税込価格を維持するため、卸売業者に本体価格の引き下げを迫る行為は、法律で禁じられ（消費税転嫁対策特別措置法）、転嫁対策調査官（転嫁Ｇメン）によって監視される。

他方、社会保険料の事業主負担の場合、社会保険料が引き上げられたとしてもその事実を消費者がすべからく承知しているわけではなく、事業主の負担増加分を価格に上乗せするのは容易ではない。しかも、物価が上がらないことが常態化しているデフレ経済下ではなおさらである。価格に転嫁できなければ、仕入先の変更、生産・流通過程の合理化など企業努力で吸収していく必要がある。あるいは、事業主が、社会保険料の事業主負担そのものを回避するため、社会保険の適用から逃れたり、被用者保険の資格要件を満たさないよう短時間労働者を増やしたりすることになるかもしれない。社会保障が不安定雇用増大の一因であるとすれば、本末転倒である（第３章で詳述）。

社会保険料の事業主負担には、「法定福利費」という言葉もあてられる。仮にその名の通り、従業員の福利厚生につながる費用であれば、負担が増えてもそれは従業員の生産性の向上、ひいては財・サービスの価値向上というかたちで事業主に受益として還元される。

ところが、後にみるように、現在、健康保険料は、他の医療保険制度に加入する高齢者への財政支援で上昇しており、事業主にとって限界的な受益が乏しい。高齢者への財政支援に用いられている部分は、受益とは切り離された税の側面が強く、とすれば、社会保険料の事業主負担よりも消費税のほうが、中立性において適切であることになる。

(2) 租税と社会保険料の差異を明確にしつつ一体的な議論を

わが国では、租税と社会保険料とがバラバラに議論され（そもそも議論そのものが低調だが）、設計されがちである。政府税制調査会において、社会保険料は埒外であり、政策の縦割りを是正する役割であるはずの経済財政諮問会議も、租税と社会保険料の分野において機能していない。本来、租税と社会保険料の差異を明確にしつつ、一体的な議論が不可欠である。

２０１９年11月21日、日本フードサービス協会の「短時間労働者への社会保険適用拡大反対　緊急集会」が開催された。２０２０年通常国会に法案提出予定であった被用者保険適用拡大に対応したものである。このように外食産業をはじめ労働集約型産業から反対の声が上がるのを、業界のエゴとして一蹴することは適当ではない。反対理由の一つは、前述のように類似性を持つ消費税と社会保険料事業主負担それぞれの引き上げが、相互の調整も見られないままスケジューリングされているためである。いずれも、事業主にとっては転嫁に頭を悩ませなければならないという点では同じであり、とりわけ社会保険料事業主負担は悩ましい。

消費税率は、２０１４年４月に５％から８％に、そして19年10月には８％から10％に引き上げられた。この間、２０１６年10月、被用者保険の適用拡大が実施され（詳細は第３章）、２０２０年２月、被用者保険のさらなる適用拡大が盛り込まれた「年金制度の機能強化のための国民年金法等の一部を改正する法律案」が提出された。いずれも、消費者に転嫁して税込価格を書き替えるか、それが難しければ、企業努力によって吸収していくしかない。本来であれば、税と社会保険料引き上げスケジュールは、企業活動を阻害しないよう、綿密に設定されなければならない。

他方、ＯＥＣＤが公表する租税統計である'Revenue Statistics'に目を向ければ、社会保険料も所得税、消費税、法人税などと同列に扱われている。米、英、カナダはじめ多くの国では、税と社会保険料は一体的に徴収されている。本来、租税と社会保険料それぞれの特徴と果たすべき役割を明確にしながら、同じテーブルに載せ、最適な財源構成、整合性のとれた運営を探る議論が必要である。

5　医療費と医療保険

(1)　キャッシュフローの理解が制度理解の出発点

わが国は、国民皆保険であるといわれるが、国民医療費43・1兆円のうち3・2兆円は医療保険ではなく、生活保護法、障害者総合支援法など公費負担で給付されている（２０１７年度）。よって、

表１－２　主な医療保険制度

医療保険制度	主な対象	保険者数	加入者数（万人）	うち65歳以上（％）	一人あたり医療費（万円）
組合健保	大企業、同業種あるいは同一地域の複数事業所	1,394	2,950	3.2	15.8
協会けんぽ	中小企業サラリーマン	1	3,867	7.2	17.8
共済組合	公務員、私学教職員	85	863	1.5	15.8
国民健康保険	74歳以下年金受給者、非正規雇用、自営業者、農林漁業者	1,716	2,945	41.9	36.3
後期高齢者医療制度	原則75歳以上高齢者	47	1,700	100.0	94.5

注：人数は2017年度平均。主な保険制度のみ。国保は市町村国保のみ。加入者は、被保険者と被扶養者の合計。
資料：厚生労働省「医療保険に関する基礎資料～平成29年度の医療費等の状況～」より筆者作成

厳密には国民皆保険ではなく、誇大表現になっている感もある。医療保険制度は、公費負担による給付以外の部分をカバーしており、加入面から捉えると大きく五つに分類される（表１－２）。給付面からみれば、今日、医療サービスの公定価格である診療報酬、給付率ともいずれの制度に加入していても同じであり、一元化されているといえる。

五つに分類される制度のうち一つめは、健康保険組合である（組合健保と呼ばれる）。組合健保は、一定規模以上の企業ごとに設立された単一組合と同業種あるいは同一地域の複数事業所によって組織された総合健康保険組合とにさらに分けられる。現在、組合数は１３９４あり、被保険者本人とその被扶養者計２９５０万人が加入している。

二つめは、全国健康保険協会（協会けんぽ）であり、同様に３８６７万人が加入している。これは、組合健保のない企業に勤務する被用者向けの健康保険組合として設けられている。前身は、政府管掌健康保険組合（政管健保）といい、いわば政府運営の中小企業サラリーマン向け健康保険である。

三つめは、公務員および私立学校教職員の共済組合であり、国家公務員の省庁別の組合（20組合）、市町村職員共済組合（47組合）、日本私立学校振興・共済事業団など計85組合あり、８６３万人が加入している。組合健保、協会けんぽ、共済組合の三つは、被用者保険と総称される。

四つめは国民健康保険（国保）であり、都道府県および市町村を保険者とするもの（市町村国保と呼ばれてきた）と、職種別に組合を組織する国民健康保険組合（国保組合）の二種類がある。

市町村国保は、２０１７年度まで、市町村が保険者となっていたためにそのように呼ばれてきたが、２０１８年度からは、都道府県と都道府県内の市町村とのいわば「共同保険者」となっている。[7] ２９４５万人が加入し、65歳以上74歳以下（前期高齢者）が約４割を占める。わが国の医療保険制度は、国保への加入を原則とし、組合健保、協会けんぽ、共済組合、および、次に述べる後期高齢者医療制度に加入している場合、その原則の適用除外となる建前となっているものの、実態はむしろ逆であり、組合健保などに加入できない場合、国保に加入する構造となっている。こうした構造が、第３章以降で述べるように他の保険制度比相対的に負担能力が低く医療費が高いという国保の置かれた困難な状況の一因となっている。

国保組合は、東京都医師国民健康保険組合、東京都弁護士国民健康保険組合、東京土建国民健康保険組合など、いわゆる士業[8]や建設業を中心に１６３組合あり、２７７万人が加入している。以下、都道府県と市町村の国保に絞り議論を進める。

五つめは、原則75歳以上の後期高齢者が加入する後期高齢者医療制度である。後期高齢者医療制度は、47の都道府県ごと域内の市町村によって構成される広域連合によって運営されており、１７００万人が加入している。広域連合とは、地方自治法上の特別地方公共団体であり、都道府県内すべての市町村が加入している。原則と断り書きがつくのは、65歳から74歳までの障害を持つ人も対象に含まれるためである。

都道府県ではなく、広域連合が運営主体となっている理由については、厚生労働省の担当者から次のように説明されている。「住民に関する基礎情報を保有せず、医療保険の事務処理のノウハウの蓄積もなく、保険料の徴収等の事務処理に関するノウハウの蓄積もないため、都道府県が、こうした事務を担うことは、現実的には困難であると考えられました」（土佐［２００７］）。国保と後期高齢者医療制度は、地域保険と呼ばれる。

各制度および個々の保険者には、年齢構成と負担能力に差がある。年齢構成の高さは、おおむね一人あたり医療費の高さと比例し、負担能力と反比例する。たとえば、組合健保の一人あたり医療費は15・８万円であるのに対し、国保は36・３万円、後期高齢者医療制度は94・５万円である（２０１７年度）。そこで、こうした差の是正を図るため、国保と後期高齢者医療制度に対し重点的に公費が投入され、さらに、被用者保険を中心に現役世代から高齢世代へ財政支援が行われている。このキャッシュフローの理解がわが国の医療保険制度の理解と課題把握の出発点となる。

保険給付対象となる医療費は、おおまかには、医療機関の窓口で支払う自己負担と保険給付で構成

表1－3　医療保険制度のキャッシュフロー

（兆円）

制度	収入	保険料	公費	国	地方	前期高齢者交付金	退職者交付金	その他	支出	給付	支援金等	後期高齢者支援金	前期高齢者納付金	退職者拠出金	その他
組合健保	8.2	8.1	0.0	0.0	－	0.0	－	0.1	8.1	4.0	3.5	1.8	1.6	0.1	0.5
協会けんぽ	9.9	8.8	1.1	1.1	－	－	－	0.0	9.5	5.8	3.5	1.8	1.5	0.1	0.2
共済組合	2.6	2.5	0.0	0.0	－	－	－	0.1	2.5	1.2	1.2	0.6	0.5	0.0	0.1
国民健康保険															
市町村	11.3	2.6	4.8	3.0	1.8	3.8	0.2	0.1	11.1	9.0	1.7	1.7	0.0	－	0.4
国保組合	0.8	0.5	0.3	0.3	0.0	0.0	－	0.0	0.7	0.5	0.2	0.2	0.1	0.0	0.0
計	32.8	22.4	6.2	4.4	1.8	3.8	0.2	0.3	32.0	20.5	10.1	6.1	3.8	0.2	1.4

制度	収入	保険料	公費	国	地方	後期高齢者交付金	支出	給付
後期高齢者医療制度	14.9	1.2	7.6	4.8	2.7	6.1	14.9	14.8

注1：上記のほか船員保険制度があるが、加入者5.8万人と小規模であり、煩雑化を避けるため記載を省略している。

注2：数値は、小数点2桁を四捨五入。内訳と合計は必ずしも一致しない。

注3：生活保護など公費負担の医療給付分は含んでいない。

注4：国民健康保険－市町村は、実際の財政規模を示すため、高額医療費共同事業と保険財政共同安定化事業について（第4章で詳述）、収入から交付金を、支出から拠出金を除いている。これらは、元統計では、収入と支出に同額が計上されている。

資料：厚生労働省「医療保険に関する基礎資料～平成29年度の医療費等の状況～」、同「国民健康保険事業年報平成29年度」より筆者作成。2017年度実績

される。医療費に占める保険給付の割合が保険給付割合、「1－保険給付割合」が自己負担割合となる。表1－3は、保険給付部分について表したものである。

組合健保の収入と支出をみると、収入はほぼ健康保険料8・1兆円のみである（表1－3）。他方、支出8・1兆円は、被保険者とその被扶養者向けの給付4・0兆円のほか、高齢者医療費に対する財政支援が3・5兆円ある。保険給付割合は、すぐ後に整理するように年齢と所得によって異なる。6歳以上（義務教

育就学後）70歳未満はかかった医療費の７割である（すなわち自己負担割合３割）。

財政支援の内訳は、後期高齢者医療制度向けの後期高齢者支援金１・８兆円、前期高齢者のほとんどが加入する国保向けの前期高齢者納付金１・６兆円、さらに、国保に加入する65歳未満のサラリーマンＯＢとその被扶養者を対象とした退職者拠出金０・１兆円である。健康保険料は、社会保険料の一つであり、社会保険料は負担と受益の対応を特徴とする財源調達手段であるはずだが、健康保険料の半分近くが他制度への財政支援に使われている。

協会けんぽ、共済組合も組合健保とほぼ同様の構造である。一点異なるのは、協会けんぽの収入に、健康保険料８・８兆円のみならず公費１・１兆円が投じられていることである。これは、前述の通り、協会けんぽ被保険者の平均所得が、組合健保と共済組合よりも低く、それを是正することが根拠とされている。

なお、「公費」という言葉を用いる際、留意が必要である。公費とはいっても、政府と国民がまったく独立して存在し、政府から国民が一方的に恩恵を受けるわけではなく、その財源は国民が現在あるいは将来納める税でしかあり得ない。公費という言葉は、そうした緊張感を覆い隠している。

国保（市町村）は、収入11・３兆円のうち被保険者自らの健康保険料は３・０兆円にすぎず、国の一般会計と地方自治体の普通会計からの公費４・８兆円、前期高齢者交付金（前期高齢者納付金）３・８兆円、退職者交付金（退職者拠出金）０・２兆円を受け入れている。他方、支出は給付９兆円のほか、後期高齢者支援金１・７兆円などとなっている。後期高齢者支援金の財源も、国保加入者の健康保険料のみならず、公費および財政支援の受け入れである前期高齢者交付金によって賄われている。すなわち、他制度の財政支援の財源を、自らの健康保険料では賄い切れず、公費と被用者保険からの財政支援に大きく依存している（第2章と第4章で詳述）。

後期高齢者医療制度は、収入に占める健康保険料の割合が国保よりもさらに小さく、収入14・9兆円のうち1割弱の1・2兆円にすぎない。収入のほとんどを公費7・6兆円と後期高齢者支援金の受け入れ（後期高齢者交付金）6・1兆円に依存している。後期高齢者交付金のうち、国保から受け入れた分については公費0・7兆円が含まれていることから、実態としては公費の占めるウエートはより大きいといえよう。

このように、医療保険制度は複雑な構造となっており、しかも、その複雑さも論理的な解釈が困難な複雑さである。財務省の財政制度等審議会は、次のように社会保障制度や受益と負担の構造などへの理解浸透を求めるものの、こうした制度のまま、国民に理解を求めることには限界があると思われる。「受益と負担の構造、財政の深刻な状況や社会保障制度の持続可能性等の課題に関する理解を一層浸透させていかねばならない[9]」。

それは、2008年4月、後期高齢者医療制度が導入された際の「姥捨て山」批判を思い起こしても明らかである。批判の背景には、後期高齢者医療制度という名称、新たに設けられた終末期医療相談支援料という医師に対するコンサルティング・フィーの名称、それぞれに含まれる「後期」および「終末期」という言葉が一部の人々の琴線に触れたこともあろうが、医療保険制度の複雑さに起因する制度への無理解も批判を増幅させたはずである。高齢者の医療費が公費と被用者保険からの大規模な財政支援に支えられていることが高齢者の間で正確に認識されていれば、仮に批判が起きたとして

図１－５　医療費の自己負担

注：６歳（義務教育就学前）は２割負担、それ以上の子どもは３割負担だが、すべての地方自治体において子どもを対象とした医療費助成が行われており（厚生労働省「平成29年度乳幼児等に係る医療費の援助についての調査」)、実際の自己負担は原則より軽減されている。
資料：厚生労働省HPより筆者作成

もその程度は緩和されていたのではないだろうか。

(2)　医療費の自己負担における課題

現在、自己負担は、国民医療費43・１兆円のうち５・３兆円ある（２０１７年度）。自己負担割合は、年齢と所得によって異なっている。６歳未満（就学教育前）は２割、６歳以上（義務教育就学後）70歳未満は３割、70歳から75歳未満、75歳以上はそれぞれ原則２割、原則１割である（図１－５）。

ただし、１カ月の自己負担が高くなりすぎないよう、上限額が設けられている。高額療養費制度といい、上限額は年齢や所得などによって異なる。たとえば70歳以上、年収約３７０万円～７７０万円、医療費１００万円の場合、自己負担は３割の30万円ではなく、８万７４３０円に抑えられる。[10]

さらに、子どもについては、各地方自治体が独自に軽減措置をとっており、実際は自己負担ゼロになっている。70歳以上の高齢者のうち、現役並み所得者については、3割となっている。このような自己負担割合にもいくつかの課題がある。

第一に、子どもの軽減措置がもたらす弊害である。子どもの医療費の自己負担に対する地方自治体の軽減措置については、厚生労働省「平成29年度乳幼児等に係る医療費の援助についての調査」によれば、すべての都道府県および市区町村において乳幼児等にかかわる医療費の援助が実施されており、都道府県では、通院、入院ともに就学前までの児童が最も多く、市区町村では、通院、入院ともに15歳年度末（中学生まで）が最も多いとされている。

こうした軽減措置の弊害は、コスト意識が働きにくくなることである。実際、新薬に比べ価格が安く設定されているジェネリック医薬品の使用が、子どもでは他の年齢層に比べ進んでいないとの調査結果が協会けんぽから示されている（「日本経済新聞」２０２０年2月3日）。

第二に、世代間の公平性に欠けることである。年齢によって自己負担割合に差が設けられていることに積極的理由は見出しにくいうえ、現役並み所得者については3割負担とされているものの、対象者はいかにも少ない。現役並み所得の判定基準は、次のように定められているためである。①国保・後期高齢者医療制度加入者の場合、課税所得１４５万円以上。被用者保険加入者の場合、標準報酬28万円以上（標準報酬の説明は後述）、かつ、②収入の合計が単身３８３万円以上、世帯５２０万円以上。

その結果、現役並み所得者は、後期高齢者医療制度の被保険者１７００万人のうち６・８％の１１

5万人にとどまり、70～74歳の加入者643万人のうち10・9％の70万人にとどまっている。財政制度等審議会は、「令和2年度予算の編成等に関する建議」（2019年11月25日）において、現役並み所得の判定基準の見直し、すなわち、3割負担の対象拡大を求めている。3割となっている現役世代との公平性を考えれば、合理的である。もっとも、第2章で詳しく述べるように、仮に、判定基準を引き下げると、被用者保険の後期高齢者支援金負担が増し、かえって公平性が損なわれる皮肉な結果ともなる。

75歳以上の自己負担については、2割への引き上げが、政府内外で提案される。政府の全世代型社会保障検討会議の「中間報告」では、一定の所得を超えたものに限定するとされている。「一定の所得」が高く設定されれば、2割負担の対象者はその分限定的となり、しかも、75歳以上の自己負担は、所得によって1割、2割、3割の3種類が併存する複雑な仕組みとなってしまう。なお、同会議は、2019年9月、内閣総理大臣を議長に、内閣官房に設置された。

第三に、いかなる診療行為に対しても自己負担割合は一律であり、患者の選択を歪める懸念があることである。たとえば、薬局について、対患者のパーソナルな業務を促すという趣旨から、大まかにいえば、病院前に軒を連ねる薬局（門前薬局）よりも、街なかに位置し患者に近くパーソナルな業務に力を入れる薬局が、診療報酬上手厚く評価される仕組みとなっている。もっとも、患者は、いずれを利用しても、自己負担割合は一律なので、処方箋を門前薬局に持ち込んだほうが自己負担額は小さくなる。これも、たとえば、門前薬局の自己負担は4割、街なか薬局は2割としておけば防げる話である。自己負担という仕組みを活かし切れていない。

(3) 国の財政と医療保険

わが国の一般会計の歳出規模は98・1兆円（２０１７年度決算）であり、そのうち社会保障関係費32・５兆円が歳出で最大のウエートを占めている（表１－４）。社会保障関係費のうち医療給付に要する費用が11・４兆円であり、それはさらに医療保険に対する費用と、医療保険ではない生活保護対策費や精神保健福祉費などに分かれ、それぞれ９・６兆円（表１－３の被用者保険と国保への国の公費４・４兆円と後期高齢者医療制度への４・８兆円に符号する）、１・８兆円となっている。国にとって義務的経費である国債費と地方交付税交付金を除いた歳出、すなわち一般歳出のなかでは、次に規模が大きいのは公共事業関係費６・９兆円と社会保障関係費に比べ圧倒的に小さく、国にとって財政健全化とは、歳出面からみればもっぱら社会保障制度改革だということになる。

公費投入の対象者としては、理論的には家計と保険者の二つが考えられる。わが国の医療保険給付における公費投入は、協会けんぽや国保といった保険者を対象とし、もっぱら保険者の支出の一定割合の公費負担がなされている。たとえば、次のような法律になっている。なお、原文は煩雑なので、ここでは正確性は無視して大幅に簡素化している。

健康保険法　第１５３条（要旨）　国庫は、協会が管掌する健康保険の事業の執行に要する費用のうち、被保険者に係る療養の給付の額、並びに、前期高齢者納付金に１０００分の１３０から１０

表１－４　国の一般会計歳出決算（2017年度）

（兆円）

社会保障関係費	32.5
年金給付費	11.5
医療給付費	11.4
医療保険給付諸費	9.6
協会けんぽ	1.1
国民健康保険	3.5
後期高齢者医療制度	5.0
生活保護等対策費、精神保健福祉費など	1.8
介護給付費	2.9
少子化対策費	2.1
生活扶助等社会福祉費	4.2
保健衛生対策費	0.3
雇用労災対策費	0.0
公共事業関係費	6.9
文教及び科学振興費	5.7
防衛関係費	5.3
食料安定供給関係費	1.2
エネルギー対策費	1.0
経済協力費	0.7
中小企業対策費	0.3
恩給関係費	0.3
その他事項経費	6.2
国債費	22.5
地方交付税交付金	15.6
計	98.1

注：国債費の内訳は償還費14.6兆円、利払い費7.9兆円。地方交付税交付金には地方特例交付金を含む。

資料：財務省「平成29年度決算の説明」より筆者作成

００分の２００までの範囲内において政令で定める割合を乗じて得た額を補助する。

国民健康保険法　第70条　国は、都道府県等が行う国民健康保険の財政の安定化を図るため、政令で定めるところにより、都道府県に対し、当該都道府県内の市町村による療養の給付、前期高齢者納付金、後期高齢者支援金並びに介護納付金の納付に要する費用について、次の各号に掲げる額の合算額の１００分の32を負担する。

要は、保険者という集団に対し、13～20％、32％といったように支出の一定割合を国が負担するという方法がメインになっている。

こうした公費投入方法には主に次の三つの問題が指摘できる。

一つは、健康保険料における負担と受益の対応を損なう一因となる。健康保険料は、自己負担とともに、被保険者に医療のコストを知らしめる価格としての機能を担っているはずである。ところが、公費投入によって価格が安価であるかのような錯覚を被保険者にもたらし、過剰な需要を生み出す懸念がある。財政構造が相対的にシンプルな協会けんぽを例にとれば、仮に公費１・１兆円がなければ保険料率は現行の10％より１・３ポイント高い11・３％と計算される。公費投入によって１・３ポイント保険料率が抑制されており、これが錯覚分である。

二つめに、非効率である。引き続き協会けんぽを例にとれば、公費の恩恵は協会けんぽに加入している高所得層にも及んでいる（図１－６）。同様のことは、国保および後期高齢者医療制度について

図１－６　社会保険への公費投入方法

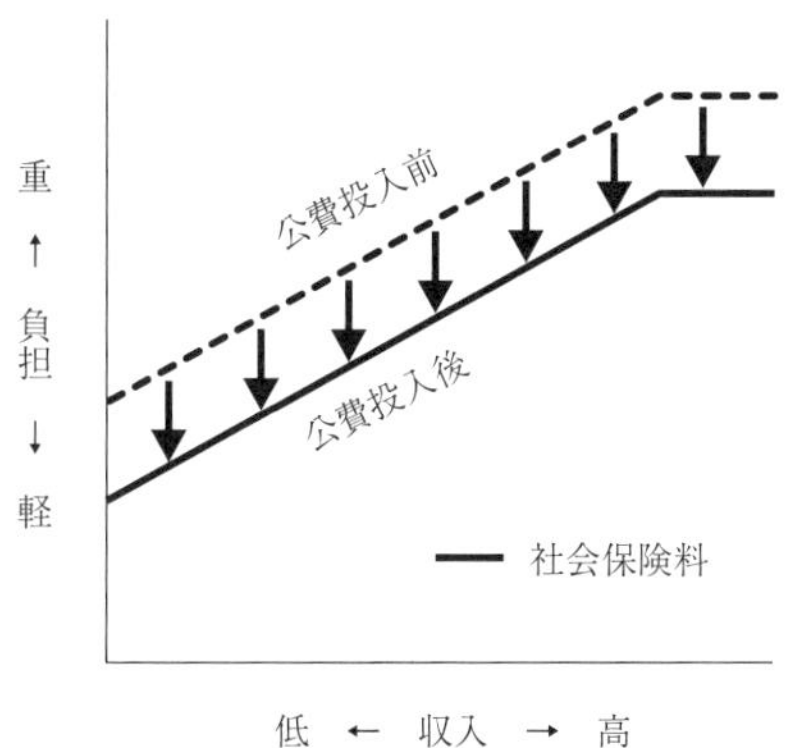

資料：筆者作成

もいえる。この非効率さは、２０１９年10月に設けられた消費税の軽減税率と共通している。消費税は、標準税率10％に対し、テイクアウトの飲食料品と定期購読の新聞に対しては軽減税率８％が適用される。

もっとも、高所得者ほど高級食材購入によって飲食料品の消費額が多くなり、それに伴い軽減税率の恩恵を多額に受けることとなる。本来であれば、低所得者に絞り込んでピンポイントで補助を与えたほうが限られた財源の使途として効率的である。協会けんぽ、国保、後期高齢者医療制度の健康保険料は、いわば「軽減保険料率」になっている。

なお、図１－６において、直線が一定の収入を超えると平行になるよう描いているのは、健康保険料がかけられる収入に上限が設定されていることを表している。現在、上限は、月の給与は１３９万円、賞与は年間５７３万円である。上限は、負担と受益が著しく乖離することがないように設けられている。

三つめは、医療費の増加に合わせ公費もおおむね自動的に増えてしまうことである。これでは、医療機関、保険者、患者それぞれにおいて医療費抑制のインセンティブが働きにくい。これは、支援金等にも共通する問題である。

(4) プライマリーバランスの財政健全化指標としての問題点

わが国の財政は極めて深刻な状況にあり、財政健全化は喫緊の課題である。政府が財政健全化の指標として用いているのがプライマリーバランス（PB）である。「経済財政運営と改革の基本方針2018」いわゆる骨太の方針では、2025年度のプライマリーバランス黒字化が目標とされている。プライマリーバランスの2017年度実績は、中央政府マイナス13・8兆円、地方政府1・1兆円となっている。中央政府と地方政府を合計すればマイナス12・7兆円である（表1－5）。

「公費」とはいっても、プライマリーバランスが赤字であるということは、一般歳出を税収で賄いきれず赤字国債に依存していることになる。すなわち、将来世代に借金を付け回しながら医療のみならず年金や介護などの社会保障給付が行われており、その是正は極めて重要な課題である。

もっとも、指標としてのプライマリーバランスには留意すべき点がある。ひとつは、しばしば指摘されるように、支出のなかから支払利子（中央政府8・1兆円、地方政府1・8兆円）が除かれていることである。異次元の金融緩和で歴史的低金利が続く現在でこそ、政府債務残高は膨大でありながら支払利子は低水準に抑えられているものの、これは永続的なものではない。本来、支払利子も含んだ純業務収支の黒字化こそが目指されなければならないだろう。

もうひとつは、中央政府と地方政府の二部門に限定されていることであり、ここは、本書の主題か

表１－５　政府部門の収支と部門間の移転（2017年度）

（兆円）

取引の種類	中央政府	地方政府	社会保障基金
収入	71.0	82.6	110.9
税	63.5	40.0	0.0
社会負担（社会保険料）	0.5	1.9	68.6
交付金　中央政府から	－	33.8	25.8
地方政府から	1.0	－	9.0
社会保障基金から	0.1	0.2	－
その他の収入	6.0	6.8	7.5
うち受取利子	2.3	0.2	5.4
支出	89.6	81.2	105.7
雇用者報酬	5.7	22.4	0.7
財貨・サービスの使用	4.8	11.9	1.1
固定資本減耗	5.5	12.1	0.0
支払利子	8.1	1.8	0.0
補助金	0.9	2.0	0.0
交付金　中央政府へ	－	1.0	0.1
地方政府へ	33.8	－	0.2
社会保障基金へ	25.8	9.0	－
社会給付（社会保障給付）	0.9	12.2	103.2
その他の支出	3.4	8.7	0.4
純業務収支（収入－支出）	－18.6	1.5	5.3
非金融資産の純取得	1.1	2.1	0.0
純貸出／純借入	－19.7	－0.6	5.2
プライマリーバランス（PB）	－13.8	1.1	－0.2

注：プライマリーバランス＝純貸出／純借入＋支払利子－受取利子。
資料：内閣府「国民経済計算平成29年度」一般政府の部門別勘定（GFS）より筆者作成

ら核心的ポイントである。中央政府と地方政府は、しばしばそれぞれ国、地方と呼ばれるが、正確な用語法ではない。中央政府のなかには、国の①年金特別会計と②労働保険特別会計が含まれず、地方政府のなかには、都道府県・市町村それぞれの③国民健康保険事業勘定、市町村の④介護保険事業勘定が含まれない。①～④の四つは、健康保険組合、共済組合、協会けんぽ、後期高齢者医療制度などとともに、中央政府・地方政府とは独立した政府部門である社会保障基金を構成している。

政府の財政健全化目標が、中央政府と地方政府に限定されていることは、社会保障基金の性質から判断して合理的でもある半面、問題もある。合理的であるのは、社会保障基金については、長期的な視点が必要なことから、単年度のみで財政のよし悪しを判断できないためである。たとえば、政府が国民から年金保険料を受け入れると、単年度の収支は改善する。ところが、年金保険料を受け入れることにより、将来の年金給付は増える。年金保険料は、政府にとって収入ではなく預り金のようなものであり、単年度の収支だけをみて、収支が改善したと判断することはできない。

他方、問題点は主に二つある。一つは、社会保障基金そのものの財政健全化が視野に入りにくくなることである。たとえば、中央政府から社会保障基金への交付金は25・8兆円あり、これを減らせば、中央政府のプライマリーバランスは改善するものの、それは中央政府という自らの庭先を綺麗にしているにすぎない。第2章で詳しく述べる後期高齢者支援金への全面総報酬割導入はその典型である。社会保障基金の側に立てば、その分、健康保険料引き上げ（よって税と社会保険料を合計した国民負担は変わらない）、あるいは保健事業の圧縮を迫られることとなる。

保険者は、健康保険料の徴収と給付のほか、特定健康診断（特定健診）、特定保健指導、予防接種などといった予防活動を行っている。特定健診とは、生活習慣病予防を目的とし、40歳から74歳まで対象とした、メタボリックシンドロームに着目した健診である。健診の結果、生活習慣の改善が必要と認められた人への専門家からの保健指導が、特定保健指導である。これらを保健事業といい、組合健保の場合、年間３３８７億円（２０１７年度決算）が投じられている[11]。仮に、後期高齢者支援金の財源を捻出するために、保健事業費を圧縮することとなれば、一体誰のための保険者なのかわからなくなり、本末転倒である。

問題点の二つめは、医療費の自己負担引き上げによってもプライマリーバランスが改善することである。医療費＝保険給付（財源は健康保険料と公費）＋自己負担であるから、自己負担引き上げによって、プライマリーバランスは改善する。

もっとも、次の二点への十分な配慮をもとに進められる必要がある。一つは、自己負担の逆進性である。一般に、自己負担＞社会保険料＞税の順で逆進性が高くなる。70歳未満の自己負担は収入にかかわらず３割であることから逆進性が高くなる。

もう一つは、受診行動に影響を与える可能性である。患者に自己負担を求めることは、コスト意識を涵養するうえで有効と考えられる半面、真に医療機関への受診が必要な局面であるにもかかわらず受診手控えにつながる懸念も否定できない。社会保険料や税であればそうしたことはない。自己負担の引き上げについては、単に医療保険に対する公費節約の手段とみなすのではなく、こうした留意点を踏まえつつ検討が進められなければならないだろう。

6　保険者自治こそ起点

わが国の財政状況が説明される際、政府からしばしば示されるのが、1975年度から今日までの一般会計における歳出と税収の推移である（図1－7）。それをみると、常に歳出が税収を上回りつつ、その乖離すなわち公債発行額は、1989（平成元）年度にはいったん縮小を見せ、翌年度以降、2008（平成20）年のリーマン・ショック後の急激な拡大期を経て、今日まで拡大傾向にある。歳出という上顎が歳入という下顎と乖離していくその形状から「ワニの口」と呼ばれている。

財政健全化は、喫緊の課題であり、深刻な状況が国民の間に周知されるために、こうした現状説明も必要であろう。もっとも、国民がすべからくワニの口を目にするのか、仮に目にしたとしてそれを自らのこととして痛痒を感じるのかといえば、残念ながら疑問である。

ましてや、往々にして、税や将来の税である赤字国債は「公費」という国民の負担とは無関係であるかのようなマジックワードに置き換えられてしまう。真に財政状況を国民に知らしめ、負担と受益の議論を促すには、ワニの口のようなマクロでの現状説明に加え、行政サービスの費用である税および社会保険料などのかたちで国民一人ひとりの懐にダイレクトに働きかける多面的なアプローチが必要であろう。なかでも、社会保険料は、価格としての機能が強く期待される。

あるべき姿の一端を、正確性よりイメージの容易さを優先し、たとえるならばマンションの管理組合が挙げられる。マンションは、平均的には数千万円以上の資産であり、住民は一つの共同体である。

図1－7　一般会計税収、歳出総額および公債発行額の推移

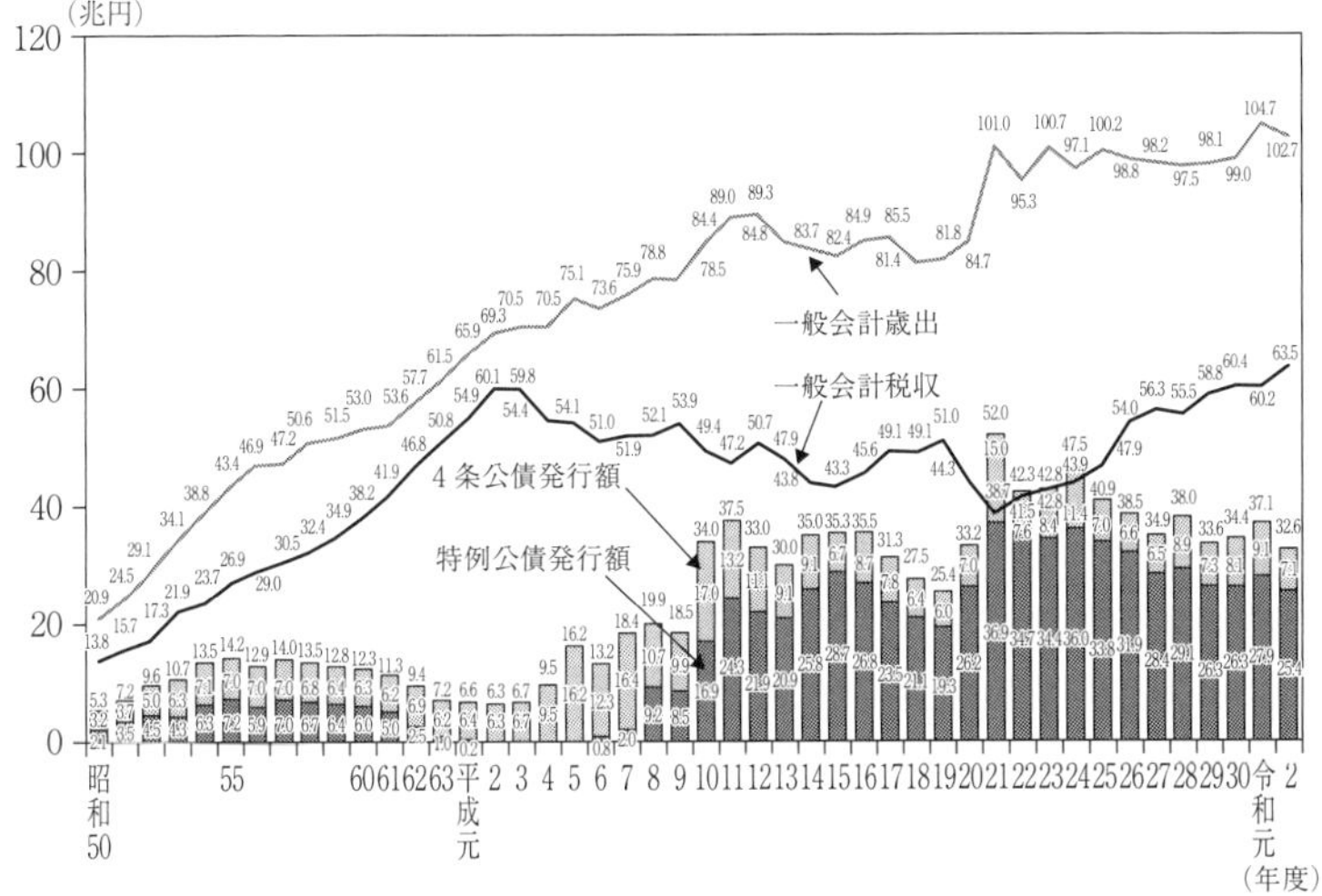

注1：平成30年度までは決算、令和元年度は補正後予算、令和2年度は補正後予算による。
注2：公債発行額は、平成2年度は湾岸地域における平和回復活動を支援する財源を調達するための臨時特別公債、平成6～8年度は消費税率3%から5%への引上げに先行して行った減税による租税収入の減少を補うための減税特例公債、平成23年度は東日本大震災からの復興のために実施する施策の財源を調達するための復興債、平成24年度及び25年度は基礎年金国庫負担2分の1を実現する財源を調達するための年金特例公債を除いている。
注3：令和元年度及び令和2年度の計数は、臨時・特別の措置に係る計数を含んだもの。
資料：財務省主計局「我が国の財政事情（令和2年度政府予算案）」

管理規約のもと、理事長、理事が置かれる。現在、マンション一戸あたりの月額管理費、修繕積立金は、それぞれ平均1万661円、1万1800円であり、年間約27万円になる(12)。これは、年収460万円の協会けんぽ被保険者の健康保険料約54万円（11・73%。介護保険料含む）の2分の1、すなわち本人負担分に等しい。

マンションの管理費や修繕積立金は、各戸の所有区分割合で受益を測り、それに応じて割り当てられる。住民は、負担を極力抑えながら住環境改善および資産価値維持を図るため、管理会社への業務委

図１－８　診療報酬とカバーされる費用

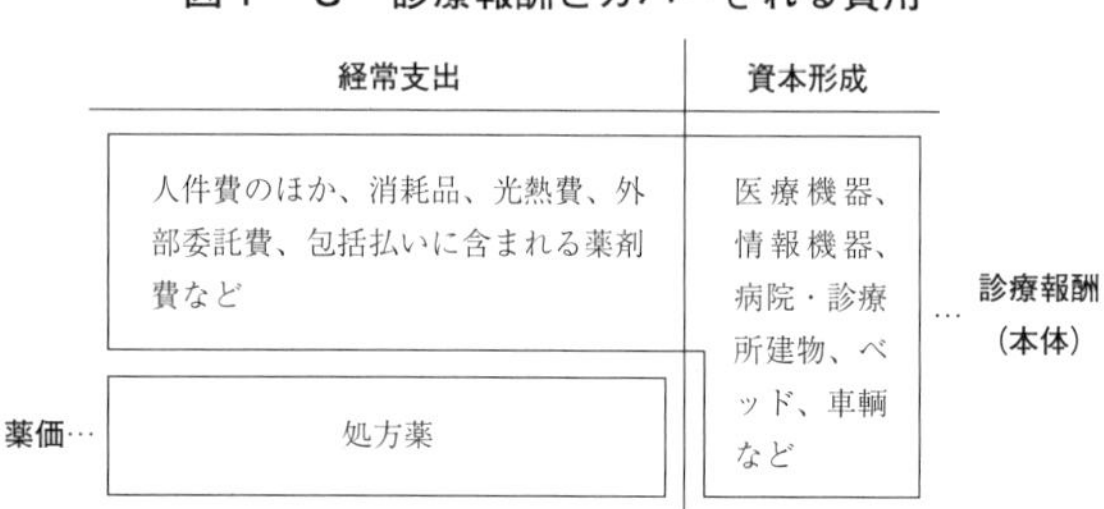

資料：筆者作成

託範囲やエレベーター保守点検業者の見直し、大規模修繕時の請負業者の選定などを議論し、管理組合総会において最終決定を行う。居住している当事者だからこそ、管理会社や大規模修繕の請負会社などにニーズを伝えることができるし、請負会社の選定や工法など専門知識が必要な部分は、専門家である管理会社をエージェントとして使う。

では、本人負担分だけでも同規模の健康保険料を負担し、健康という資産を支える医療保険制度において、同様の実態があるかといえば、心もとない。もともとわが国の保険者は、診療報酬や保険医療機関の指定などを自ら決められないうえ、決定プロセスへの参画すら蔑ろにされている。２０１８年度の診療報酬改定率が決められた翌日の朝刊には次のような見出しが掲げられた。「医師の報酬上げ『総理の恩返し』議論なき決着」（『日本経済新聞』２０１７年12月19日）。日本医師会と政権与党との蜜月関係によって診療報酬のプラス改定幅が決められた実態を伝える記事である。受益と負担の当事者である事業主や被保険者の視点や政策論は無視されている。

これでは、税や社会保険料が進んで支払われるはずもない。診療報酬は、医師や看護師の人件費、消耗品、および医療機器購入などの費用に充てられる「診療報酬（本体）」と処方薬に充てられる「薬価」とに分けられ（図1－8）、2年に一度改定される。2018年度の診療報酬（本体）は、当初想定されていた以上の引き上げ幅である0・55％とされた。

こうした状況を許しているのは国民自身でもある。社会保障は、国から国民に対し一方的に与えられるもの、という意識がないだろうか。そうした意識は、橋本龍太郎政権下の1997年、行政改革会議「最終報告」において「国民の統治客体意識、行政への依存体質」として厳しく戒められているものである。社会保険であるから、自主的責任の観念をもとに運営されなければならない。

社会保険には、保険者自治という考え方がある。マンションの管理組合でたとえたように、社会保険は、保険者という共同体を構成する被保険者自らが受益と負担を見比べながらその内容を主体的に決めていく自治的な仕組みのはずである。実際、健康保険法第18条では、労使から選ばれた組合会議員によって組織される組合会の設置が定められている。国民経済計算（SNA）において、中央政府・地方政府と並んで社会保障基金が一つの政府部門に位置づけられているのにも意味がある。

かつては、政府内でもそのような認識を見ることができた。たとえば、2001年6月に閣議決定された「今後の経済財政運営及び経済社会の構造改革に関する基本方針」（骨太方針）には、次のように記されている。「患者の選択による医療機関相互の競争の促進を進めるとともに、保険者機能[13]の強化を図る。このため、保険者の権限を強化し、保険者と医療機関との契約や保険者と医療機関の連携強化（健診、予防）、レセプト審査、支払事務等の抜本的効率化を進める」。

社会保険料および自己負担によって自らの懐が痛むことで、予防に努めるなど費用節約のインセンティブが生まれる。同時に、医療機関にかかった経験を通じて医療サービスの恩恵を感じ、他人から一方的に強制されるのではなく、自らが理解し意思決定に参加することで、負担に納得感が伴う。それが本来的な社会保険である。このように、社会保険としての医療保険のあるべき姿を広く共有したうえで、その姿に向かっていくことこそ、改革の柱でなければならない。

補論　医療機関の設備投資額（資本形成）把握に関する諸問題

(1) 医療機関の設備投資額（資本形成）の規模

① 医療機器

実際の資本形成はどの程度の規模なのだろうか。以下、主要な資本形成すなわち医療機器と建物・構築物について、需要者側の包括的な情報が乏しいため、供給側の統計を用い大まかな把握を試みる。

２０１１年度までの直近5年間と調査対象期間がやや古く、サンプル数も少ないものの、病院や診療所をはじめとする医療機関の資本形成に関する厚生労働省の調査がある。それによれば、病院の場合、資本形成額のうち医療機器、建物と構築物がそれぞれ57・6％、37・6％、計95・2％を占めている。診療所の場合、それぞれ44・4％、41・5％、計85・9％と、医療機器のウエートが低下するものの、やはりこの二つで大勢を占めている（表1－6）。いずれにしても医療機関の資本形成については、医療機器と建物・構築物の二つを押さえれば、およそ9割は把握できるということになる。

まず、医療機器である。厚生労働省「医療機器産業ビジョン２０１３」は、同省の「薬事工業生産

表１－６　医療機関の資本形成の金額と件数

	病院 (n＝142)			診療所 (n＝86)		
	総額		件数	総額		件数
	（億円）	（％）		（億円）	（％）	
医療機器	2,211	57.6	59,506	11	44.5	750
建物	1,382	36.0	7,762	9	38.6	162
構築物	61	1.6	886	1	2.9	69
車両	5	0.1	255	2	9.5	91
ソフトウエア	129	3.3	1,151	1	2.2	41
その他	50	1.3	90	1	2.2	71
計	3,838	100.0	69,650	25	100.0	1,184

注：医療機器は、原資料では機器備品と表記されている。土地の取得は含まれていない。原資料では、歯科診療所、保険薬局の調査結果も掲載されているが、ここでは省略している。
資料：中央社会保険医療協議会　医療機関等における消費税負担に関する分科会「資料　税－１－１　医療機関等の設備投資に関する調査結果報告書」（2013年６月21日）より筆者作成

動態統計」に掲載されている医療機器生産額に輸入金額を加え輸出金額を控除した値を市場規模と定義している。この定義に倣うと、医療機器の市場規模は、１９９５年の１兆６５６４億円からほぼ一貫して増加傾向にあり、直近の２０１８年で２兆９０１８億円となっている（図１－９）。

ただし、こうした市場規模の把握には主に次の三つの留意点がある。一つは、このなかには、眼科用品、補聴器、体温計、血圧計、衛生材料及び衛生用品など消費支出に分類されるべきものも含まれていることである。二つめは、この金額は生産価額あるいは輸入価額であるので、ここに流通マージンを上乗せした額が実際の資本形成額となることである。三つめは、このなかには医療機関自らが取得した分だけではなく、リース会社によって取得された分も含まれていることである。こう

図1－9　医療機器の国内供給規模

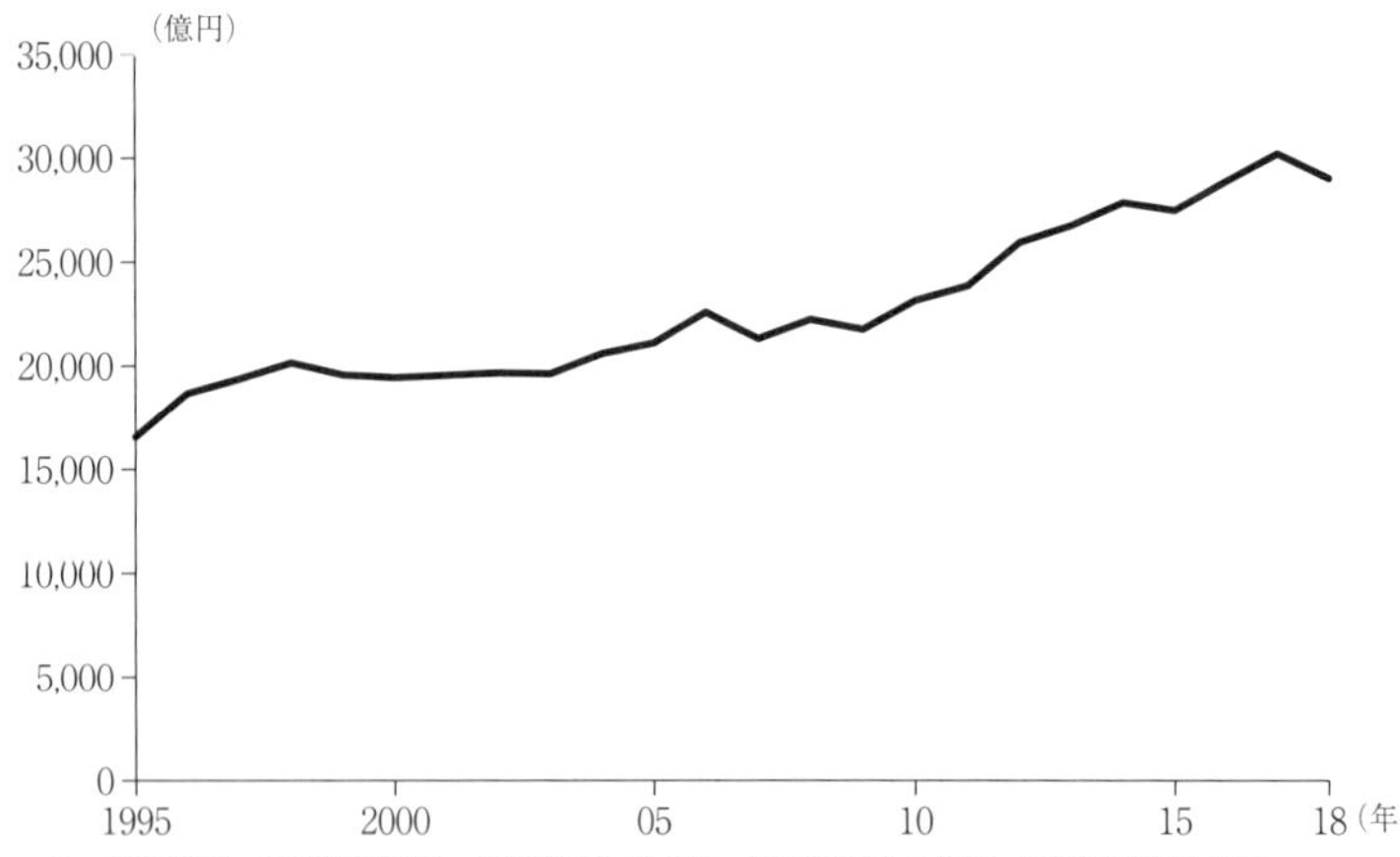

注：医療機器の国内供給規模＝医療機器生産金額＋医療機器輸入金額－医療機器輸出金額。
資料：厚生労働省「薬事工業生産動態統計年報」各年版より筆者作成

した点を無視すれば、直近では3兆円程度ということになる。

②　建物・構築物

次に、病院や診療所などの建物・構築物はどうだろうか。国土交通省「建築着工統計」に病院・診療所の工事費予定額が掲載されている。工事費予定額は、年による変動が大きいものの、2004年から2019年までの間、おおむね6000億円から1兆円の範囲の間で推移し、直近10年間の平均は約8000億円となっている（図1－10）。

この②建物・構築物に先ほどの①医療機器を足し合わせ、さらに、ソフトウェアや保険薬局の資本形成なども加味すれば、医療機関の資本形成として年4兆円程度の規模が浮かび上がってくる。国民医療費43・1兆円（2017年度）の1割程度ということになる。

図１－10　病院・診療所の建築着工

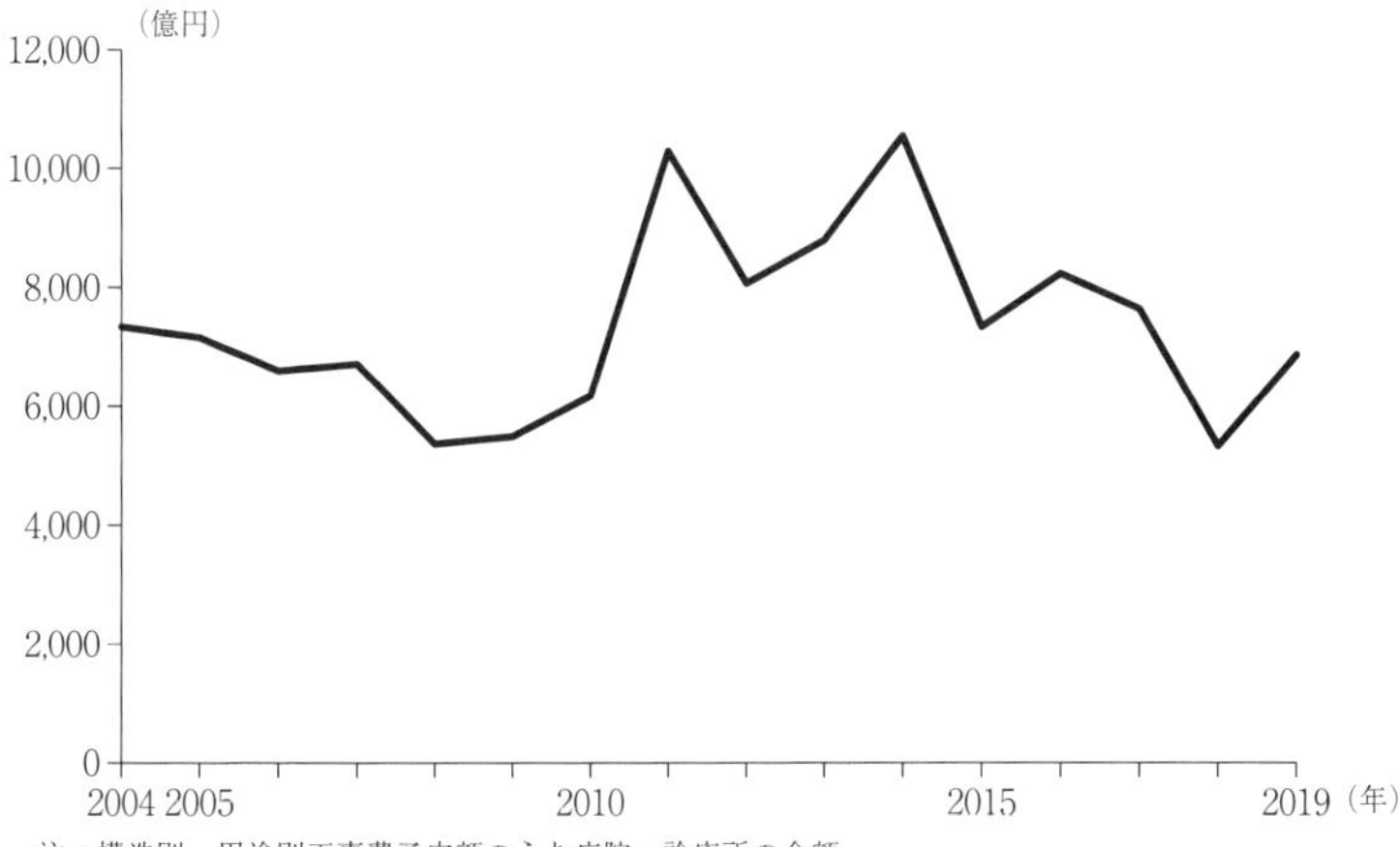

注：構造別、用途別工事費予定額のうち病院・診療所の金額。
資料：国土交通省「建築着工統計調査」各年版より筆者作成

(2) 設備投資額（資本形成）の把握不在による問題点

医療機関の設備投資額（資本形成）の実態が不透明であることによる問題は、第一に、本文中でも述べたように、資本と労働の間の最適な資源配分の議論が難しくなることがある。第二に、ＳＨＡの健康支出（Health Expenditure）が過大推計となることが指摘できる。この点は、特に国際比較の精度低下となって表れる。

現在、ＳＨＡは、経常支出と資本形成とに大きく分けられる医療機関の支出のうち（前掲図１－８を参照）、経常支出のみを健康支出として計上することとしている。よって、資本形成が仮に４兆円であるとすると、国民医療費43・１兆円から４兆円を差し引くなどして経常支出を求め、それをＳＨＡの健康支出に計上しなければならない。もっとも、わが国ではそのような推計手順は採ら

図１－11　健康支出の対 GDP 比（2011年）

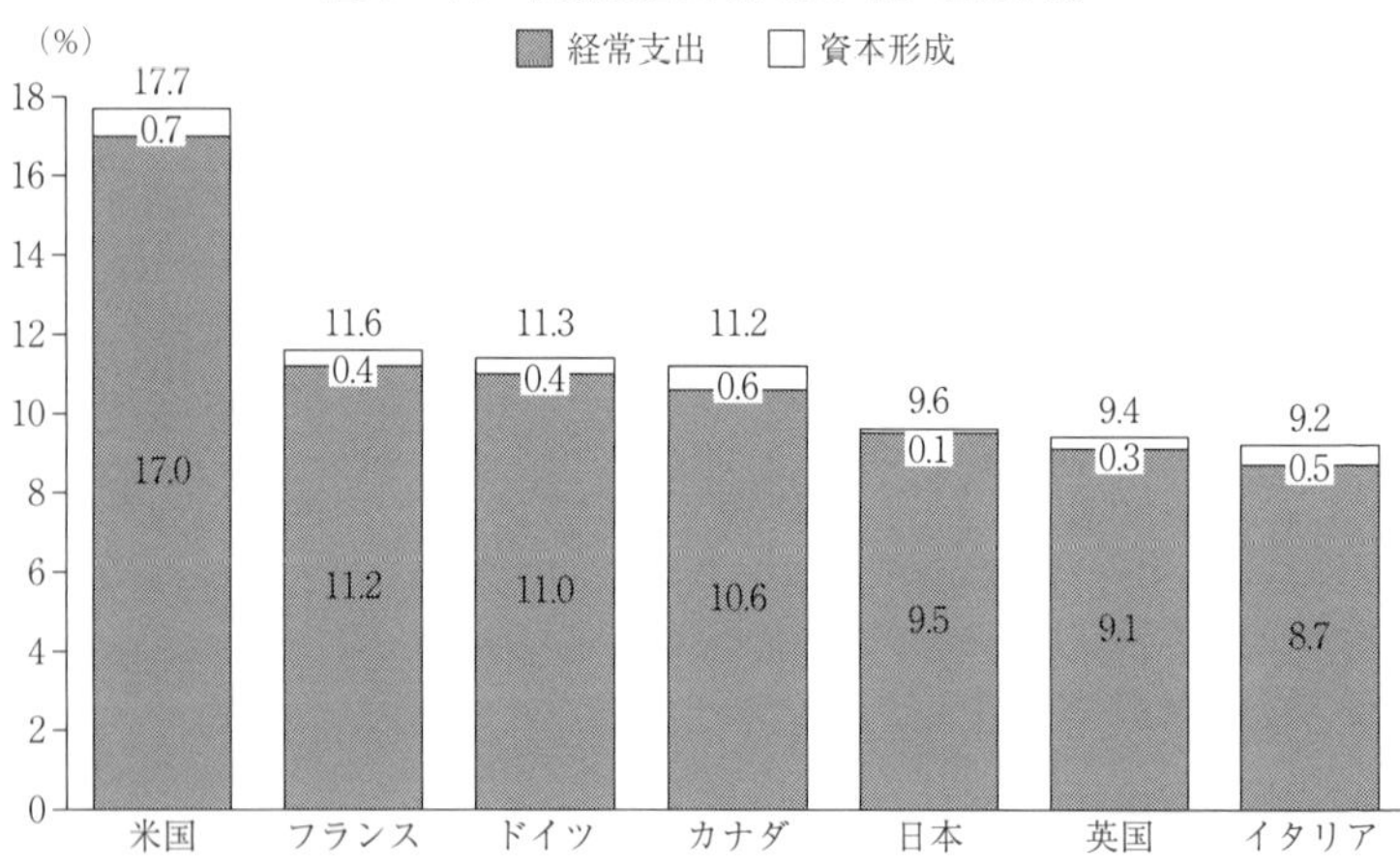

注：2011年のデータ。日本のみ2010年。
資料：OECD 'Health at a Glance 2013' 7.2.1. Total health expenditure as a share of GDP, 2011より筆者作成

れておらず、国民医療費がそのまま健康支出に計上されている模様である。

健康支出を諸外国と比較した場合、わが国は、その分過大推計になっていると考えられる。そのことは、ＯＥＣＤが定期的に公表している統計要覧'Health at a Glance'の２０１３年版と２０１５年版の差に表れている。ＳＨＡは、もともとは健康支出の範囲を経常支出と資本形成の合計と定義していた。実際、Health at a Glance の２０１３年版では、そうした定義による健康支出の対ＧＤＰ比が掲載されていた（図１－11）。

たとえば、米国の経常支出、資本形成はそれぞれ17・０％、０・７％、その合計である健康支出17・７％となっている。フランス、ドイツ、カナダ、英国、イタリアにおいても、対ＧＤＰ比０・３％～０・６％の資本形成が健康支出の構成要素として計上されている。

図１－12　健康支出の対 GDP 比（2013年）

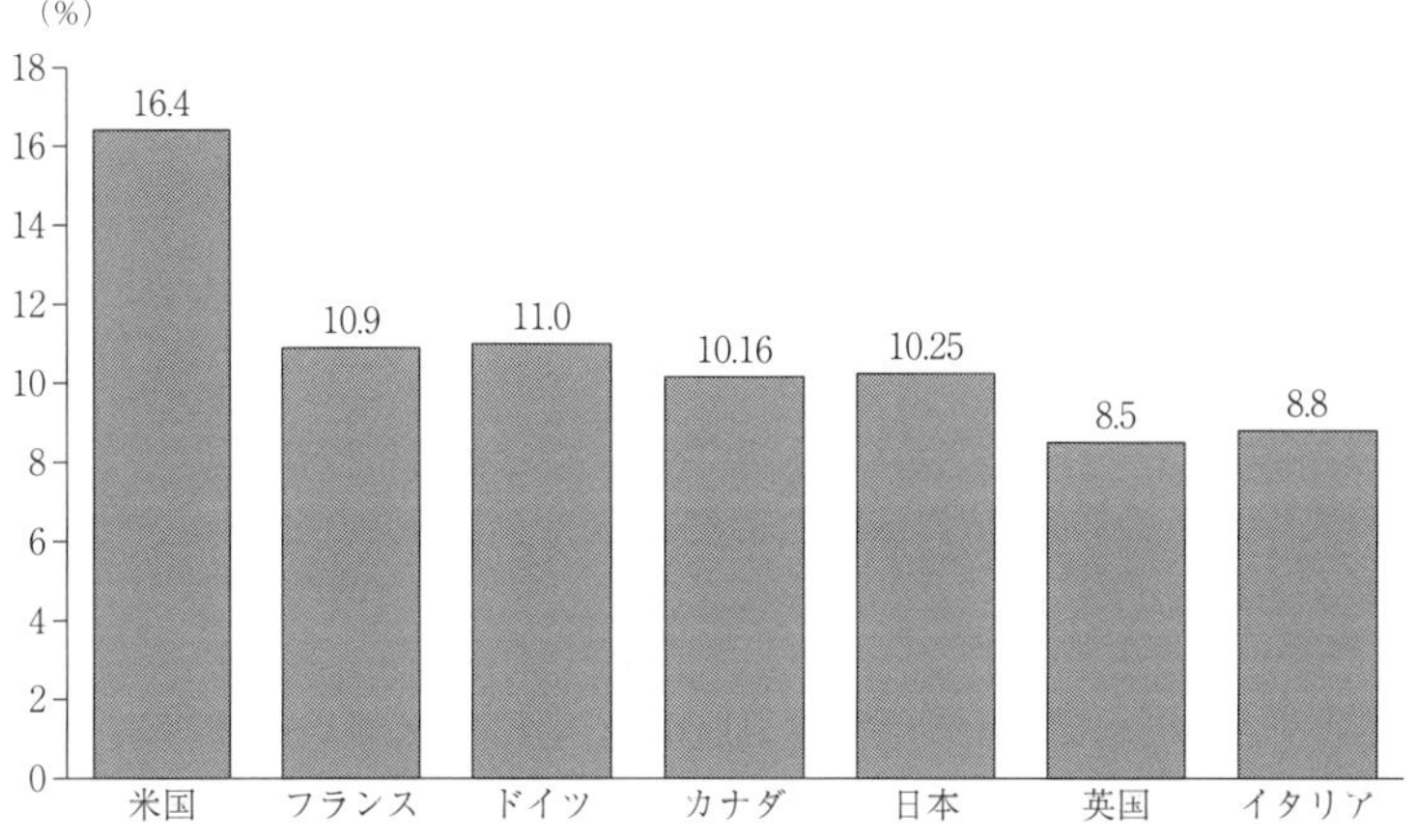

注：2013年のデータ。資本形成は含まない。
資料：OECD 'Health at a Glance 2015' 9.3. Health expenditure as a share of GDP, 2013より筆者作成

それに対し、わが国の資本形成は０・１％と、極端に小さい。これは、資本形成が実際にこれしかないのではなく、その大部分が経常支出に混入しているためであると考えられる。

次に、Health at a Glance の２０１５年版では、２０１３年版からガラッと変わり、経常支出のみが健康支出として掲載されるようになっている（図１－12）。米国が16・4％と他国に比べ突出しているのは変わりなく、日本は10・25％とフランス、ドイツ、カナダ並みになっている。

わが国を除く6カ国は、Health at a Glance ２０１３年版では対ＧＤＰ比０・３～０・７％あった資本形成が２０１５年版では剥落したことによる寄与などから、健康支出の対ＧＤＰ比は、２０１５年版では２０１３年版より小さくなっている。他方、わが国にはそうした剥落効果がほとんどない。このように、Health at a

Glance の2013年版と2015年版の比較から、わが国の健康支出のなかに資本形成の大部分が混入していることを通じ、諸外国比較の精度を低下させていることがうかがえる。なお、Health at a Glance の2013年版と2015年版のわが国の健康支出は、介護費用が過小計上となっていると見られる（第6章で詳しく述べる）。

第三に、資本形成の実態が正確に把握されていないことにより、診療報酬単価の適切な設定が困難になる。たとえば、CT撮影64列以上マルチスライス型機器1000点（1点10円）、MRI撮影3テスラ以上の機器1600点（同）といったように、検査にはそれぞれ診療報酬単価がつけられている。なお、CTの64列は標準型とされ、MRI3テスラは主に大規模病院で用いられるとされる。

本来、こうした検査にかかる診療報酬単価は、CTスキャナーやMRIといった医療機器の取得価格の償却費用、ランニングコスト、および、医療機関の利益をもとに設定されるのが合理的である。ところが、医療機関による医療機器の取得価格は不透明であり、定価の90%引きあるいは95%引きなど、定価があってないような価格で納入されているとも言われている。1000点、1600点といった診療報酬が、一体いかなる根拠によって設定されているのかよくわからない。

翻って、保険の対象となっている処方薬については、2年に1度、「薬価調査」としてすべての薬を対象に卸売業者から医療機関に対する実際の販売価格が調査されている。その販売価格が、次の薬価改定に反映されることになる。医療機器の販売価格の実態についても、こうした薬価調査に準じ明らかにされ、診療報酬に反映されていくべきであろう。不透明なままとしておくことは、以上述べたように問題が大きい。

【第１章・注】

（1）新型コロナによって、保健所に改めて注目が集まった。全国に４６９ある保健所は、新型コロナの相談窓口、ＰＣＲ検査など、まさに「医療」を担っているが、保健所の人件費、物件費、施設整備費などは診療報酬で賄われるのではなく、都道府県および保健所設置市の保健衛生費として歳出され、その原資は住民税および地方交付税交付金などである。よって、診療報酬を引き上げても、保健所に財源が回るわけではない。

保健所が担っている業務は、予防のなかの公衆衛生と呼ばれる分野である。公衆衛生には、そのほか、企業の実施する健康診断、産業医の配置、健康保険組合など保険者の実施する特定健診・特定保健指導、地方自治体の実施する各種予防接種や母子保健、精神保健衛生、ワクチン備蓄など様々である。

これらは、いずれも健康を支える重要な政策分野であるが、診療報酬を引き上げても直接はその充実に結びつかず、「国民医療費」にも計上されない。診療報酬やほぼその集計値である国民医療費に過度に焦点が当たっているわが国の現状は是正される必要がある。

（2）OECD. Stat 'Health Care Resources'.

（3）社会保障審議会医療保険部会・医療部会「平成26年度診療報酬改定の基本方針」２０１３年12月6日。

（4）給与所得控除が経費控除のみを根拠とすれば過大でありつつ、なお残っているのは、クロヨンの補償の意味合いであると考えられる。

（5）それもあり、水平的公平の要請に制度が追いついていない側面があるのかもしれない。

（6）国税庁「統計年報平成29年度版」。

（7）共同保険者の表現は笠木（２０１７）で用いられている。

（8）会計士、司法書士など専門的な資格職業名の末尾に「～士」がつく職業の俗称。

（9）財政制度等審議会「令和時代の財政の在り方に関する建議」（２０１９ａ）９ページ。

（10）厚生労働省保険局「高額療養費制度を利用される皆さまへ」（平成30年8月診療分から）の例示。

（11）保健事業の費用は表１－３の支出の「その他」に含まれている。

（12）国土交通省「平成30年度マンション総合調査結果」。

（13）保険者機能については、健康保険組合全国大会におけるシンポジウム「人生100年時代に向けた保険者の役割」（2019年11月22日）に登壇した尾形裕也（九州大学名誉教授）の整理が参考になる。

尾形は、まず、平成24年度厚生労働省委託事業「保険者機能のあり方と評価に関する調査研究報告書」が掲げた次の6つの保険者の機能と役割を列挙する。①被保険者の適用（資格管理）、②保険料の設定・徴収、③保険給付（付加給付も含む）、④審査・支払、⑤保健事業等を通じた加入者の健康管理、⑥医療の質や効率性向上のための医療提供側への働きかけ。そのうえで、尾形は⑦医療政策決定への関与を加えている。

第2章　医療保険財政の危機

1　高齢者医療費への支援金等の増大

第1章でみたように、医療保険財政は、後期高齢者支援金や前期高齢者納付金などの支援金等を通じ、被用者保険が中心となり高齢者医療費を支える構造になっている。今後、一段の高齢化とともに、被用者保険の支出に占める支援金等のウエートが増大し、給付のウエートが低下していくことは必至である。おおまかに20～64歳人口を支援金等の出し手、65歳以上人口を支援金等の受け手とすれば、現在、それぞれの人口は６９５４万人、３５５８万人、受け手を出し手で割った比率は51・２％、すなわち、出し手２人に対し受け手１人の割合である（２０１８年）。

20～64歳人口は、すでに１９９８年に７９１２万人のピークをつけて以降減少し続けており、政府の将来推計によれば、今後も減少速度は変わらない（図２－１）。他方、65歳以上人口は、２０４２年の３９３５万人まで緩やかながら増加し続ける。その結果、受け手を出し手で割った比率は、２０３３年、２０４０年にはそれぞれ60％、70％を超え、その後も上昇し続けていく。２０５０年における比率は78・８％となる。しばしば２０２５年が、団塊の世代が全員75歳以上（後期高齢者）となる年として、第4章で扱う地域医療構想をはじめ、政府の政策の目途に用いられるが、それは高齢化の

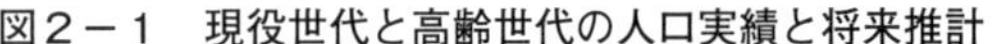
図２－１　現役世代と高齢世代の人口実績と将来推計

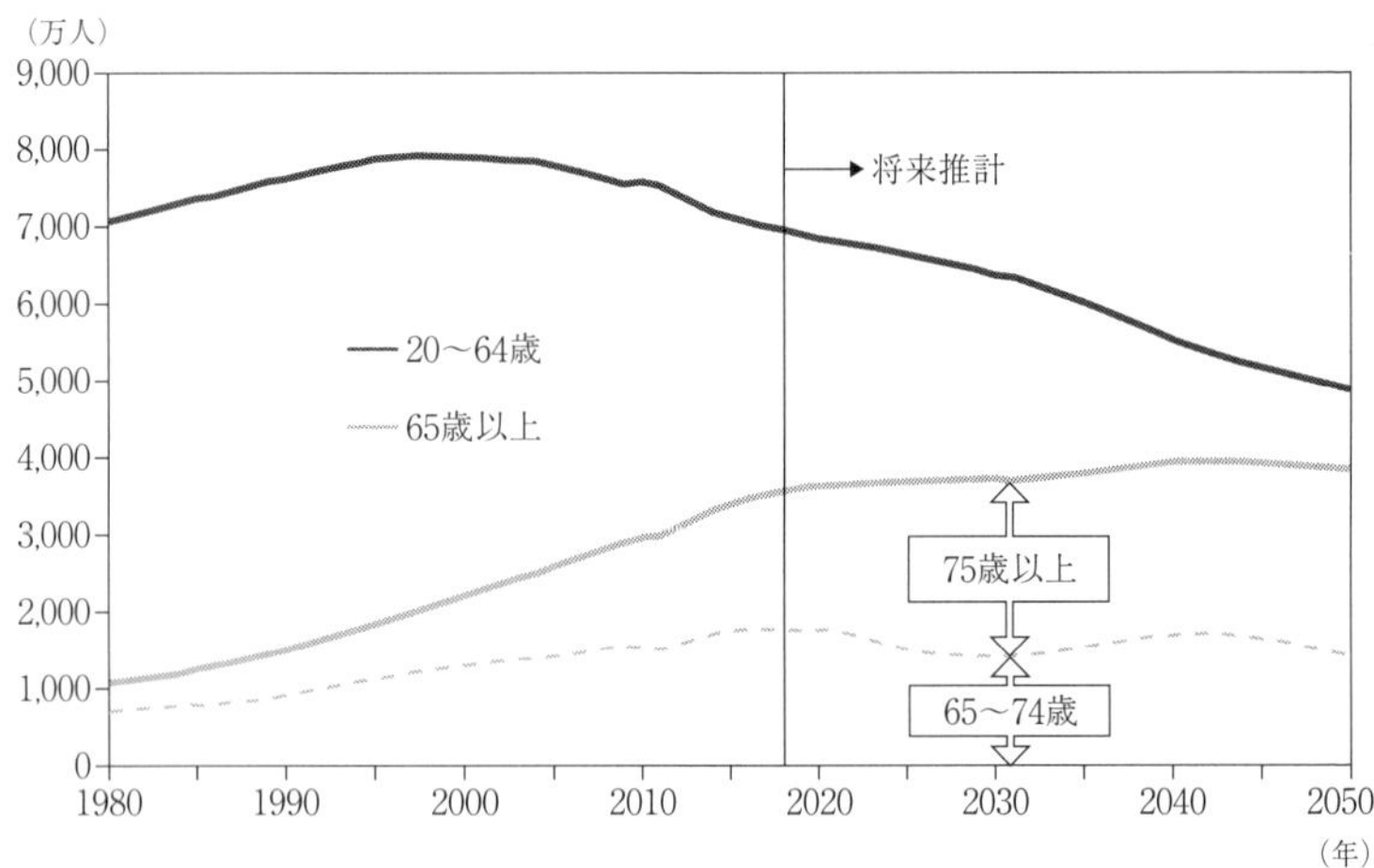

資料：次の統計より筆者作成。2018年まで総務省統計局「人口推計（各年10月１日現在人口）」、2019年以降は国立社会保障・人口問題研究所「日本の将来推計人口（平成29年推計）」の出生中位・死亡中位

途上である。

健康保険組合連合会（健保連）は、２０２５年度までの給付と支援金等の推計を公表している（図２－２）。健保連とは、健康保険法に基づき設立された、健康保険組合の連合組織である。その推計によれば、２０２５年度、給付費４・１兆円に対し、後期高齢者支援金と前期高齢者納付金の合計は４・17兆円に及び、支援金等が給付費を上回るとされている。以降も、支出に占める支援金等のウエートが高まっていくことはほぼ確実である。

高齢化が進むもと、医療保険制度は、次の課題に直面している。（１）理論的な問題としては、健康保険料の一部が他制度への移転に用いられ、しかも、それが半分を超えてもなお社会保険料と呼び得るのか。（２）実際問題としては、20～64歳人口が

図２－２　組合健保の主要な支出の推移（実績と推計）

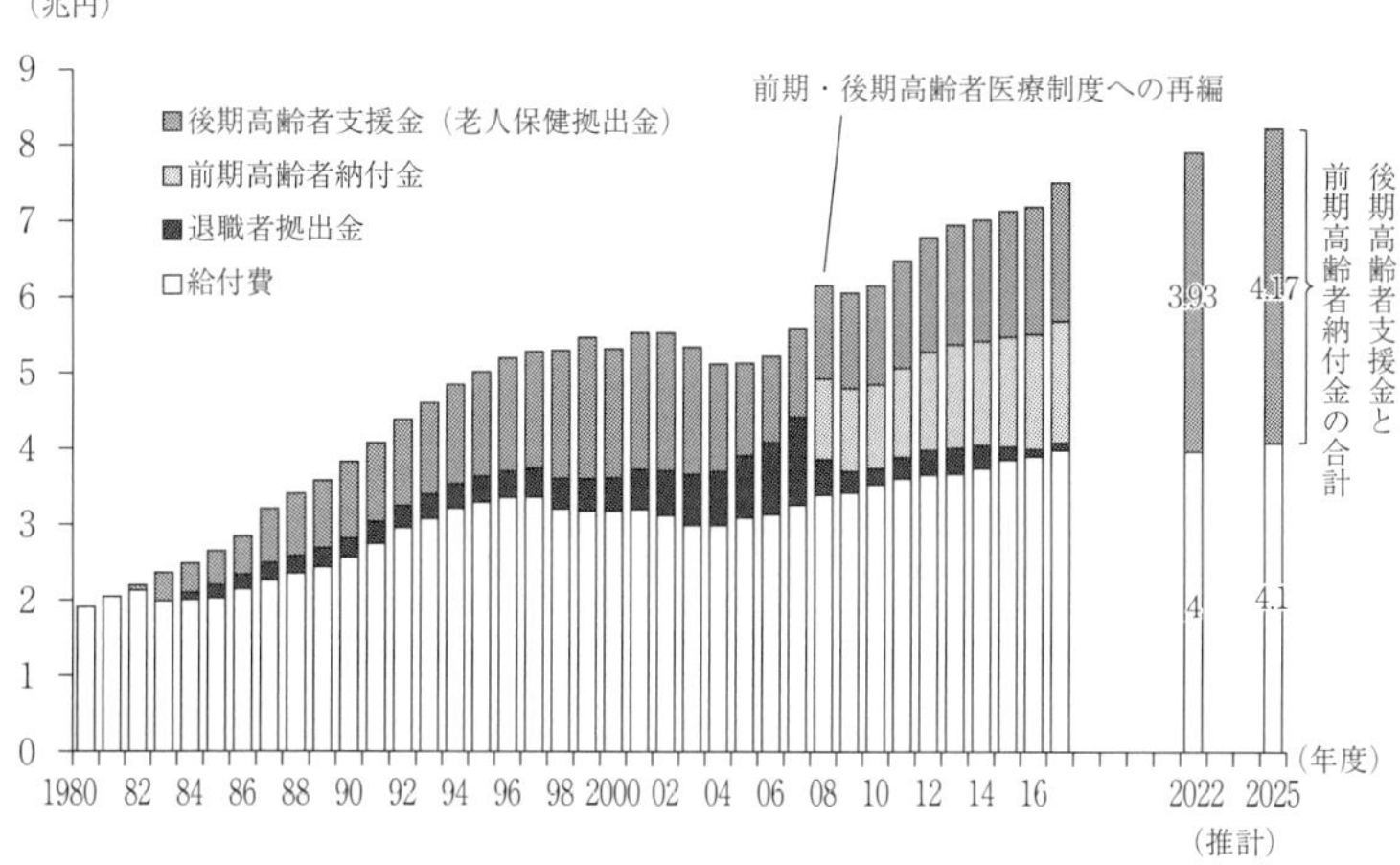

資料：健康保険組合連合会「事業年報」各年度版、同「今、必要な医療保険の重点施策―2022年危機に向けた健保連の提案―」、厚生労働省「健康保険・船員保険事業年報」より筆者作成

65歳以上人口の医療費に財政支援を行う現行の医療保険制度が今後も持続可能なのか。

２０１８年７月、全国の生活協同組合の従業員とその家族16・４万人が加入していた日生協健康保険組合が解散を決定、続いて同年９月には、約51万人が加入していた人材派遣健康保険組合が解散を決め、大型解散として注目を集めた（両組合とも２０１９年４月に解散）。いずれも、支援金等の負担の重さが背景にある。組合健保は、保険料率が協会けんぽの水準（全国平均10％）を上回ると、存続が苦しくなってくる。このようにして組合健保が解散すれば、その被保険者は協会けんぽに移ることになる。

協会けんぽには公費が投じられていることから、その分、公費負担が増し、かつ、保健事業にも影響が及ぶ。近年、事業主と保険者との協働による従業員向けの健康促進（コラボヘルス）が注目を集めているが、それも困難になるケースも出てくると考えられる。事業主と保険者の距離が遠くなってしまうためだ。

とりわけ深刻なのは、こうした事態が、人口動態の変化のみによってもたらされているわけではないことである。仮に人口動態の変化だけが理由であれば、それは不可抗力ともいえる。ところが、財政健全化を図る手段として、政府が、国民の反発を恐れるためか、増税や社会保障給付の抑制といった王道を回避し、手っ取り早く健康保険料をあたかも税の代替であるかのように用い、なし崩し的に健康保険料による再分配を強めている側面がある。それは人為的な要因である。

そのような手段による公費の節約であっても、たしかに、国の一般会計という庭先は綺麗になる。しかし、それは庭先のごみを社会保障基金という隣の庭に掃き出しているにすぎない。避けて通れないはずの増税や給付抑制から目を背け続ければ、いつまでたっても本格的な財政健全化には踏み出せないだろう。社会保険料であるはずの健康保険料に過度に再分配が持ち込まれれば、負担と受益の対応という本来の姿が歪められる。「世界に冠たる国民皆保険」というキャッチフレーズがしばしば用いられるものの、そうした言葉とは裏腹に、社会保険を自ら壊しているようにすら映るケースがしばしばみられるのが実態である。問題はここだ。

それは、１９８０年代初頭から懸念されていたことである。後期高齢者医療制度の前身である老人保健制度および現在も経過措置的に残る退職者医療制度が導入されたのは、それぞれ１９８３年、１９８４年である。当時大阪大学教授だった財政学者・藤田晴は、老人保健制度と退職者医療制度を、「医療保障に関する個人の拠出と受給のバランスを、ライフサイクル的な視点から考えようとする発想」として評価しつつ、同時に、その行く末については、次のように戒めていた。「老人保健制度にせよ退職者医療制度にせよ、それらを医療保険国庫負担の節約手段とみなす財政至上主義の考え方は、制度本来のあり方をゆがめるおそれがあることに留意しなければならない」（藤田［１９８４］）。社会保険の本来あるべき姿が、人為的にも歪められてきており、そこに目が向けられる必要がある。本章は、藤田の懸念が現実のものとなってきた過程をたどり、加えて、高齢者医療制度の課題を考える。

２　老人保健制度導入とその後の健康保険料による再分配強化

老人保健制度は、１９８３年2月（すなわち１９８２年度の終盤）に導入された。これが健康保険料を原資とした高齢者医療費への財政支援の嚆矢である。老人保健制度の導入以前、各医療保険制度の財政は独立し、保険者間の財政力格差は公費のみによって調整されていた。老人保健制度導入前年度である１９８１年度の医療保険制度の収入と支出をみると、いずれの制度も支出の主体は給付であり、それ以外には保健事業をはじめとしたその他支出があるのみであった。収入は、保険料計７・６兆円のほか、政管健保、国保にそれぞれ公費０・６兆円、２・４兆円、計３兆円が投じられていた（表２－１）。

老人保健制度導入の背景のひとつには、国保および政管健保の財政危機と１９７９年の一般消費税導入の断念から第二次臨時行政調査会（会長の土光敏夫の名をとった、いわゆる土光臨調）の増税な

表２－１　医療保険制度それぞれの収支（1981年度）

（兆円）

制度	収入	保険料	公費	国	地方	その他	支出	給付	その他
組合健保	2.6	2.4	0.0	0.0	－	0.2	2.4	2.0	0.3
政府管掌健康保険	4.1	2.8	0.6	0.6	－	0.7	4.0	3.2	0.8
共済組合	1.1	1.1	－	－	－	0.0	1.0	1.0	0.0
国保	3.9	1.3	2.4	2.2	0.2	0.1	3.7	3.5	0.2
日雇健康保険	0.6	0.0	0.0	0.0	－	0.6	0.6	0.1	0.5
計	12.2	7.6	3.0	2.8	0.2	1.6	11.8	9.9	1.8

注：政府管掌健康保険は協会けんぽの前身。船員保険は政府管掌健康保険に含めている。
資料：健康保険組合連合会『社会保障統計年鑑1983年版』、厚生省「国民健康保険事業年報昭和56年度」より筆者作成

き財政再建（１９８１年）への流れがあったとされる。島崎謙治（政策研究大学院大学教授）は次のように記している。「それまでは保険者間の財政の不均衡は国庫の投入により調整が図られてきたが、そのような手法が許される状況ではなくなった」（島崎［２０１１］）。

わが国では、１９７５年度に「初めて特例法に基づく特例（赤字）公債が発行された」（財務省財務総合政策研究所財政史室［２００４ｂ］）。当時の大蔵大臣であった大平正芳は、１９７８年12月の総理就任後、その処理のため一般消費税の導入を表明、１９７９年10月の総選挙に向けそれを訴えたものの、支持を得ることはできなかった。国立社会保障・人口問題研究所発行の『日本社会保障資料Ⅳ』によれば、第二次臨時行政調査会は、「『増税なき財政再建路線』を唱え、老人保健制度導入の『牽引車』としての役割を果たした」（土田［２００５］）とされる。

「増税なき財政再建」とは、理論的には、次の二つの意味が考えられる。一つは（１）経済成長による税収増で

表２－２　医療保険制度のキャッシュフロー（1983年度）

（兆円）

制度	収入	保険料	公費	国	地方	その他	支出	給付	老人保健拠出金	その他
組合健保	3.1	2.7	0.0	0.0	－	0.3	2.8	2.0	0.4	0.4
政府管掌健康保険	4.4	3.2	0.6	0.6	－	0.6	4.4	3.1	0.6	0.7
共済組合	1.1	1.1	－	－	－	0.0	1.1	0.9	0.2	0.0
国保	4.4	1.7	2.6	2.4	0.2	0.2	4.2	2.8	1.1	0.2
日雇健康保険	0.8	0.0	0.0	0.0	－	0.7	0.8	0.1	0.0	0.7
計	13.8	8.7	3.2	3.1	0.2	1.9	13.3	9.0	2.2	2.0

制度	収入	公費	国	地方	老人保健拠出金	支出	給付
老人保健制度	3.3	1.0	0.7	0.3	2.3	3.3	3.3

注：政府管掌健康保険は協会けんぽの前身。船員保険は政府管掌健康保険に含めている。
資料：健康保険組合連合会『社会保障統計年鑑1985年版』、厚生省「国民健康保険事業年報昭和58年度」、同「老人医療事業年報昭和58年度」より筆者作成

あり、もう一つは（２）歳出削減である。そのうち（２）歳出削減も、診療報酬のマイナス改定や病床数の削減のようなまさに医療費そのものの削減（（２）－①）と、財政再建の対象を一般会計に絞るのであれば、一般会計からの社会保障関係費の削減（（２）－②）の二つがあり得る。隣の庭にごみを掃き出す方法だ。「増税なき財政再建」は、聞こえがいいものの、そもそも増税から目を背けており、提唱者の意図は別として、歳出削減も、国民受けの悪い（２）－①を避け、（２）－②に傾斜しかねない危険を内包していたと言える。

　老人保健制度は、それまで通り老人（70歳以上を対象）は各保険者の被保険者としたまま、市町村を実施主体と

表２−３　老人保健拠出金の計算例

（万円）

保険者	① 各保険者の老人医療費	② ①×0.7	③ ②×0.5（医療費按分）	④ ②×0.5（加入者按分の対象）	⑤ 各保険者の老人加入率（%）	⑥ 全保険者の老人加入率（%）	⑦ 加入者調整率 ⑥／⑤	⑧ 老人保健拠出金 ③＋④×⑦
A	1,000	700	350	350	1	6	6.0	2,450
B	2,000	1,400	700	700	3	6	2.0	2,100
C	10,000	7,000	3,500	3,500	20	6	0.3	4,550
計	13,000	9,100	4,550	4,550	−	−	−	9,100

資料：吉原（1983）537ページの例を参考に筆者作成（大幅に簡略化している）

し、そこから医療給付が行われ、給付費の３割を公費（国２割、都道府県０・５割、市町村０・５割）、７割を各保険者からの老人保健拠出金で賄うという「一種のハイブリッド型調整方式」（藤田［１９９７］）のスキームであった。

老人保健制度が通年で施行されるようになった１９８３年度の医療保険制度全体の収支をみると、支出の内訳として給付のほか老人保健拠出金という項目が登場し、前掲の表１−３でみたような現在の姿の原型をなしている（表２−２）。藤田（１９９７）は、続けて「明確な理論的根拠を持つシステムではない」と評している。

それでも、老人保健制度は、社会保険らしくあろうとする制度上の工夫が施されており、老人保健拠出金の計算方法においては、次のような考え方がとられた。たとえば、わが国の保険者が組合健保A、協会けんぽ（当時は政府管掌健康保険組合）B、国保Cの三つで構成され（表２−３）、老人医療費の実績値はそれぞれ１０００万円、２０００万円、１億円、計１億３０００万円であるとする。よって、医療給付費のうち公費で賄われるのはその３割の３９００万円、老人保健拠出金は7割の９１００万円となる。老人保健拠出金は、各保険者が自らの老人医療費の7割をそのまま拠出するのではなく、自らの保険の被保険者のうち老人の占める割合（老人加入率）が低い保険者ほど重くなる仕組みが一部に組み込まれた。たとえば、保険者Ａの老人加入率は１％、A〜C全保険者の平均老人加入率が６％であるとすると、Ａの老人保健拠出金は、次の計算式で求められる。

1000万円×0.7×0.5＋1000万円×0.7×0.5×（0.06/0.01）＝2450万円

左辺第1項と第2項に共通する１０００万円×０・７は、老人医療費のうち老人保健拠出金で賄われる部分であり、左辺第1項はその半分である（医療費按分）。これは、自らの老人医療費をそのまま拠出する部分である。第2項は、残り半分の１０００万円×０・７×０・５に加入者調整率６（0.06/0.01）をかけることにより、老人加入率の低い保険者Ａの負担が重くなるよう調整される（加入者按分）。これは、Ａにも全保険者と同じ老人加入率６％で老人が加入しているとみなして老人保健拠出金が計算されていることになる。保険者Ａは、老人医療費の給付に替え、このようにして計算された老人保健拠出金を拠出する。

同様に、Ｂの老人保健拠出金は２１００万円、Ｃは４５５０万円となる。老人加入率の低いＡとＢの負担は増え、高いＣの負担は軽減されることになる。なお、老人加入率は上限20％、下限１％とされた。すなわち、老人加入率が極端に低い保険者の過度な負担、および極端に高い保険者への過度な拠出金受け入れには歯止めがかけられた。

このように老人保健制度には、従来からの公費投入に加え、健康保険料を原資とした再分配の仕組みが盛り込まれはしたものの、その仕組みのなかには、保険者が自らの制度に加入する老人向けの予防活動をはじめ医療費抑制に力を入れることにより、老人保健拠出金を抑えることが可能となるインセンティブが組み込まれていた。

この仕組みを尾形裕也（九州大学名誉教授）は、実際にかかった医療費に基づく「アウトカム評価」であると積極的に評価し（渡邉［２０１２］所収の対談での発言）、社会保険庁長官などを歴任した渡邉芳樹も保険者中心主義という言葉を用いて肯定的な見方を示している。「保険者の有り様を踏まえて老人医療費の負担が決まる保険者中心主義であると言えよう」（渡邉［２０１２］）。なお、こうした枠組みは、国民健康保険における２００６年10月導入の保険財政共同安定化事業でも踏襲されている（第４章）。

老人保健制度は、１９８３年にこのようなかたちでスタートし、保険者の老人保健拠出金抑制インセンティブは残しつつも、健康保険料における再分配を強める方向で修正されていった。

ポイントは二つある。一つは、１９８６年12月成立の老人保健法改正による、拠出金を加入者按分で計算するウエート（加入者按分率）の引き上げである。加入者按分率は１９９０年度にかけて段階的に引き上げられ、最終的に１００％とされた。

その影響を測るため、表２－３の数値例を用いて、医療費按分を廃止し、加入者按分１００％として計算し直せば、保険者Ａ、Ｂの老人保健拠出金はそれぞれ１７５０万円増の４２００万円、７００万円増の２８００万円となる。他方、Ｃは２４５０万円減の２１００万円となる。これは大幅な変化

図２－３　老人医療費の負担の状況

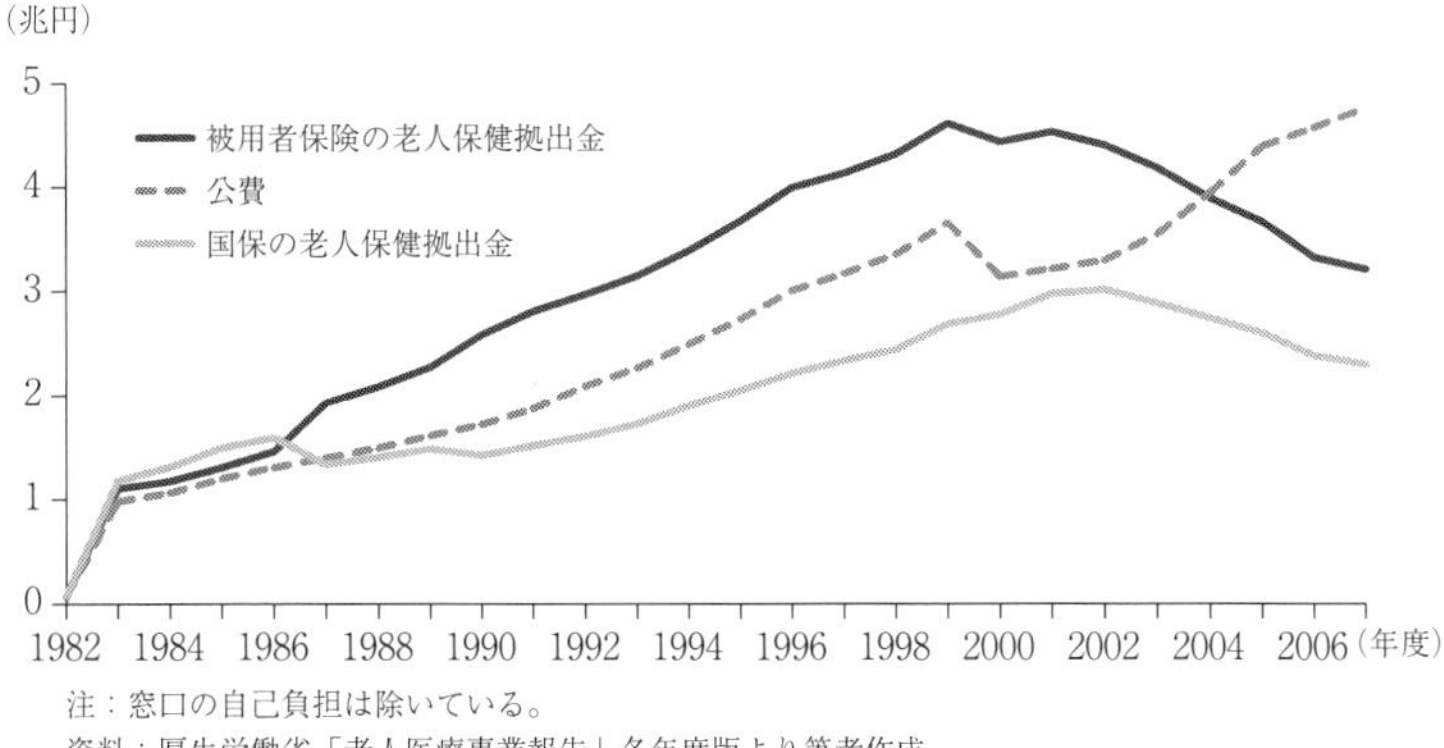

注：窓口の自己負担は除いている。
資料：厚生労働省「老人医療事業報告」各年度版より筆者作成

であり、実際、加入者按分率が90％に引き上げられた１９８７年度の老人保健拠出金の実績をみると、被用者保険の負担は前年度比０・47兆円増加し１・93兆円に、他方、国保は同０・26兆円減少し１・34兆円になっている（図２－３）。

もう一つは、２００２年の小泉純一郎政権下の老人保健法改正による老人加入率の上限撤廃である。老人加入率の上限は、１９９５年度の22％から１９９８年度にかけて段階的に引き上げられつつも、30％という上限はなお存在していた。上限撤廃により、国保を中心に老人加入率が30％を超えるような高齢化が進んでいる保険者の負担、およびそうした市町村に財政支援（特別調整交付金）していた国の負担が軽くなり、他方、その分を老人加入率の低い保険者で負担することとなった。

この２００２年改正では、老人保健拠出金の規模そのものの抑制に向け、老人保健制度の（１）公費負担割合３割から５割への５年間かけた段階的引き上げ（ただし、一定以上の所得の者にかかわる医療費は公費負担の対象外）、（2）対象年齢70歳から75歳への5年間かけた段階的引き上げ（2007年10月以降75歳以上）なども行われた。それにより、老人加入率の上限は撤廃されつつ、老人保健拠出金は抑制された。たとえば、被用者保険の老人保健拠出金は、1999年度には4・6兆円に達していたが、2002年改正以降は減少していった（図2－3）。

もっとも、支援金等の出し手の負担が軽くなったと手放しで受け止めることはできず、次の二点に留意が必要である。一つは、介護納付金である。2000年には介護保険制度が導入されており、医療保険の各保険者には、介護納付金の拠出が課せられるようになっていた。介護納付金は、2000年度は1・1兆円であったが、2017年度には2・8兆円となっている。

もう一つは、退職者拠出金の増加である。老人保健制度の対象年齢引き上げに伴い、老人保健制度の対象となるまでの70歳以上のサラリーマンOBを対象とした退職者拠出金負担が新たに上乗せされることとなった。退職者拠出金は、2002年度の1・2兆円から2007年度には2・7兆円へ急増している。老人保健制度は、このように姿を変えつつ2008年度に後期高齢者医療制度に再編されるまで約25年間存続した。

3　マイナス・シーリング予算と退職者医療制度の導入

1983年2月の老人保健制度導入に続き、1984年10月には、退職者医療制度（前掲表1－3）が導入された。退職者医療制度は、より明確に財政健全化と結びついている。退職者医療制度導入を柱とした健康保険法等改正案は、１９８４年2月に国会に提出され（同年8月成立）、マイナス・シーリングが強化された１９８４年度予算において、一般会計の社会保障関係費のうち医療に求められた前年度比６２００億円減の目標を達成するのに重要な役割を果たした。社会保障関係費の前年度比減は今日では考えにくく、しかも、当時の社会保障関係費は、現在の規模の３分の１以下の９兆３２１１億円にすぎなかったから、６２００億円は極めて大きな規模であったと言える。

退職者医療制度は、老人保健制度の対象年齢となるまでのサラリーマンＯＢ（退職被保険者）とその被扶養者（以下単にサラリーマンＯＢ）を対象とし、医療給付費のうち本人負担の国民健康保険料を除いた残りの財源を被用者保険からの退職者拠出金（療養給付費拠出金）で賄う仕組みとして設計された。公費は投入されず、本人の保険料と退職者拠出金のみで完結する。退職者拠出金は、被用者保険各保険者の賃金の合計額、正確には標準報酬総額に応じ賦課されることとされた。これは「総報酬割」といわれ、後に後期高齢者支援金や介護納付金でも用いられるようになる。総報酬割であることにより、被用者保険制度間において、健康保険料による垂直的再分配が導入されたことになる。

なお、社会保険制度において保険料を計算する際、実際の賃金ではなく、単純化された「標準報酬」が用いられる。単純化は金額と期間について行われ、金額については、たとえば21万円以上23万円未満の等級にある月額賃金であればすべて22万円に換算される。よって、21万円の賃金も、22万９９９９円の賃金も22万円に換算される。この22万円が標準報酬と呼ばれる。

医療保険の場合、それは50等級に分かれている。賞与については、若干の端数調整をした金額である「標準賞与」が用いられる。期間についても単純化されており、４～６月の３カ月の給与の平均が標準報酬の各等級にあてはめられ、特段の大きな賃金の増減がない限り、1年を通じてその標準報酬が用いられることになる。被保険者の標準報酬と標準賞与の合計が総報酬ということになる。

退職者医療制度導入の背景には、医療保険制度からの要請に加え、1984年度予算編成上の要請が強くあったとされる。まず、医療保険制度からの要請として、「厚生白書昭和61年版」において次の二つが挙げられている。一つは、サラリーマンが退職し、被用者保険から国保に移った際の給付率低下の回避である。当時、被用者保険、国保それぞれの給付率は10割、7割と顕著な差があり、サラリーマンが退職後に国保に移ることで、一挙に給付率が低下していた。それを、被用者保険の給付率を9割（8割給付を展望）に引き下げたうえで、サラリーマンOBを退職被保険者として他の国保加入者と別建てで扱うことにより8割給付とした。もう一つは、サラリーマンOBの医療給付費の財源を国保加入の現役世代ではなく、被用者保険加入の現役世代が財政支援すべきという要請への対応である。

次に、1984年度予算編成上の要請である。財務省によって編纂された正史には次のように記載されている。「年金・医療等の当然増経費の増加分が9000億円に上るにもかかわらず要求増加枠が2088億円に抑えられた厚生省は、医療について（中略）6200億円削減することを掲げた」（財務省財務総合政策研究所財政史室編［2004a］）。6200億円削減に向けて、退職者医療制度の導入が不可欠のパーツとなっている。それは、中村（1984）、小村（1984）、財務省財務総合政策研究所財政史室編（2004a）などを総合すると、次の①～③のようなスキームであったと整理される。

国保に加入するサラリーマンＯＢは、１９８４年度時点で約４０６万人おり、給付費は４３９６億円、うち保険料は７８１億円、残り３６１５億円が公費で賄われていた（いずれも政府の推計値）。

まず、①被用者保険において、給付率の10割から９割への引き下げによる給付費減（２８００億円）と医療費適正化によって、被用者保険に財政的余力４４００億円を捻出する。それによって、保険料を引き上げることなく、新しく設けられる退職者医療制度において、退職者拠出金３６１５億円の新たな負担を可能とする。

すると、②国保におけるサラリーマンＯＢに対しての公費負担３６１５億円（うち国庫負担は２３５５億円）を廃止することができる。加えて、③「退職者医療制度の創設等により市町村民健康保険の財政状況が好転する」（小村［１９８４］）ことを見込み、国は、国保への国庫負担率を、医療費の45％から給付費の50％（医療費換算39％）へ実質的に引き下げ、国庫負担をさらに１５４４億円削減する。これらを通じて国庫負担を３８９９億円（２３５５億円＋１５４４億円）削減する――というスキームであった。複雑な仕掛けだ。

退職者医療制度が通年で施行された１９８４年度の国保財政の実績をみると、退職者交付金０・19兆円が新たに受け入れられ、国庫支出金（国庫負担）は、前年度比０・13兆円減の２・16兆円となっている（図２－４）。ちなみに、国庫負担削減額の実績が１９８４年度予算ベース３８９９億円よりも小規模になっているのは、当初のサラリーマンＯＢの人数約４０６万人が過大推計となっていたためである。

こうしたスキームを要すれば、被用者保険の給付率引き下げによって国保の公費負担削減分の穴埋

図２－４　国保（市町村）の主な収入の推移

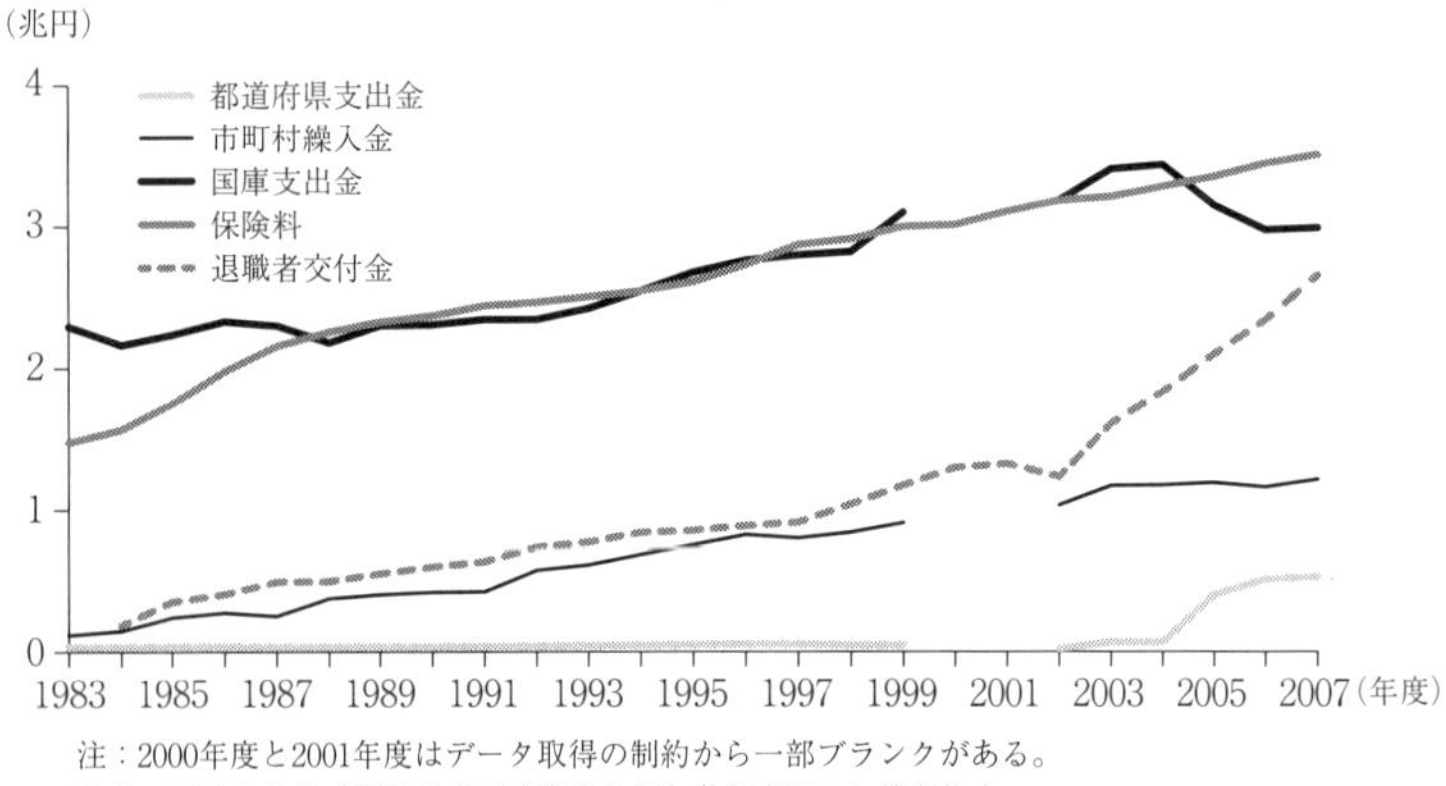

注：2000年度と2001年度はデータ取得の制約から一部ブランクがある。
資料：厚生労働省「国民健康保険事業年報」各年度版より筆者作成

めをしたことになる。それにより、（１）マイナス・シーリングが強化され、社会保障関係費については前年度比大幅減という極めて高いハードルの１９８４年度予算を成り立たせ、かつ、（２）被用者保険加入者の窓口負担導入によってコスト意識涵養の端緒になったという肯定的評価も可能である。

他方、被用者保険側からは、「退職者医療制度に名を借りた財政調整一辺倒」（中村［１９８４］）、「昭和59年度予算の概算要求にあたって、国庫補助額６２００億円削減の必要に迫られた厚生省が、退職者医療制度の見直しに目をつけ（た）」（橋爪［１９８４］）といった批判もなされている。こうした評価もまた正しいのだろう。

その後、１９９８年10月には、サラリーマンＯＢにかかる老人保健拠出金の２分の１が退職者医療制度で賄われるようになり、２００２年10月には、すべてが退職者医療制度で賄われることとなった。これは、２００８年度に導入された前期高齢者の財政調整の仕組みにつながる。

退職者医療制度の導入から約33年を経て、厚生省保険局企画課企画官などを歴任した和田勝は、近年の後期高齢者医療制度の改正等と照らし合わせながら、次のように回顧している。「後期高齢者医療や介護保険の第2号保険料に関して総報酬割が導入され、国庫負担を削減してきていますが、こうした最近の議論とも重なるところがあります」（新田ほか［２０１７］の座談会における発言）。

4　介護保険第2号保険料という目的税

２０００年4月、介護保険制度が創設され、各医療保険者には、老人保健拠出金、退職者拠出金に加え、介護納付金が課されるようになった。介護納付金の財源が第2号保険料である。介護サービスは、介護保険制度導入前より公的、私的に提供され、そのうち訪問介護や特別養護老人ホーム（特養）をはじめとした公的なサービスは、主に二つのルートを通じて提供されていた。

一つは、市町村による福祉、具体的には措置制度である。措置制度のもとでは、介護サービスの対象者と内容は行政の側が決定する。そこに、サービスを受ける側の権利性や選択の保障という考え方は乏しい。それを介護保険制度という社会保険に切り替え、さらに規模を拡大することで、保険料負担に応じた受益として正々堂々とサービスを受ける権利性や選択の保障、および、女性に偏重していた家族介護の負担軽減などが図られることとなった。

もう一つは、医療保険制度を通じた介護サービス提供である。医療保険制度から給付されていた老

図２－５　介護保険制度のキャッシュフロー

（兆円）

制度	収入	保険料	公費	国	都道府県	市町村	支出	介護納付金
組合健保	0.9	0.8	－	－	－	－	0.8	0.8
協会けんぽ	1.0	0.9	0.1	0.1	－	－	1.0	1.0
共済組合	0.2	0.2	－	－	－	－	0.2	0.2
国民健康保険	0.7	0.3	0.4	0.3	0.0	0.1	0.7	0.7
計	2.8	2.2	0.5	0.4	0.0	0.1	2.8	2.8

制度	収入	保険料	公費	国	都道府県	市町村	支払基金交付金	その他	支出	給付	その他
介護保険	10.7	2.2	5.4	2.4	1.5	1.6	2.7	0.3	10.4	9.9	0.5

注１：上記のほか船員保険制度があるが、記載を省略している。

注２：数値は、小数点2桁を四捨五入。内訳と合計は必ずしも一致しない。

注３：介護納付金は、社会保険診療報酬支払基金に納められる。そこから市町村に交付される金額には差が生じている。

資料：以下より筆者作成。厚生労働省「平成29年度介護保険事業状況報告」、同「平成29年度健康保険・船員保険 事業年報 」、同「国民健康保険事業年報平成29年度」、健康保険組合連合会「 平成30年度健保組合決算見込の概要」における平成29年度決算、社会保険診療報酬支払基金「基金年報平成29年度」

人保健施設、訪問看護などのサービスが介護保険制度へ移されることとなった。実際、一貫して増加し続けてきた国民医療費は１９９９年度の30・７兆円から２０００年度には30・１兆円と０・６兆円減少している。

介護保険制度の保険者は、市町村であり、収入と支出は市町村ごとの介護保険特別会計で経理される。介護保険財政の枠組みは、医療保険制度に似ている（図２－５）。医療保険の各保険者は、40歳～64歳の被保険者（第２号被保険者という）と事業主から、健康保険料に加え介護保険料

（第2号保険料）を徴収し、それを介護納付金としてとりまとめ役である社会保険診療報酬支払基金に納める。同基金はそれを各市町村に交付する。医療保険の各保険者は、介護保険の給付を担っているわけではないので、第2号保険料を集めて基金に納めているだけである。

協会けんぽと国保については、納付金に対しても公費負担がなされた（ただし、協会けんぽについては後に段階的に廃止。後述）。現在、介護納付金の規模は2・8兆円に達している。

第2号保険料は、40歳〜64歳の現役世代から65歳以上の高齢世代への所得移転であり、社会保険料の姿かたちはしているものの、中身は使途が特定された目的税であると言える[1]。中身が税であるとすれば、公平・中立・簡素といった租税原則に則って姿かたちが設計されなければならない。介護保険特別会計には、65歳以上の高齢者から集めた保険料（第1号保険料という）2・2兆円に加え、国、都道府県、市町村からの公費が投入される。

介護納付金の算定方法は、老人保健拠出金、退職者拠出金とは異なり、各保険者の40歳〜64歳の加入者数によることとされた。これを「加入者割」という。加入者割の場合、加入者の所得の高い保険者と低い保険者との間で、垂直的再分配は働かない。たとえば、保険者A、Bそれぞれの加入者の平均給与が月50万円、30万円と差があっても、1人に求められる介護納付金は同額である。仮に1人に求められる介護納付金を月2万円とすると、A、Bそれぞれの保険料は4％、6・7％となる。

もっとも、加入者割は、もっぱら公費の節約手段として、和田勝の前掲発言中にあるように、総報酬割に改められることになる。

5　高齢者医療制度の再構成

(1)　前期・後期高齢者医療制度への再編と拡張

２００８年４月、２００６年６月に成立していた「高齢者の医療の確保に関する法律」（高確法）に基づき、約２年間の準備期間を経て、老人保健制度は後期高齢者医療制度に改められ、さらに、前期高齢者（65歳から74歳）を対象とした財政調整の仕組みが新たに導入された。高確法は、老人保健法が改められたものである。

なお、高確法という法律は、第１章の総則の後、第２章には医療費適正化の推進が配置されており、前期高齢者を対象とした財政調整と後期高齢者医療制度は第３章以降に登場するという、見知らぬ客が床の間を背に座っているかのような奇妙な印象を受ける。

２００７年10月から75歳以上を対象とするようになっていた老人保健制度では、前述の通り75歳以上の高齢者は各医療保険制度に加入しつつ、給付は老人保健制度から受けていた。これは、老人保健制度を各保険者が共同で営んでいたと肯定的に捉えることも、制度への加入という入口と給付という出口が異なる、いわば二重加入であったと否定的に捉えることもできる。老人の負担する保険料は、各制度の財政状況全体のなかで決定されるので、市町村からなされる給付と結びついていない。

それに対し、後期高齢者医療制度は、75歳に到達した高齢者は、仮に企業に勤めていても、当該企業の健保あるいは協会けんぽを脱退し、都道府県単位の後期高齢者医療制度に加入し、そこに保険料を払い、そこから給付を受けることとなった。二重加入が解消され、入口と出口が一本化されたといえる。他方、被用者保険と国保の側に立てば、後期高齢者医療制度は、まったく別の制度であり、財政支援を行う根拠は乏しくなった。

その給付財源は、約５割を公費、約４割を被用者保険と国保からの財政支援である後期高齢者支援金、残りの約１割を後期高齢者自らの健康保険料で賄うこととされた。なお、「約」とつけている理由は二つある。一つは、現役世代の負担軽減策として、後期高齢者支援金と後期高齢者自らの健康保険料の割合において、高齢化の進行とともに後期高齢者自らの健康保険料の割合が高まる仕組みとされたためである。その結果、後期高齢者医療制度発足当初、後期高齢者支援金と後期高齢者自らの保険料の割合は、それぞれ給付費の40％、10％であったが、２０１９年度は38・82％、11・18％となっている（もう一つの理由は、所得の高い後期高齢者には公費負担がないためである。後述）。

各保険者は、後期高齢者医療制度に対し、後期高齢者支援金を拠出する。ただし、その発想は、老人保健拠出金と異なる。老人保健制度においては、自らの保険に加入している老人の医療費実績を算出根拠に用いていたのに対し、後期高齢者医療制度では、必要となる給付財源の約４割を各保険者の加入者数（被保険者と被扶養者の合計）に応じ負担することとされた。これは「加入者割」と呼ばれる。よって、後期高齢者医療制度においては、老人保健制度のように自らの保険に加入する老人医療費抑制が拠出金の削減につながるというかたちでの保険者にとってのインセンティブはなくなった。

他方、新しく導入された前期高齢者を対象とした財政調整のほうが、老人保健拠出金の発想を引き継いでいる。各保険者に加入する前期高齢者の給付費と前期高齢者にかかる後期高齢者支援金に（表２－４の①と②）、老人保健制度の加入者調整率の定義における「老人」を「前期高齢者」に置き換

表２－４　前期高齢者納付金・交付金の計算例

（万円）

保険者	① 各保険者の前期高齢者給付費	② 前期高齢者にかかる後期高齢者支援金	③ 各保険者の前期高齢者加入率（%）	④ 全保険者の前期高齢者加入率（%）	⑤ 加入者調整率（倍）④／③	⑥ 前期高齢者納付金・交付金（①＋②）×（⑤－1）
A	1,000	100	3.0	14.8	4.947	4,342
B	2,000	300	7.0	14.8	2.120	2,577
C	10,000	1,000	40.0	14.8	0.371	▲6,918
計	13,000	1,400	－	－	－	0

資料：筆者作成

えた加入者調整率（同⑤）をかけ合わせ、そこから、自らの保険に加入する前期高齢者の給付費と前期高齢者にかかる後期高齢者支援金（同①と②）を差し引くのが財政調整の骨格である。その値が（同⑥）、プラスとなれば前期高齢者納付金として拠出し、マイナスとなれば交付金として受け取る。

表２－４の計算例における保険者Ａは、前期高齢者加入率が全保険者平均14・８％を大きく下回る３％であることから、自らの前期高齢者給付費と前期高齢者にかかる後期高齢者支援金の合計は１１００万円であるにもかかわらず、４３４２万円の前期高齢者納付金を負担することとなる。他方、前期高齢者加入率が40％の保険者Ｃは、前期高齢者給付費と前期高齢者にかかる後期高齢者支援金に合計１億１０００万円を要しているが、６９１８万円の前期高齢者交付金を受け取り、それらに充てることが可能となっている。

このように、前期高齢者における財政調整の仕組みは、老人保健制度の発想を引き継いでいる。ただし、前期高齢者の財政調整は、老人保健制度導入時とは異なり、加入者按分率１００％、前期高齢者加入率上限なしといった再分配の性格が強い状態からスタートしている。加えて、退職者医療制度と同様、前期高齢者にかかる後期高齢者支援金も財政調整の対象となっているなど（表２－４の②）、制度設計上の問題を複数抱えている。保険者Ｃの受け取る前期高齢者交付金のなかには、前期高齢者にかかる後期高齢者支援金１０００億円を拠出するための財源も含まれているのである。

なお、退職者医療制度は、２０１４年度末までにすでに対象となっている被保険者が65歳になるまでの経過措置として存続することとなった。

このようにして、１９８０年代初頭に導入された老人保健制度、退職者医療制度という高齢者医療費への財政支援の仕組みが２００８年度に後期高齢者医療制度および前期高齢者の財政調整へと再編・拡張され、この間、２０００年度に介護保険制度も導入された。高齢化の進行に伴い支え手側の負担が増えるとともに、これらの仕組みが、一段と明確な公費の節約手段に用いられるようになっていく。

⑵　後期高齢者支援金全面総報酬割導入による公費の付け替え

後期高齢者支援金は、制度発足早々の２０１０年度から、協会けんぽの負担軽減を目的に、被用者保険内においては、加入者割のウエートを3分の2に引き下げ、3分の1は退職者医療制度と同様、総報酬割とするルールへと変更された。後期高齢者支援金について被用者保険内で垂直的再分配が導入されたことになる。

後期高齢者支援金の拠出ルールをさらに変えることで、公費節約を図る舞台となったのが、社会保障制度改革国民会議である。同会議は、民主党政権時、民主・自民・公明の三党合意（２０１２年６月）に基づき、２０１２年12月に設置された。後期高齢者支援金の拠出ルールのさらなる変更の端緒は、２０１３年４月19日開催の第９回会議である。ゲストとして招かれた日本医師会会長のプレゼンテーションを経た後、委員の一人から、総報酬割のウエートの３分の１からのさらなる引き上げを通じて公費捻出を図る提案がなされた。

「（国保の）赤字構造を抜本的に解決するというのはどうするかということですが、（中略）、そこで例の後期高齢者の医療制度の支援金、総報酬割を導入した場合の浮いた国費をどうするか、これは医師会長との先ほどの議論の中にありました。これを国保に投入するという案が非常に有力な解決策だと、私はこの案以外にはあり得ないのではないかと思っておりますが、もし別の案があれば是非お示しいただきたいと思います」

間髪を置かず開催された４月22日の第10回会議でも、同委員よりその主張が繰り返された。「後期高齢者の支援金に総報酬割を入れて、それで浮いた公費を私は国保に投入するという案がよいということで、プレゼンテーションの時間が短かったので簡単にそのことを申し上げたのですが、私自身はそういう立場です。その点は、ここでもう一度明らかにしておきたいということ。（中略）私自身は、やはりこのことが保険者を都道府県にするという大変重要なポイントになるし、それは医療提供体制を実効あらしめるためにも全部一連でつながってくる話でありますので、是非御理解いただいて、そして国保の赤字構造を一挙にここで解決していく方向に国民会議として提案していくべきではないかと思います」

この主張を言い換えれば、国保に対する公費増額のための財源を被用者保険の健康保険料で肩代わりするということになる。同委員の提案に対しては、会議のなかで複数の委員から反対あるいは慎重意見が出た。その理由はおおむね次のように整理できる。

第一に、国保の赤字と呼ばれているものすべてを赤字と呼ぶことはできないことである。赤字とは、市町村の一般会計から国保事業会計への法定外繰入を指しており、２０１２年度は３８８２億円であった。[2] もっとも、３８８２億円すべてを赤字と呼ぶことはできない。厚生労働省の「国民健康保険事業年報」の市町村別データを用いて分析すると（西沢［２０１５］）、財政力が相対的に豊かでありながら、法定外繰入を行っている市町村もあり、その金額は計１０１２億円に及ぶ（２０１２年度）。さらに、保険料を想定的に低く抑えつつ法定外繰入を行っている市町村もあり、金額は計１８４６億円に及ぶ（１０１２億円との重複あり）。よって、３８８２億円からこうした法定外繰入を除き、真に赤字と呼び得る金額を求めれば、１２０７億円程度にとどまる。

第二に、仮に赤字部分があるとしても、国保運営に改善余地がないのか検証されるべきである。国保の保険料徴収率は、全国平均89・86％であり、[3] かつ、市町村ごとにバラツキがある。また、特定健診、特定保健指導受診率も33・７％程度であり、[4] 徴収率同様、市町村ごとにバラツキがある。仮に努力不足の市町村に公費を入れてしまっては、努力している市町村が報われず、公平性および効率性の低下を招きかねない。

第三に、これまでの総報酬割の議論は、あくまで同質な被用者保険間の助け合いとして議論されてきたものであるが、今回の提案は、異質な国保に、しかも唐突に拡張されていることである。

表2−5　後期高齢者支援金の全面総報酬割導入による保険者の負担増減

（億円）

		協会けんぽ	組合健保	共済組合	計
後期高齢者支援金（支出）	現行	20,400	19,200	6,200	45,800
	総報酬割導入	18,100	20,600	7,100	45,800
	増減	▲2,300	1,400	900	0
国庫負担（収入）		▲2,300	−	−	▲2,300
トータルの増減		0	1,400	900	2,300

資料：厚生労働省「社会保障審議会医療保険部会における主な議論に関する参考資料」（2013年5月29日）より筆者作成。2015年度推計

複数の委員からこうした反対および慎重意見が出されつつも、同日の会議終了後の同会議会長の記者会見では、総報酬割導入によって浮いた公費を国保に投入する旨のまとめがなされ、4日後の4月26日開催の財務省財政制度等審議会財政制度分科会のなかで抄録が紹介されている[5]。

「総報酬割によって浮いた財源をどうするのかということについても、やはり基本的にはラストリゾートとしての国保の持続可能性を高めるため投入する方向性があるのではないかということでございますが、ただし、その際にも、他の選択肢も含めて、その方向をこれから検討していく際に、さらにコストベネフィット、メリット・デメリットを検討していく必要がある。そういう条件のもとで総報酬割によって浮いた財源を国保の持続可能性を高めるために投入する方向で検討してはどうかと取りまとめさせていただきました」

このように、「全面総報酬割で浮いた公費を国保に充てる」という方向性は、第9回国民会議の場において提案がなされてから

財政制度分科会までわずか1週間というスピーディーな展開で既成事実化され、２０１３年8月の社会保障制度改革国民会議報告書を経て、２０１５年5月の法改正（持続可能な医療保険制度を構築するための国民健康保険法等の一部を改正する法律）へと至った。全面総報酬割への移行は、２０１５年度から２０１７年度にかけ段階的に実施されることとなった。

２０１３年5月に示された厚生労働省の試算によれば、全面総報酬割によって、組合健保、共済組合、協会けんぽの後期高齢者支援金負担は、それぞれ１４００億円増、９００億円増、２３００億円減となり、協会けんぽは２３００億円減となった分、公費が同額減額される（表２－５）。そのうち１７００億円（さらに消費税増税分１７００億円を加え計３４００億円）が財政調整機能の強化、保険者努力支援制度、財政安定化基金造成の原資などとして国保に充てられることとなった。

つまるところ、次のようなストーリーであったと推測される。都道府県に対し、医療提供体制の改革、ひいては医療費適正化の旗振り役を期待し、それを「実効あらしめる」ため、都道府県を国保の保険者にするという補強策が必要であると考えられていた。そのためには、３４００億円を国が拠出することが何としてでも必要であり、その財源を一般会計からの歳出を抑えながら捻出するため、後期高齢者支援金の全面総報酬割が利用された。こうした医療提供体制の改革と国保との関係については第4章で改めて述べる。

このような全面総報酬割導入の経緯は、次のような指摘に反論しにくいと思われる。

「（前略）ここで問題にしたかったのは、総報酬割という方法を考えるにしろ、政策の方法としての妥当性をもっと真剣に議論すべきではないかということであった。特に、公平性を欠く方法は正義に

表２－６　介護納付金の総報酬割導入による保険者の負担増減

（億円）

		協会けんぽ	組合健保	共済組合	計
介護納付金（支出）	現行	8,840	7,000	2,150	17,990
	総報酬割導入	6,970	7,980	3,040	17,990
	増減	▲1,870	980	890	0
国庫負担（収入）		▲1,450	－	－	▲1,450
トータルの増減		▲420	980	890	1,450

資料：社会保障審議会介護保険部会（第67回、2016年10月19日）参考資料２より筆者作成

反するというべきであり、政策当局がそれに無頓着なのは嘆くべきことであると思う。方法の妥当性の検討が疎かになっている原因は、（中略）厳しい財政制約の下において国庫負担の縮減が自己目的化していることにある」（堤［２０１８］）。

(3)　介護納付金総報酬割導入による公費の付け替え

介護納付金においても、２０１７年に介護保険法が改正され、２０１７年８月から段階的に２０２０年度にかけて総報酬割が導入されることとなった。経済財政諮問会議は、その目的を「現役被用者の報酬水準に応じた保険料負担の公平を図る(6)」としているが、これも公費の社会保険料への付け替えである。２０１６年の社会保障審議会介護保険部会に提出された厚生労働省の資料によれば、総報酬割導入前、協会けんぽは、介護納付金８８４０億円の財源として、第２号保険料のみならず、１４５０億円の国庫負担が充てられていたが、総報酬割導入を根拠としてこの廃止が提案された（表２－６）。

その結果、協会けんぽは、国庫負担を失いつつも、総報酬割導入で介護納付金が６９７０億円へ１８７０億円減少することから差引４２０億円の保険料負担減、他方、組合健保と共済組合は、それぞ

れ９８０億円、８９０億円、計１８７０億円の保険料負担増になるとの試算が示された。結局、組合健保と共済組合の負担増の大半は、公費１４５０億円の肩代わりに用いられることとなる。総報酬割導入というより、公費の付け替えと呼んだほうが実態に即している。「公平を図る」と言葉を飾るのではなく、「財政健全化のため涙を飲んでくれ」というべきではないだろうか。

２０１６年12月に閣議決定された２０１７年度予算によれば、社会保障関係費は、それにより４４３億円（年度途中の２０１７年８月からの導入であることなどにより、こうした規模となっている）抑制されたとされる。同年度の社会保障関係費は、自然体であれば前年度比６４００億円程度の増加が見込まれていたところ、５０００億円程度の伸びに抑えることが目指されており、圧縮すべき幅１４００億円のうち、介護納付金の総報酬割導入は欠かせないピースであったといえる。マイナス・シーリング下の１９８４年の退職者医療制度の導入を彷彿とさせる。

なお、４４３億円に次いで規模が大きいのは、協会けんぽ超過準備金の国庫負担の臨時削減（３２１億円）である。これは、協会けんぽの積立金が、あらかじめ定められた水準（法定準備金）を超えた場合、超過分の16・４％の国庫負担が削減される仕組みである。この仕組みは、２０１５年５月に成立した「持続可能な医療保険制度を構築するための国民健康保険法等の一部を改正する法律」で設けられていた。高齢者人口の増大とともに支援金等が増大し、協会けんぽの財政状況が厳しくなっていくことが不可避であるなか、国庫負担の臨時削減は、健全な財政運営とは言えない。中央政府で赤字国債発行残高が抑えられた分、社会保障基金においてあるべき積立金が失われているので、一般政府でみれば、何も変わらないためである。

介護納付金への総報酬割導入などによって、赤字国債発行額がその分抑えられたことはメリットであるし、何より財政健全化に向けた政府の意欲を国内外に示すことは国債への信認を維持するために不可欠であろう。加えて、市町村の介護保険特別会計には、別途公費が投入されているにもかかわらず、納付金にも公費が混入するという複雑さは協会けんぽにおいては解消された。それもプラスに評価すべき点である。

他方、第2号保険料は、社会保険料の姿かたちをしていても、中身は目的税といえ、税であると捉えると、現役世代の賃金に限定して賦課されていることは、とりわけ水平的公平性や中立性の面から難がある。赤字国債発行額を抑制するのであれば、歳入面から言えば、第2号保険料の引き上げではなく、所得税や消費税で賄われたほうが水平的公平性や中立性の観点から好ましいし、介護サービス利用者の自己負担引き上げなどが検討されるべきであろう。歳出面から言えば、2017年度に10・2兆円[7]まで膨らんでいる介護サービスの効率化に、より目が向けられるべきである。

そうした税制改正や介護のサービス効率化という王道でありながらも国民受けの悪い政策から目を背け、第2号保険料への公費付け替えという一般の国民の理解の及びにくい安易な方法に走っているとすれば、制度としての本来のあり方を歪めていることはもちろん、仮に目先一般会計という庭先が若干綺麗になったとしても、その先に本格的な財政健全化があるのか、今一度考えるべきであろう。

(4) 現役並み所得者の対象拡大案と公費

公費の節約は、後期高齢者支援金と介護納付金の総報酬割だけではない。公費の節約と密接に関連するのが、一見無関係にも見える「現役並み所得者」の判定基準見直し案である。

後期高齢者は、現役並み所得者以外であれば医療機関窓口の自己負担は1割であり、現役世代が所得にかかわらず3割であることと均衡を欠いている。仮に現役並み所得の判定基準が引き下げられ、3割対象者が増えれば、現役世代との均衡に近づく。たとえば、骨太2018には次のような記述がある。「年金受給者の就労が増加する中、現役並み所得の判断基準を現役との均衡の観点から見直しを検討する」[8]。財政制度等審議会の「令和2年度予算の編成等に関する建議」（2019年11月25日）でも同様の提言がなされている。

後期高齢者医療制度において、現役並み所得者は115万人おり（2017年度）、その判定基準は、住民税の課税所得145万円以上となっている。ただし、世帯収入が夫婦の場合520万円未満、単身の場合383万円未満であれば、「現役並み所得者」の対象外となる。この判断基準は、2006年10月以来変更されていない。ここまでの情報をもとにすれば、見直しは現役世代にとって好ましい政策である。

ところが、現役並み所得の判定基準見直しは、むしろ、現役世代の負担増となりかねない。後期高齢者医療制度の給付にかかる財源は、公費5割、後期高齢者支援金4割、後期高齢者自らの保険料1割で賄われると一般に説明される。もっとも、現役並み所得者115万人の給付費0・8兆円（2017年度）については、公費の対象外となっており、後期高齢者支援金9割、後期高齢者自らの保険料1割で財源が構成されている（図2－6）。すなわち、本来0・4兆円（給付費0・8兆円の5割）の公費が投じられるべきところ、それが後期高齢者支援金で賄われている。

図２－６　後期高齢者医療制度の財源（所得区分別）

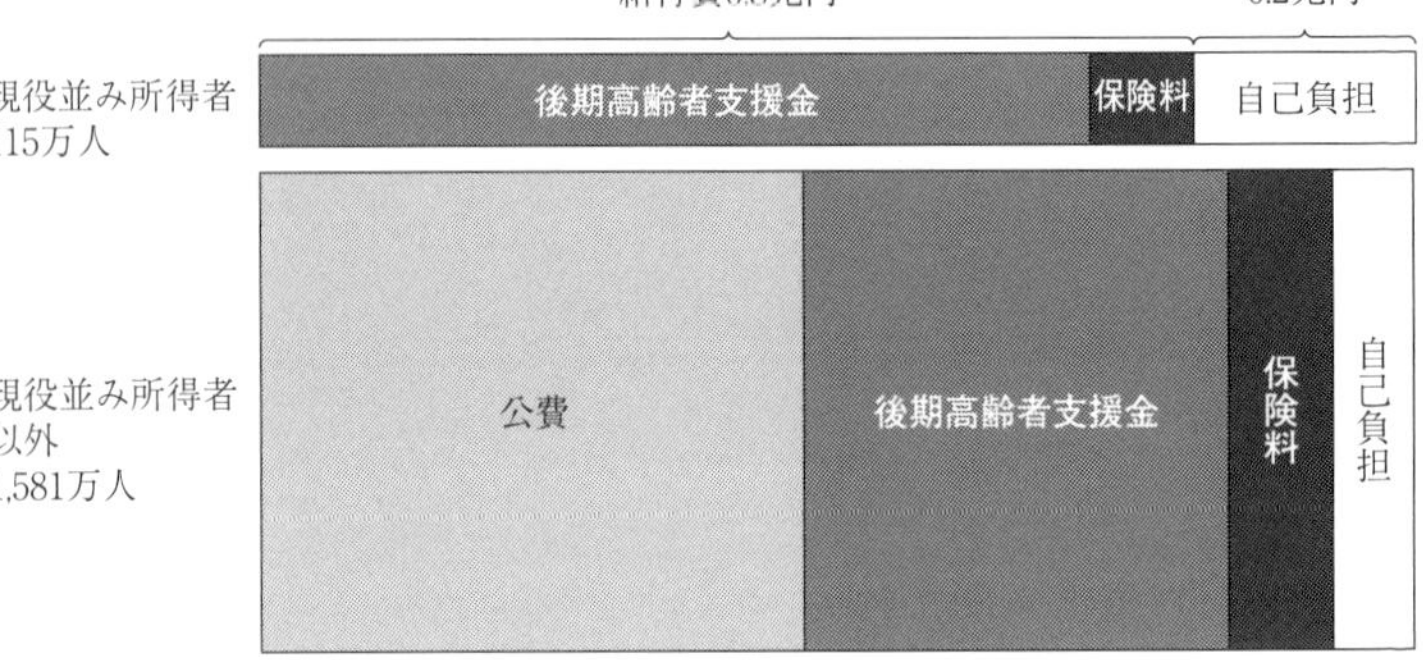

資料：厚生労働省「後期高齢者医療事業年報平成29年度」より筆者作成

これは、後期高齢者医療制度のなかに、公費が投入されていない退職者医療制度が一部同居しているようなイメージである。２００２年10月の老人保健法改正において、公費負担割が３割から５割に引き上げられた際、このような仕組みが導入され、後期高齢者医療制度へと引き継がれた。

　したがって、現役並み所得者以外の被保険者のうち一部が現役並み所得者の対象へとシフトすることで、給付率は約９割から約８割に下がるものの（この数値は高額療養費制度を考慮した実効給付率である）、後期高齢者支援金の出し手にとってみれば、給付費に占める負担割合が４割から９割に上がる影響のほうが大きく、トータルで負担増になる。医療費に占める後期高齢者支援金の割合は、大まかに計算すれば36％（0.9×0.4）から72％（0.8×0.9）になる。他方、公費は減少する。

　このような逆説的な事態が生じるのは、現役並み所得者にかかる給付費に公費を投じない代替財源を、後期高齢者支援金すなわち現役世代の健康保険料という賃金課税に求めていることにある。本来であれば、後期高齢者本人の保険料、あるいは、税を充てるべきであろう。

(5) 租税からの逃避

ここまでの議論を小括しておきたい。総報酬割導入に名を借りて公費を社会保険料に付け替える手法は、政府にとっては都合がよい。国民受けの悪い増税の話を持ち出さずに済み、憲法84条に定められた租税法律主義もすり抜け、国民向け説明の手間も省くことができるためである。後期高齢者支援金や介護納付金など、おそらくほとんどの人が知らないだろう。

政治が消費税から目を背けている以上、国債への市場の信認をつなぎとめ、かつ、社会保険への公費拡大によって生活保護をはじめ公費のみでファイナンスされる他の社会保障給付にしわ寄せが及ぶことを防ぐため、霞が関の官僚に打てる手は限られる。官僚も、公費の社会保険料への付け替えは筋が悪いとはわかっていても、野放図な赤字公債発行よりはましという諦念があるのかもしれない。

２０１７年３月、自民党の「２０２０年以降の経済財政構想小委員会」から提言された「こども保険」は、最近の政治の考え方を理解するうえでわかりやすい例である。具体的に、子ども保険とは、年金保険料に上乗せして徴収した約３４００億円（厚生年金の場合０・２％を労使折半）をもって、小学校就学前の児童全員に、現行の児童手当に加え、月５千円（年間６万円）を上乗せ支給するという案である。

これは、負担と受益の対応関係がないにもかかわらず、社会保険料を財源に充てるという奇策であり、産経新聞の社説（2017年4月9日）は、「こども保険－税負担の議論を逃げるな」と題し次のように論評した。「そこには増税でやるよりも国民の反発をかわしやすい、といった発想が見え隠れする」。ほかにも例はある。2019年7月、参議院選挙に向けた党首討論会の場で、安倍晋三首相は、次のように発言している。「たとえば今後10年間ぐらいの間は上げる必要はないと思う[9]」。その根拠は不明だ。

このように政治が消費税から目を背けているとしても、公費を社会保険料へ付け替える手法への依存は、藤田晴が懸念していたように制度本来のあり方を歪め、さらには、財政健全化をむしろ遠ざけるという皮肉な結果につながっている可能性がある。本格的に財政健全化を進めるためには、客観的にみて経済成長による税収増および歳出削減だけでは限界があり、歳入増、具体的には消費税率の一段の引き上げを柱とした税制改正が不可欠である[10]。社会保険料への付け替えによって一般会計の赤字幅が一時的に若干抑えられたとしても、大局的にみれば財政健全化と逆行しているかもしれない。この点が省みられなければならない。

本来であれば、消費税という税目の持つ相対的な利点および税率引き上げの必要性が国民向けに丹念に説かれ続けなければならない。今から40年以上前、1979年10月の総選挙で、赤字公債脱却の道筋をつけるべく一般消費税の導入を掲げた大平正芳首相について、秘書官を務めた小粥正巳（元大蔵事務次官）は次のように回顧している。なお、一般消費税とは、現在の消費税であり、すべての財・サービスに課税されるという意味で、ガソリンやたばこのように個別の財・サービスに課税される個別消費税との対語で用いられる。

「不人気は当然のことだ。だけどそれは、根気よく説明して国民に分かってもらう、それが政治なのだ、それを敢えてやるのが真のステーツマンだ、という大平さん本来の真摯な、ある意味では愚直な考え方から出てきた。そして最後には必ず分かってくれる、という民意の賢明さに対する信頼が、大平さんには強くあったと思います。（中略）まして、総理という国政の最高責任者としたら、国民にもっとも不人気なことでも、自分の責任でお願いしなけりゃならない、ということではなかったでしょうか」（大平正芳記念財団［２０００］）。

一般消費税は、大平の提案から10年後の１９８９年、消費税として導入された。税制改正から目を背けている限り、いつまでたっても財政健全化の道筋は見えてこない。租税からの逃避は、社会保険にとっても、社会保険料への公費付け替えというかたちで現れ、負担と受益の対応というあり方を歪めることになる。

(6) ガバナンスが効きにくい後期高齢者医療制度

ここまでは、もっぱら支援金等の出し手の視点に立っていたが、後期高齢者医療制度そのものにも構造上の問題が指摘できる。総じていえば、後期高齢者医療制度は、ガバナンスが効きにくい構造となっている。

第一に、そもそも保険者が明確になっていない。高確法によれば、広域連合は、事務処理目的で設けられているにすぎない。「第48条　市町村は、後期高齢者医療の事務（保険料の徴収の事務及び被保険者の便益の増進に寄与するものとして政令で定める事務を除く。）を処理するため、都道府県の区域ごとに当該区域内のすべての市町村が加入する広域連合（以下「後期高齢者医療広域連合」という。）を設けるものとする」。

厚生労働省保険局総務課長（当時）の解説書によれば、「言わば、実質的には保険者として機能することとなり、保険者機能を発揮することが期待される」（栄畑［2007］121ページ）とあり、高確法に「保険者」を明記しきれなかったことをうかがわせる。

第二に、負担と受益の対応関係が、次の二つの要因から崩れている。まず、給付費に占める後期高齢者本人の保険料負担は1割弱にすぎず、後期高齢者医療制度があたかも安価に運営されているかのような錯覚を加入者にもたらす。その錯覚は、加入者が費用抑制につとめるインセンティブにとってマイナスに作用する。

実際に錯覚が生じていることは、すでに紹介した通り、後期高齢者医療制度がスタートした際に起きた後期高齢者医療制度は姥捨て山であるという批判にも見て取れる。後期高齢者医療制度は、実際には、多額の公費と後期高齢者支援金に支えられており、決して姥捨て山などではない。

次に、後期高齢者が、医療サービスを受ける単なる客体にすぎず、民主的意思決定に積極的に参加する主体として捉えられていないことである。実際、広域連合は保険者ではないうえ、議会こそあるものの、後期高齢者が選挙を通じて議員を選出しているわけではなく、各市町村の首長および市町村議会議員によって構成されている。いわば間接民主制が薄まったようなかたちをとっているにすぎない。マンションの管理組合であれば、総会に出席し、積極的に意見を述べる後期高齢者も少なくないだろう。

ただし、老人保健制度において加入する制度と給付の主体が異なり二重加入のような状況であったのが是正され、加入も給付も広域連合に統一されたという点では、負担と給付は対応するようになっている。もっとも、給付費に占める保険料負担割の小ささや形式的な間接民主主義にとどまっている限界を十分に補うものではないだろう。

第三に、市町村の保健事業や保険料収納への取り組みが保険料に反映されない。後期高齢者に対する保健事業や保険料収納は、市町村が担っているが、仮にそれによって市町村Ａの高齢者医療費が抑制され、保険料収入が増えたとしても、保険料は都道府県内で同一なので、Ａの保険料に反映されることはない。同一保険料は、市町村のインセンティブを削ぐ方向に作用する。

第四に、後期高齢者支援金は、支援金の出し手である被用者健保と国保から後期高齢者の医療費へのガバナンスが効かない。後期高齢者支援金の出し手は、当該年度分（概算額）を拠出するのみならず、過去の分の精算も求められる。年度が終了して２年程度経過すると実績が確定する。そこで、２年度前に拠出した後期高齢者支援金の概算額と確定額との差の清算が行われる。清算によって、２年度前に支援金を出しすぎていたとすればその分戻ってくるが、後期高齢者の医療費が当初想定以上に膨らみ、概算で拠出した支援金が足りなかったとすれば、その分が後から請求される。

(7) 後期高齢者支援金の加算・減算は正しいインセンティブか

後期高齢者支援金には、加算・減算の仕組みが設けられている。これは、老人保健制度の後期高齢者医療制度への衣替えとともに導入され、2013年度から実施されている。具体的には、特定健診・特定保健指導の実施率を指標とし、実施率が低い保険者は後期高齢者支援金が0・23％加算され、高い保険者はその分減算される仕組みとしてスタートしている。[11] 加算・減算率は、「インセンティブの強化」策として2018年度からプラスマイナス10％に引き上げられている。

特定健診・特定保健指導の実施率が上がること自体は歓迎すべきことであろう。後期高齢者医療制度の前身である老人保健制度においては、自らの保険制度に加入する老人の医療費実績というアウトカムが、老人保健拠出金算定に際しての基礎となっていたが、後期高齢者支援金の加算・減算の仕組みは、尾形裕也の表現によれば、プロセスを基準にすることとなる（渡邉［2012］所収の対談での発言）。

すると、特定健診・特定保健指導を受けさせておけば、結果はどうであれ、後期高齢者支援金を安くすることができる。本来、プロセスはどうであれ、被保険者の健康維持・回復こそが保険者の目的であるはずだ。健康維持・回復というアウトカムは、医療費減として表れる。果たして、プロセスによって支援金が増減する仕組みを、保険者のインセンティブと手放しで呼ぶことができるだろうか。実際、次のような指摘がある。「各保険者における特定健診・保健指導の効果と後期高齢者支援金の負担額の間にはどのような関係もないからである」（堤［2018］）。インセンティブという言葉が

図２－７　後期高齢者医療制度の保険料

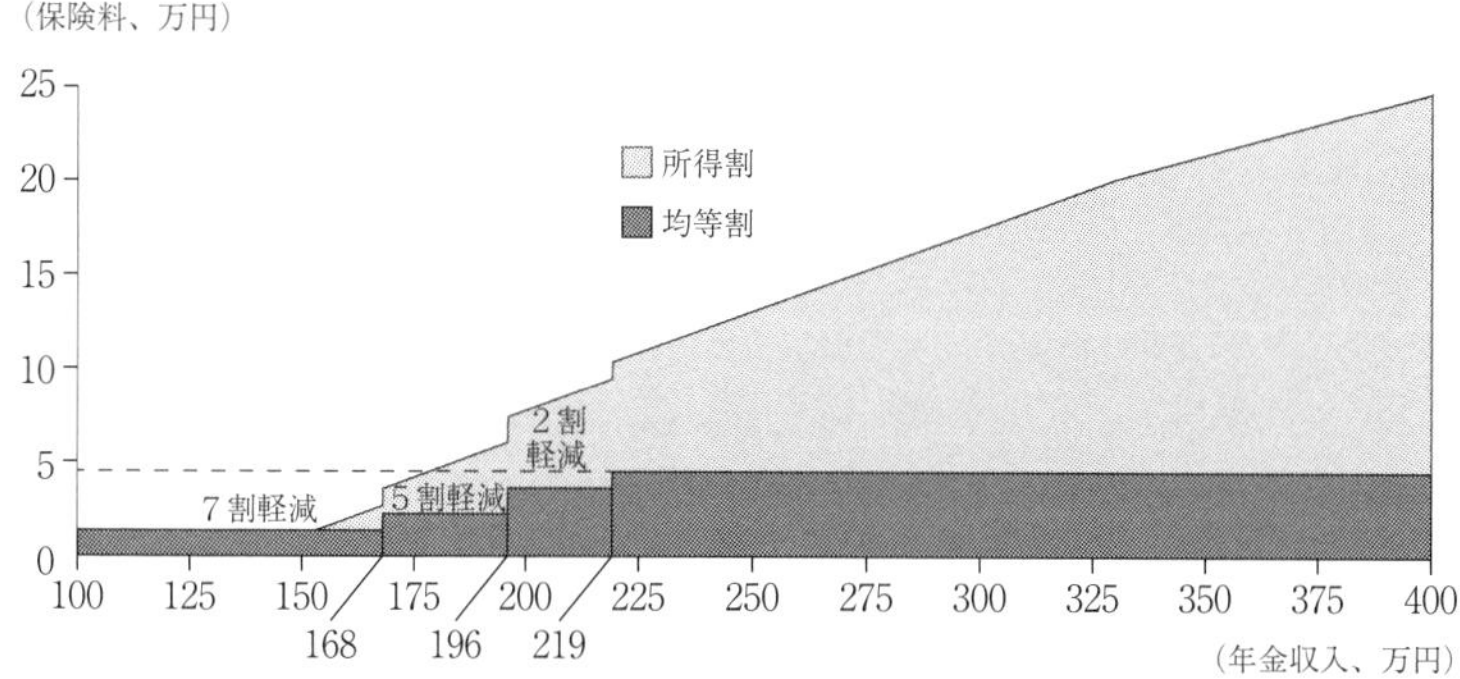

注：均等割45,116円、所得割8.81％（2018年度）として計算。単身世帯の場合。均等割７割軽減対象者は、実際には特例措置により所得に応じ９割、8.5割軽減が実施されているが、図では勘案していない。
資料：筆者作成

多用されるが、それが正しいインセンティブとなっているのか注意が払われる必要がある。

⑻　後期高齢者医療制度の保険料の構造

これまで扱ってきた後期高齢者支援金などといったマクロの側面から、後期高齢者本人が負担する保険料の構造と水準といったミクロの側面に目を向けても、課題を指摘できる。

後期高齢者医療制度の保険料は、次の二つの要素から構成されている（図２－７）。一つは、医療保険という受益に着目し、被保険者が等しく負担する「均等割」と呼ばれる定額部分である。金額は47広域連合ごとに異なり、最も高いのは福岡県後期高齢者医療広域連合の５・６万円（年間）、最も低いのは新潟の３・７万円、47広域連合の平均は４・５万円となっている（２０１８年度）。

もう一つは、所得に応じた「所得割」と呼ばれる部分である。料率はやはり広域連合ごとに異なり、最も高いのは高知の11・42％、最も低いのは岩手の7・36％であり、単純平均は8・79％となっている。[12]

この所得割の保険料率がかけられるのは、「旧ただし書き所得」である。旧ただし書き所得は、「旧」とついてはいるが今も現役で使用されており、後期高齢者医療制度と国保において用いられる地域保険独特の定義である。年金生活者、給与所得者、事業所得者の旧ただし書き所得は、それぞれ次のようになる。

公的年金等収入－公的年金等控除－基礎控除（33万円）

給与収入－給与所得控除－基礎控除

事業収入－経費－基礎控除

後期高齢者医療制度の保険料負担の構造については、主に三つの論点を指摘できる。一つめは、均等割に設けられた寛大な軽減措置の妥当性である。たとえば、年金収入153万円以下であれば、右の定義から旧ただし書き所得はゼロとなり、所得割の保険料負担がないうえ、均等割も7割軽減される。保険料水準は47広域連合ごとに異なるが、平均的な姿を想定し、均等割の満額が年4万5116円であるとすると、軽減後の均等割は年1万3534円、1カ月あたり1127円にとどまる（1円未満切り捨て）。年金収入168万円まで均等割は7割軽減、年金収入196万円まで5割軽減、年金収入219万円までは2割軽減となっている。現在、後期高齢者医療制度加入者1743万人（2018年度）のうち64・6％の1127万人が均等割の軽減措置を受けている。

二つめは、旧ただし書き所得の尺度としての妥当性である。旧ただし書き所得は、個人所得課税の課税所得に比べ、収入から差し引く所得控除が最小限に抑えられることで、課税ベースが広くとられており、応益性との整合性が保たれている。

他方、それでも、（１）給与所得控除、（２）公的年金等控除、（３）事業収入から差し引かれる経費には、手厚さに差があり、かつ、税務当局による捕捉精度がおそらく異なり（クロヨン問題）、それが、旧ただし書き所得の差となって現れる。公的年金等控除は、最低保障額が１２０万円（65歳以上の場合）と給与所得控除の65万円に比べ高く設定されるなど、相対的に寛大な設計となっており、年金生活者と給与所得者とでは、仮に同じ収入であっても、年金生活者のほうが旧ただし書き所得は小さくなる。

あるいは、税務当局による事業所得者の収入と経費の捕捉が不完全であれば、それも、旧ただし書き所得の過小捕捉となって現れる。過小捕捉は、所得割のみならず、軽減措置を通じた均等割の過小徴収にもつながる。この点は、加入者の収入形態が多様な国保において特に深刻な問題となる。

三つめは、ストックが勘案されていないことである。一般に高齢者は、若年者に比べ、フローの収入は少なくとも、金融資産および不動産をはじめとした固定資産を多く保有している。フローのみが、その人の負担能力を表しているわけではない。フローのみに着目して保険料を設定し、フローのみに着目して軽減措置を設けていることが、若年者との公平性に適っているのか議論の余地がある。国保に目を向ければ、所得割、均等割のみならず、資産割を設けているケースがある。資産割とは固定資産税額を課税ベースとして保険料負担を求めるものである。

こうした保険料の構造と水準も、後期高齢者が、医療サービスを受ける客体にすぎず、民主的意思決定に積極的に参加する主体として捉えられていないことの一端を表しているのではないだろうか。

(9) 前期高齢者の財政調整制度の問題点

前期高齢者の財政調整制度には、自らの保険制度に加入する前期高齢者の医療費実績を納付金算定の根拠とすることから、老人保健制度と同様、予防などによる納付金抑制インセンティブが働く。他方、被用者保険にとっての負担の重さに加え、野々下（２０１３）、健康保険組合連合会（２０１４）などから指摘されているように、次のような構造上の問題点が主に二つある。

第一に、すでに述べたように、財政調整の対象に前期高齢者の医療費のみならず、前期高齢者にかかる後期高齢者支援金も含まれていることである（表２‑４も再び参照）。

そもそも後期高齢者支援金は、被用者保険、国保それぞれを一かたまりとし、加入者一人あたり５・６万円（２０１７年度）が割り当てられ、そのうえで、被用者保険のなかで総報酬を基準とした傾斜配分が行われる[13]。その人数には65歳から74歳の前期高齢者も含まれる。すなわち、前期高齢者は、財政支援の受け手であると同時に、後期高齢者医療制度の支え手でもある。市町村国保は１・７兆円（２０１７年度）の後期高齢者支援金を支出しているが、うち０・７兆円は市町村国保に加入する前期高齢者の人数に応じたものである。

前期高齢者の財政調整の対象には、前期高齢者が要した医療費のみならず、こうした前期高齢者にかかる後期高齢者支援金も含められている。市町村国保に加入する前期高齢者に割り当てられた０・７兆円のうち０・４兆円は被用者保険からの前期高齢者納付金に依存しており、残り０・３兆円が国

表２－７　国保における前期高齢者と０～64歳の収支

（億円）

	非前期高齢者（0～64歳）	前期高齢者	
公費	25,094	15,915	(1)
退職者交付金	1,524		
前期高齢者交付金		36,292	(2)
保険料（理論値）	15,131	11,585	(3)
収入計	41,749	63,792	
給付費	35,517	53,435	(4)
後期高齢者支援金	9,630	6,959	(5)
支出計	45,147	60,394	
収支	▲3,398	3,398	

注：保険料は理論値であり、実績値とは異なる。
資料：厚生労働省「医療保険に関する基礎資料～平成29年度の医療費等の状況～」より筆者作成

保に加入する前期高齢者自らの保険料と公費で賄われているにすぎない。このように極めて複雑な構造となっているうえ、前期高齢者の医療費のみならず、前期高齢者にかかる後期高齢者支援金までも、財政調整の対象に含めるべきなのかは議論の余地が大きい。

第二に、国保の加入者を前期高齢者と０～64歳までの非前期高齢者とに分けた場合、それぞれにおいて収入と支出とが一致せず、前期高齢者については、恒常的に収入が支出を上回り、非前期高齢者については支出が収入を上回る構造となっていることである。この点も是正が不可欠である。

厚生労働省が公表している「医療保険に関する基礎資料」のなかに「医療保険制度の財政構造表」がある。これによれば、２０１７年度、国保加入の前期高齢者にかかる収入は、（１）公費１兆５９１５億円、（２）前期高齢者交付金3兆6292億円、（3）前期高齢者自らの保険料1兆1585億円、計6兆3792億円である。それに対し、支出は（4）給付費5兆3435億円、（5）後期高齢者支援金6959億円（＝前掲0・7兆円）、計6兆394億円である（表2－7）。差引3398億円の余剰が生じている。

なお、（1）公費、（2）前期高齢者交付金、（4）給付費、（5）後期高齢者支援金の四つはいずれも実績値で、（3）保険料のみ理論値である（原資料では「所要保険料」と記載されている）。要するに、国保加入の前期高齢者のみを切り出してみると、収支が3398億円のプラスになっている。

このように、国保加入の前期高齢者に着目した場合、収入と支出が一致しないのは、前期高齢者の財政調整制度の設計から、当然の帰結である。国保の公費と保険料は、前期高齢者のみならず非前期高齢者（0～64歳）も含めたすべての加入者の、給付費と負担能力および世帯数・世帯人員数から決定される。他方、前期高齢者交付金（前期高齢者納付金）は、前期高齢者の給付費、前期高齢者にかかる後期高齢者支援金および前期高齢者加入率から決定される。それぞれ決定要因が異なっている。したがって、国保加入の前期高齢者にかかる支出と収入は、偶然を除けば一致しない。2017年度に3398億円の余剰が生じているということは、被用者保険の負担している前期高齢者納付金をその分減らせるはずであるが、実際には、国保加入の非前期高齢者の収入不足を補填するかたちになっている。

遡及して計算可能な2010年度以降、国保加入の前期高齢者にかかる収支は、各年度とも2000億円から3000億円程度の余剰が生じている。「医療保険制度の財政構造表」における保険料は理論値なので、これを実績値に置き換えれば、余剰額は実態に近づく。「財政構造表」において、2

０１７年度の保険料の理論値は、非前期高齢者１兆５１３１億円、前期高齢者はそれより３５４６億円少ない１兆１５８５億円とされているものの、別途実績値を推計すると、非前期高齢者、前期高齢者の保険料はそれぞれ約１兆２５００億円、約１兆３０００億円となり、むしろ前期高齢者の保険料のほうが約５００億円上回る。よって、国保に加入する前期高齢者による非前期高齢者の収入不足補填規模は３３９８億円よりさらに数千億円多いと考えられる[14]。

では、どうすべきだろうか。前期高齢者の財政調整制度自体を残すことを仮定した場合、解決方法は二つ考えられる。一つは、老人保健制度のように、前期高齢者の医療給付費と前期高齢者にかかる後期高齢者支援金の総額に対し、保険料、公費、前期高齢者納付金のウエートをあらかじめ定めておくことである。二つめは、支出に対し保険料と公費を優先的に充当し、残りを前期高齢者納付金で補完するように、順番を定めておくことである。

２０１４年5月28日、社会保障審議会医療保険部会で、健保連からこの問題の指摘を受けた際、厚生労働省からは次のような説明がなされている。すなわち、前期高齢者交付金は、前期高齢者の医療費と前期高齢者にかかる後期高齢者支援金に充当され、前期高齢者の負担する保険料が非前期高齢者に充当されているというのである。もちろん、この説明は納得のいくものではない。余剰が生じていれば、まずは前期高齢者納付金こそを減額すべきであろう。

市町村国保における前期高齢者の加入者数のウエートおよび医療費のウエートは年々高まっており、２０１７年度は、それぞれ約４割、約６割に達している。今後も、市町村国保における前期高齢者のウエートが一段と高まることが予想される。すなわち、こうした問題は深刻化していく。まずは、国保内における前期高齢者と非前期高齢者の会計を明確にしたうえで、仮に前期高齢者の財政調整制度を残すとしても、そのルールをより合理的なものへと是正することが不可欠である。

補論1　オランダにみる税と保険料の役割分担

ここまで見てきたように、わが国の医療保険制度は、公費と社会保険料の役割分担が曖昧であり、かつ、極めて複雑な構造になっている。それに対し、税と社会保険料の役割が明確であり、わが国でも広く知られるのが、オランダの健康保険制度である（Health insurance という英語があてられていることから、健康保険と訳すのが適切であろう）。

同国では、すべての国民は、国内に23ある民間保険会社が提供する健康保険のうち、いずれかを選び、加入することが義務づけられる。Premium（本書では保険料と訳す。平均１３００ユーロ、Ministry of Health, Welfare and Support 'Healthcare in the Netherlands'）は、保険会社によって幅があるうえ、保障内容の組み合わせなどによって安くすることができる。たとえば、保険会社にとっての免責額（年間３８５ユーロが基準）を基準額より高く設定しておくことや、受診可能な医療機関を保険会社の契約機関に絞り込んでおくこと、さらには、企業単位で保険会社と契約することなどによって保険料の引き下げが可能である。

保険料は、被保険者の所得にかかわらず定額であるため、そのままでは低所得者にとって負担となる。そこで、低所得者に対しては、税務署から補助金（health insurance allowance）が給付される。

図２－８　オランダ健康保険制度のお金の流れ

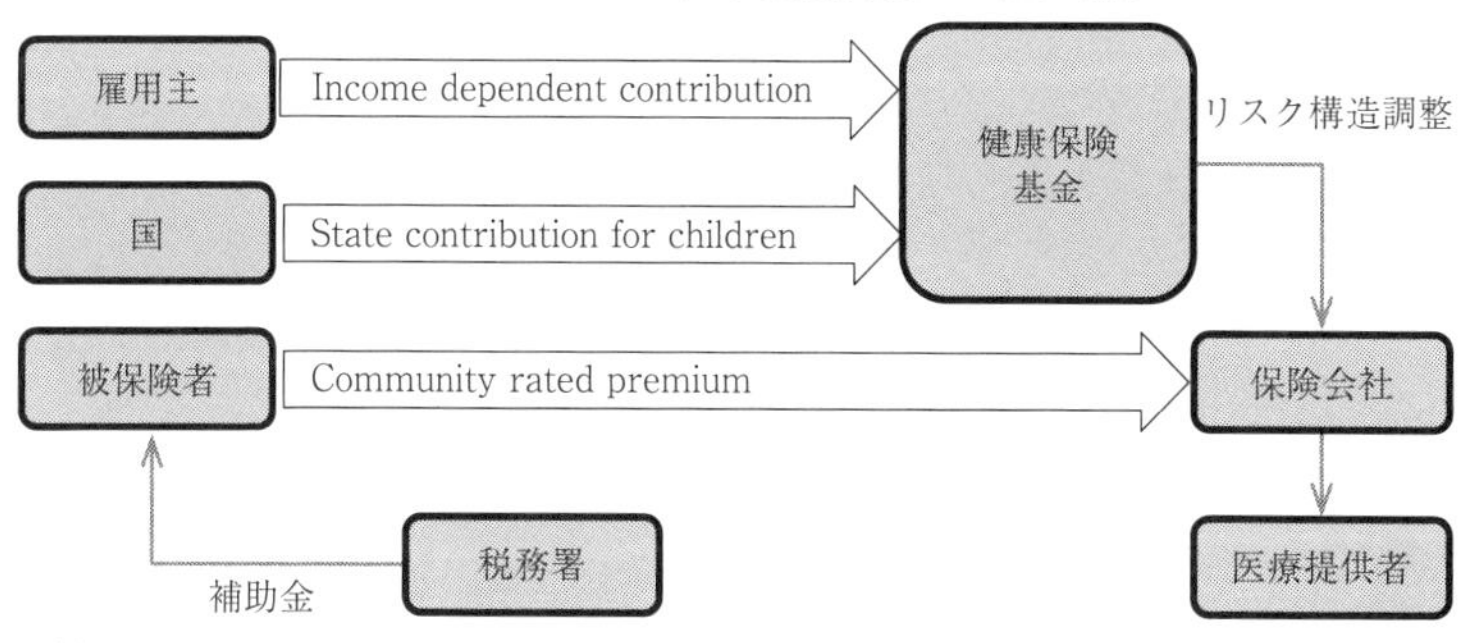

資料：Kroneman, M.ほか（2016）Fig.3.7を筆者加筆修正

18歳未満の子どもについては、親と同じ保険に加入し、その費用は、State contribution for children（子どものための国の拠出金）として国の負担すなわち税で賄われる。

雇用主は、源泉所得税、年金保険料、雇用保険料と並ぶpayroll tax（賃金税）の一つとして賃金に応じたincome dependent contribution（拠出金）を従業員の給与から天引きし、自らもそこに上乗せする。この拠出金は、負担の多寡が健康保険の保障内容と連動せず、性格は目的税である。国および雇用主の拠出金は、健康保険基金を通じ、そこから各保険会社に支払われる（図２－８）。

このように、オランダの健康保険制度では、税と保険料の役割が明確に切り分けられている。保険料そのものには、所得再分配が持ち込まれず、被保険者による保険会社および保障内容の選択を通じ、負担と受益の対応が図られている。他方、国の拠出金や補助金は、再分配の役割に特化している。

なお、健康保険基金から保険者に国と雇用主からのお金が支払われる際、リスク構造調整が行われる。高齢者や慢性疾患患者など一般に医療費がかかる被保険者が多く加入する保険会社に対しては、その分、傾斜配分された支払いが行われ、それによって保険会社間の競争条件が揃えられている。こうした発想の一部は、２０１８年度からのわが国の新しい国民健康保険のなかに採り入れられており、第４章で改めて掘り下げる。

補論2　医療保険を危機に陥れる不作為

健保連は、団塊世代が75歳に到達し始める２０２２年を直近の危機と捉え、２０２２年までとそれ以降とに分け、２０２２年までについては、高齢者医療費の負担構造について、次の五点を提案している[15]。（1）後期高齢者の窓口負担原則2割への引き上げ、（2）後期高齢者の現役並み所得者への公費5割投入、（3）支出に占める支援金等負担割合の上限を50％に設定し、超過分を公費などでカバー、（4）前期高齢者の財政調整の見直し、（5）そもそも健康保険料が高齢者医療費への財政支援に用いられていることへの理解促進。

（5）は啓蒙的な内容であり、（1）～（4）の四つが負担構造の変化を伴う。このうち（2）～（4）の三つは、理論的には廃止の提案もあり得る後期高齢者支援金と前期高齢者納付金の存続を前提としており、理論をいったん脇に置き、老人保健制度導入以来の積み重ねを尊重した、かつ、実現可能なラインを探った妥協点と考えられる。このなかで、政府内で明示的に検討項目となっているのは（1）だけである。

しかも、２０１９年12月19日に公表された全世代型社会保障検討会議の「中間報告」の記載をみると、仮に2割に引き上げられるとしても、対象者は絞られそうである。「中間報告」では、2割とするのは一定所得以上に限るとしており、具体的な線引きは示されていない。結局、(1)〜(4)のいずれもまともに検討されていない。

政治が租税から逃げている以上、恒久的に公費が必要となる(2)と(3)については、官僚だけでは如何ともし難い。(4)も国保保険料の引き上げにつながるため、それが本来的な姿であるとしても、都道府県と市町村向けの説明が必要になる。そのような説明役も見つからない。つまるところ、高齢化という人口動態の変化のみならず、元をたどれば課題から目を背け続ける不作為が医療保険財政を危機に陥れているのではないだろうか。

【第2章・注】

(1) 40〜64歳も、特定疾病を原因とし、要介護認定を受けた場合、介護保険給付を受けることができる。それが、第2号保険料の根拠でもある。特定疾病は、がん(医師が一般に認められている医学的知見に基づき回復の見込みがない状態に至ったと判断したものに限る)、関節リウマチ、筋萎縮性側索硬化症等の16疾病が介護保険法施行令第2条に列記されている。ただし、40〜64歳の受給者数は介護予防サービスでは全体の2・7%、介護サービスでは同2・3%にすぎない(厚生労働省「介護給付費等実態統計」2019年4月審査分)。

(2) 厚生労働省「平成24年度国民健康保険(市町村)の財政状況─速報─」。

(3) 同前。

(4) 厚生労働省「平成24年度特定健康診査・特定保健指導の実施状況」。

(5) 財務省財政制度等審議会財政制度分科会「資料4−2 社会保障制度改革国民会議(第10回)清家会長記者会見(未定稿)

（抄）」２０１３年4月26日。

（6）経済財政諮問会議「経済・財政再生アクション・プログラム」２０１５年12月24日。

（7）厚生労働省「平成29年度介護保険事業状況報告」。

（8）経済財政諮問会議「経済財政運営と改革の基本方針２０１８」２０１８年6月15日。

（9）日本記者クラブ主催党首討論会、２０１９年7月3日。

（10）日本総合研究所主催シンポジウム「社会保障を持続可能にするために～10％では足りない消費税～」（２０１８年11月29日開催）では、消費税率引き上げの必要性とその条件整備などを議論している。詳細は、『ＪＲＩレビュー』２０１９ Vol.3.No.64に掲載。

（11）協会けんぽは２０１８年度からこの仕組みを外れている。

（12）２０１８年度。各広域連合の公表値より筆者計算。

（13）５・６万円は、厚生労働省「医療保険に関する基礎資料～平成29年度の医療費等の状況～」の医療保険制度の財政構造表より筆者計算。

（14）厚生労働省「国民健康保険実態調査平成29年度」における世帯主の年齢階級別保険料（税）算定状況・賦課状況（全世帯、擬制世帯を除く）を用いると、非前期高齢者、前期高齢者の保険料調定額はそれぞれ1兆１０８２億円、1兆１６１３億円。この数値によって「国民健康保険事業年報」の保険料2兆５５１７億円を按分することで、非前期高齢者、前期高齢者の保険料1兆２４６０億円（≒1兆２５００億円）、1兆３０５７億円（≒1兆３０００億円）を算出した。

（15）健康保険組合連合会「今、必要な医療保険の重点施策―２０２２年危機に向けた健保連の提案―」２０１９年9月6日。

第3章　働き方の変化が医療保険に迫る変革

1　社会保険の理念と現実

(1)　理念の美しさと運営の難しさ

社会保険の理念は美しい。しかし、その美しさを実際の制度に落とし込み、運営していくのは容易ではない。法律に書き込むこととそれを忠実に実行していくことは別である。

制度の運営を執行ともいう。２０２０年初頭から世界を席巻した新型コロナウイルス感染症に対してとられたわが国の緊急経済対策の特別定額給付金をみればそれは明らかである。所得要件などを一切課さず、国民一人あたり10万円を給付するという最もシンプルな形態をとりながら、事務処理の誤りなどが報告されている。

社会保険を運営していく難しさは、徐々に高まっている。背景の一つは、人口動態の変化であり、現役世代が高齢世代を支える医療保険財政の構造下、高齢化が進むことで、社会保険料の核心である負担と受益の対応関係が薄れている。そこに、租税からの逃避が拍車をかけている（第2章を参照）。現役世代にとっては負担が受益を大幅に上回り、高齢世代にとっては負担が受益に対して著しく過小となっている。

表３−１　社会保険の想定する就業形態と対応する制度

想定されている就業形態	対応する社会保険	
	医療	年金
自営業・農林漁業	国民健康保険（国保）	国民年金（国年）
正社員として働く被用者	健康保険組合、 協会けんぽ、共済組合	厚生年金保険

資料：筆者作成

完全雇用が崩れていることも、社会保険にとって大きなチャレンジとなっている。社会保険は、社会保険料拠出を給付要件とすることから、一定程度の所得があることが前提となる。完全雇用、あるいは、景気後退期にあっても政府による有効需要政策で雇用を生み出せるとすれば、それも可能であるが、おのずと限界がある。労働力人口の減少などから低成長経済が常態化し、主要国のなかで最悪の財政状況にある政府に財政的余力はなく、政府の過度な経済への介入には非効率な資源配分など弊害が目立つ。

１９５０年に社会保障制度審議会の掲げた理念、すなわち、自ら必要な費用を拠出する自主的責任の理念は美しいが（第1章で言及）、その理念を維持していくことは、当たり前のようには成り立たないことを自覚しなければならない。しかも、すべての国民を社会保険制度に包摂しようとする「国民皆保険」という高い目標を掲げているため、なおさらである。社会保険料を負担するための所得がない人も社会保険に加入させるのは理論的には無理があり、国民皆保険はそれを承知で掲げた理想であろう。

こうした国民皆保険に内在する難しさに加え、就業構造の変化や働き方の多様化は、社会保険制度の想定の何歩も先を進んでいる。社会保険制度の想定する就業形態は、自営業・農林漁業と正社員として働く被用者の二つに単純化され、医療保険においては、それぞれを国民健康保険、被用者保険に対応させる体系となっている（表３－１）。年金においては、それぞれを国民年金、厚生年金保険に対応させる体系となっている。[1] 政府は、被用者保険の適用拡大として漸次取り組みを進めているものの、壁に突き当たっているように見える。

なお、国民年金加入者は、月々１万６５４０円（２０２０年度）の定額保険料を負担し、老齢、遺族、障害といった保険事故発生時、満額で月額約６・５万円の基礎年金を受け取る。厚生年金保険加入者は、標準報酬と標準賞与に対し18・３％（固定されている）の保険料を労使折半で負担し、同様の事由で基礎年金、および、標準で月額約９万円の厚生年金（報酬比例部分）を受け取る。

(2)　国保の就業世帯のうち被用者が最大のウエート

もともと自営業・農林漁業のための制度であるはずの国保について、世帯主の就業別加入状況をみると、[2] 就業者のうち最大のウエートを占めているのは今や被用者である（表３－２）。同調査における国保加入世帯は１８０３万世帯、そのうち無職以外は１０４７万世帯であり、内訳は（イ）被用者５２１万世帯、（ロ）自営業２２１万世帯、（ハ）農林水産業35万世帯、（ニ）その他69万世帯、（ホ）不詳２０２万世帯となっている。このように、５００万世帯超の被用者が国保に加入しており、ここにいわゆる非正規雇用者が多く含まれていると推測される。

現在、正規雇用者３４７６万人に対し、パート・アルバイト、派遣社員、契約社員、嘱託などの非正規雇用者は２１２０万人いる。[3] その多くは、自らの意思で非正規雇用を選んでいる。自分の都合に合わせて働くため、家計の補助・学費を得るため、家事・育児・介護等と両立を図るため、専門的な

表3－2　国保の世帯主の就業別加入状況

（万世帯、％）

総数		1,803	(100.0)
被用者	（イ）	521	(28.9)
自営業	（ロ）	221	(12.3)
農林水産業	（ハ）	35	(1.9)
その他	（ニ）	69	(3.8)
不詳	（ホ）	202	(11.2)
無職		755	(41.9)

資料：厚生労働省「国民健康保険実態調査─平成30年度─」より筆者作成

技能等を活かしやすいためなどといったことが理由となっている。

もっとも、正規雇用の職がないためやむなく非正規雇用となっている「不本意非正規雇用者」も12・8%の２５５万人いる。この２５５万人は、国保加入の被用者５２１万世帯と相当程度オーバーラップしているものと推測される。なお、世帯主の就業別加入状況における無職とは年金受給者と失業者であると考えられる。国民年金の就業別加入状況もほぼ同様である。

加えて「（ホ）不詳」および「（ニ）その他」のなかには、雇用的自営、すなわち実態は雇用されているかのように働いているにもかかわらず、雇用契約を結ばず自営業のかたちをとっている労働者などが含まれている可能性がある。雇用的自営とは、岩田（２００４）において次のように定義されている。「統計上、そして労働・サービス提供の契約上は『自営』形式（すなわち雇用契約以外の労務供給契約）となっているが、特定の発注者との関係が強く『雇用』の要素を少なからず有し働いている者」。

たとえば、健康機器大手タニタの人事改革の試みが「さらば正社員」と題し、日本経済新聞によって特集されている（２０２０年４月８日）。会社は、これまで正社員として働いていた人の一部と雇用契約ではなく、業務委託契約を結び直す。安定的な身分や会社の準備する社会保険はない。ある人は、引き続きタニタの名刺で仕事をする傍ら、自由に使える時間を、学生時代に専攻しつつ中断していた芸術の道の再開、および、親の介護に充てている。正社員という概念自体が揺らいでいる。

２　協会けんぽの適用・資格取得という二つのハードル

国保に不本意非正規雇用者が加入するといった事態が生じるのは、具体的には、被用者保険の制度と運営が次のような構造となっているためである。被用者は、使用された勤務先に健康保険組合あるいは共済組合があれば、その被保険者となる。健康保険組合・共済組合がなければ、全国健康保険協会（協会けんぽ）の被保険者となる。ただし、協会けんぽの被保険者となるためには、事業所の「適用」および本人の「資格取得」という二つのハードルがある。ここがポイントとなる。

なお、協会けんぽの適用、資格取得、保険料徴収は、日本年金機構によって厚生年金保険と一体的に運営されている。協会けんぽは、２００８年10月、社会保険庁の年金部門と健康保険部門のうち健康保険部門が分離され創設された。年金部門が日本年金機構となりつつ、引き続き、健康保険部門の適用、資格取得、保険料徴収を厚生年金保険と一体的に担っている(4)。協会けんぽが組織として担っているのは、資格管理、給付、保健事業などである。以下、協会けんぽと厚生年金保険を、「協会けんぽ・厚年」と総称して議論を進める。

(1) 事業所の適用

一つめのハードルが適用である。協会けんぽ・厚年の被保険者となるためには、勤務する事業所が、協会けんぽ・厚年の適用事業所となっていなければならない。適用事業所となるためには、「健康保険・厚生年金保険新規適用届」が日本年金機構あて提出されている必要がある。[5]

もっとも、未適用の事業所が少なからず存在している。現在、すでに適用されている事業所239・8万（2019年9月末）に対し、上記の要件を満たしながら未適用の可能性がある事業所は日本年金機構の推計で約34・1万事業所に及んでいる。[6] なお、未適用の可能性がある事業所は、日本年金機構においては、適用調査対象事業所と呼ばれている。

未適用事業所が発生する要因は主に二つ指摘できる。一つは、社会保険料の事業主負担の規模および構造に起因する事業所にとっての負担の難しさである。同じ企業負担であっても、法人税であれば、利益が出ればそれに応じて払い、利益が出なければ払わない。よって、支払いに大きな無理は生じない。国税庁の調べによれば、利益を計上している法人100・1万社に対し、欠損となっている法人はその約1・7倍の168・7万社ある。[7] 欠損法人割合は過去に遡ってもほぼ同じである。また、消費税であれば、第1章で述べた通り、転嫁のルールが明確であり、経済的負担は消費者に帰着させることが想定されている。

政治が消費税を避ける傾向が強まっている理由の一つも、皮肉的ではあるが、消費者に帰着させる

図3－2　被保険者資格取得届

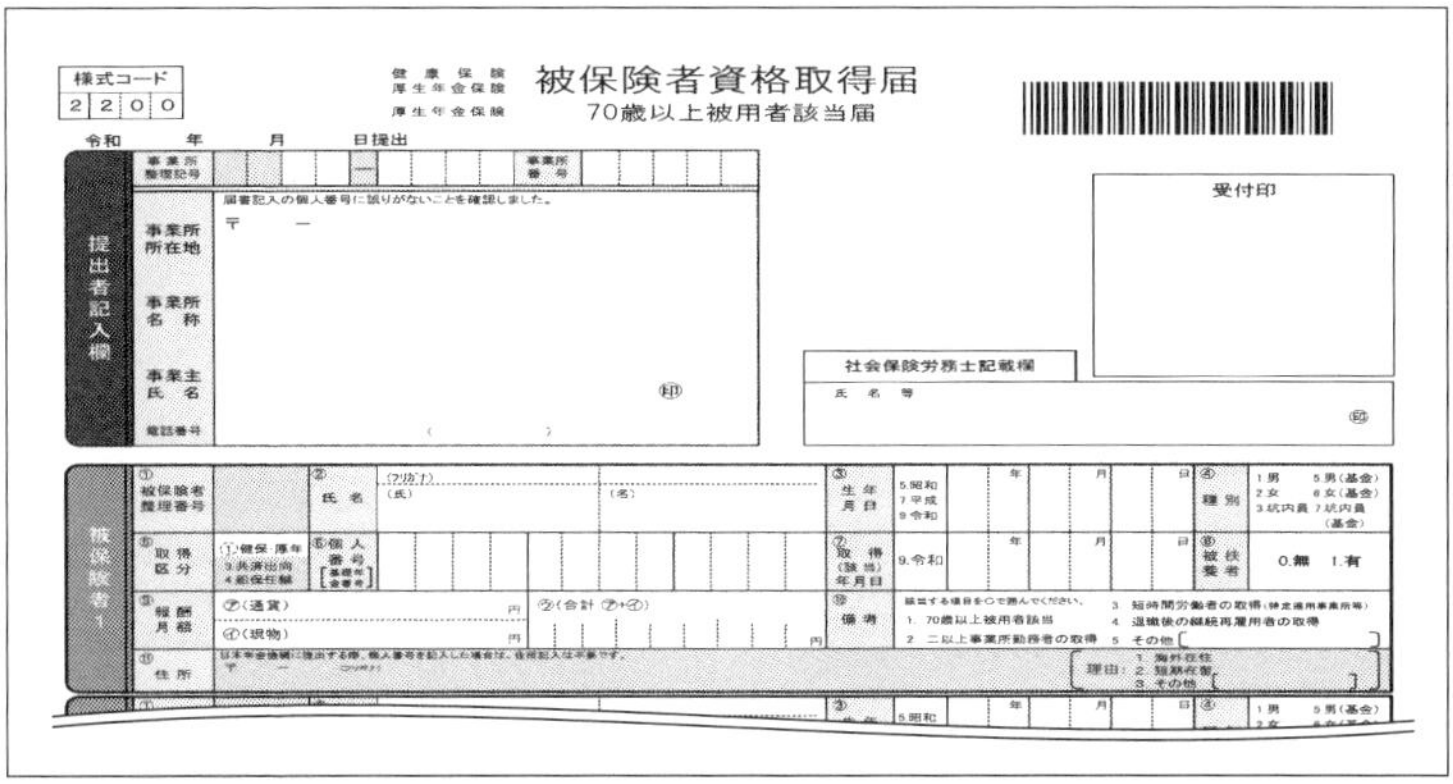

資料：日本年金機構ホームページより取得した画像を筆者が一部省略

まず、500人以下の場合、1週間の所定労働時間および1カ月の所定労働日数が同じ事業所で同様の業務に従事している一般社員の4分の3以上であることが判定基準となる。次に、501人以上の場合（特定適用事業所という）、次の①〜④すべてに該当することが判定基準となる。

① 週の所定労働時間が20時間以上であること
② 雇用期間1年以上が見込まれること
③ 賃金の月額が8・8万円以上であること
④ 学生でないこと

なお、被用者保険の適用拡大に向け、2020年5月成立の法律[8]によって、従業員規模は2022年10月から101人以上に、2024年10月から51人以上に引き下げられ、②の雇用期間1年以上見込みは廃止されることとなった。従業員規模51人以上に引き上げられると、現状比、新たに65万人が協会けんぽ・厚年の適用になるというのが政府の試算である[9]。

このような二つのハードルを、協会けんぽ・厚年への加入の難しさという観点から改めて整理すると、いくつかのポイントが浮かび上がってくる。第一に、勤務先が協会けんぽの未適用事業所であれば、協会けんぽ・厚年の被保険者となれない。第二に、被用者であっても労働時間が短ければ協会けんぽ・厚年の被保険者となれない。第三に、事業所の恣意性が働く余地がある。協会けんぽ・厚年の被保険者となるには「被保険者資格取得届」の提出が必要であり、かつ、その提出者は本人ではなく事業所である。さらに、その基準も、たとえば従業員規模500人以下の場合、一般社員の労働日数および労働時間の4分の3という相対的な基準となっており曖昧である。

第四に、複数事業所勤務者は、協会けんぽ・厚年の被保険者となりにくい。この点、働き方改革の一環として副業・兼業が推奨されるもとにおいて、社会保険制度は立ち後れている。たとえば、ある人（Yさんとする）がA事業所、B事業所でそれぞれ週19時間ずつ働くと、900円程度の最低賃金でも月額7万円ずつの賃金となる。Yさん本人からしてみれば1週間フルに被用者として働いており、月額賃金も合計14万円となる。トータルでは、まさに協会けんぽ・厚年の有資格者であってよい。ところが、A、Bそれぞれの事業所からみれば、前掲の①と③の基準を充足しないため、「被保険者資格取得届」にYさんの名前が記載されることはない。その結果、Yさんは、国保と国民年金に加入することとなる。

このような例以外にも、一つの事業所で協会けんぽ・厚年の被保険者になったとしても、週労働時間が20時間に満たないような副業がある場合、その副業先では被保険者とならないことから副業収入が標準報酬に算入されず、その分、保険料の取り洩れが起こり得る。これは、健康保険財政にとってダメージである。[10]

Ｙさんのような人が、前掲の被用者５２１万人のなかに相当数含まれているとみられる。それは、他の統計からも確認できる。総務省「就業構造基本調査」によれば、本業も副業も就業形態が雇用者である人は１２９万人いる。これに近似した就業形態をとっていると考えられる国税庁「民間給与実態統計調査」における乙欄適用者は３８１万人いる。乙蘭適用者とは、複数の事業所で勤務している人の所得税の源泉徴収の際に用いられる税率表である。

２０２０年４月、働き方改革の一環として、パートタイム・有期雇用労働法が施行され、正規雇用と非正規雇用との間で、基本給や賞与などのあらゆる待遇について、不合理な待遇差を設けることが禁止されるようになった。「あらゆる待遇」のなかには、本来、被保険者資格取得も含まれるべきであろうが、制度が後れを取っている。

3　国保加入の被用者の保険料負担

被用者が国保の被保険者となった場合、どのような状況に置かれるのだろうか。医療保険制度は、診療報酬および給付率とも統一されているから、主に異なってくるのは保険料負担、そして、後に述べる保健事業である。国保の保険料は、市町村ごと、保険料のかけ方および水準が異なる。次の四つの要素のうち①と②は必ず組み入れ、市町村によって③と④の両方あるいはいずれかを組み入れる。

図３－３　国民健康保険の保険料

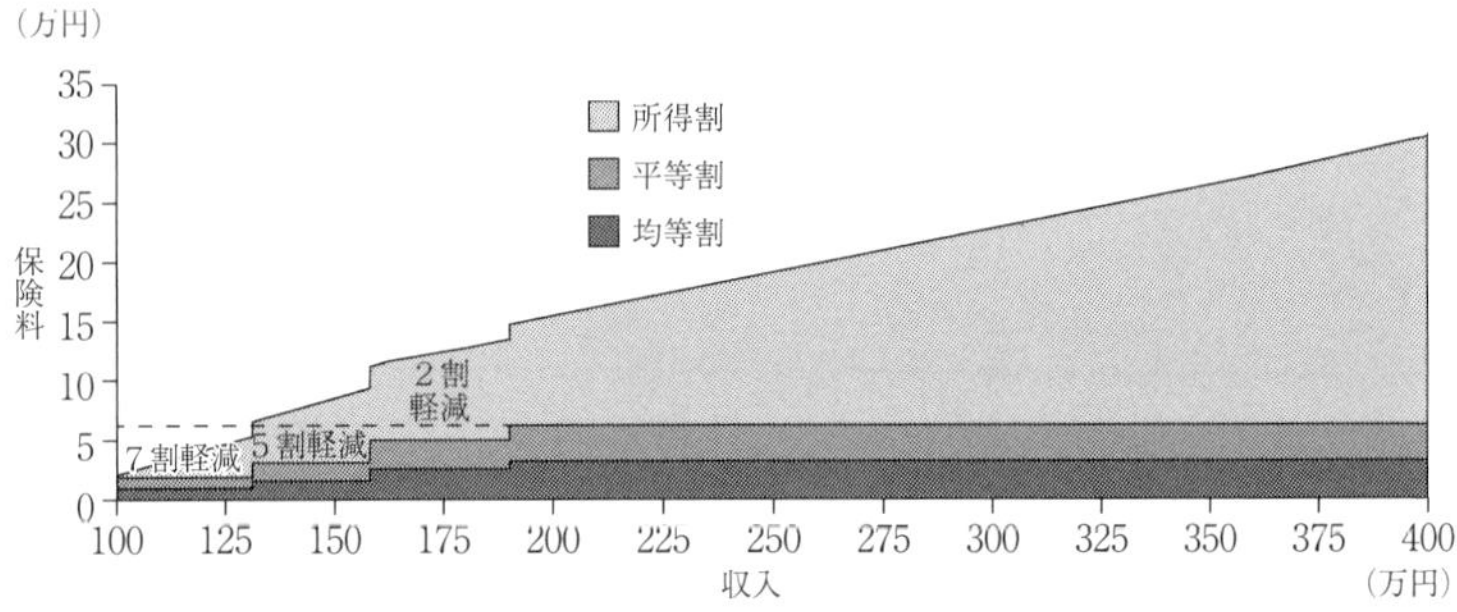

注：均等割（医療分24,189円、後期高齢者支援金分7,711円）、平等割（医療分23,207円、後期高齢者支援金分7,091円）、所得割（医療分7.88％、後期高齢者支援金分2.51％）として計算。単身世帯。

資料：筆者作成

①　所得
②　世帯人員一人あたり定額部分×世帯人員数
③　一世帯あたり定額部分
④　固定資産税額

それぞれ①所得割、②均等割、③平等割、④資産割という。なお、①所得割と④資産割は負担能力に応じた部分（応能部分）、②均等割と③平等割は受益に対応した部分（応益部分）と性格づけされている。応益部分は、所得に応じ2、5、7割の三段階の軽減措置が設けられている。

そのうち、①～③の三つを組み合わせる方法を3方式と言い、3方式を採用している570市町村の平均保険料（率）を用いて給与収入を得ている単身世帯（すなわち被用者）を例に試算すると（2017年度）、たとえば収入150万円、200万円で保険料負担はそれぞれ8・5万円、15・5万円となる（図3－3）。

保険料負担を対収入比に直せば、本書で試算の対象と

図３－４　国民健康保険の保険料の対収入比

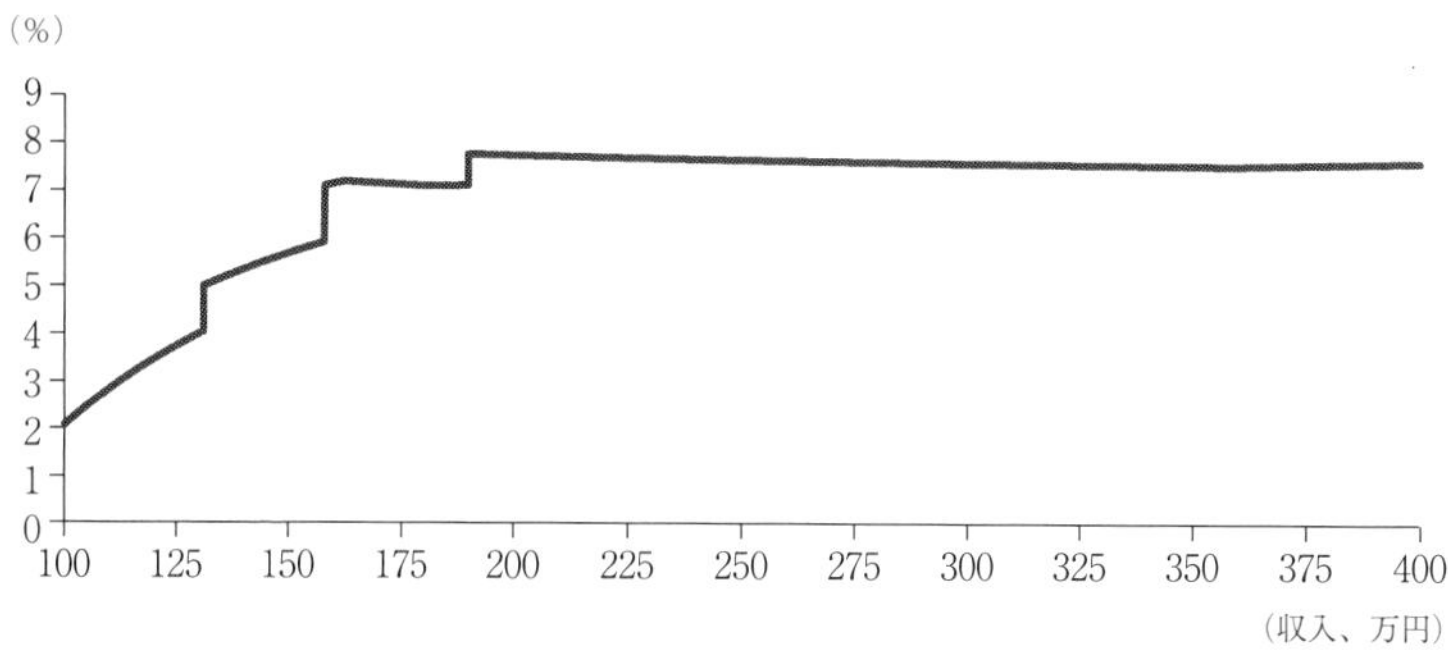

注：試算の前提は図３－３に同じ。
資料：筆者作成

した収入下限１００万円から階段状に上昇し、応益部分の軽減措置の対象から外れてくる収入１９０万円を超えると８％近くになる（図３－４）。保険料負担がとりわけ苦しいのはこの辺りの収入層である。他方、協会けんぽの保険料率は10％であり（都道府県ごとに若干差がある）、それを労使折半で本人負担分は５％であるから、国保加入の被用者の負担は相対的に重い。

国保に加入する被用者の保険料は、同じ収入の年金受給者と比べても重くなる。たとえば、給与収入２００万円、年金収入２００万円の国保の保険料は、前掲の保険料（率）を用いて計算すると、15・5万円、８万円となり、７・５万円の差が生じる。これは、年金受給者の場合、第２章で述べたように、給与所得控除と比較して相対的に手厚い公的年金等控除によって旧ただし書き所得が小さく算出されるためである。

こうした保険料負担の重さは、滞納として表れる。厚生労働省の調べでは、保険料に一部でも滞納がある世帯は、全世帯の14・５％、２６７・１万世帯に及ぶ[11]。

国保では、保険証が年1回更新されるが、保険料を滞納すると、有効期間が短い「短期被保険者証」に切り替えられる場合がある。さらに、特別な理由なく1年以上保険料を滞納すると、短期被保険者証の返還が求められたうえで、「資格証明書」が交付される場合がある。資格証明書となると、医療機関窓口でいったん医療費の10割を自己負担しなければならない。給付分は、滞納分の保険料を納めたうえで、市町村に申請し受け取ることになる。短期被保険者証交付世帯は75・4万世帯、資格証明書交付世帯は17・2万世帯ある[12]。

社会保険という方法は、負担と受益の対応を特徴とし、それは美しい理念ではあるが、見方を変えれば、排他的である。不本意非正規雇用者などにとっては、その排他性は際立つ。短期被保険者証と資格証明書は、わが国が無理を承知で国民皆保険を掲げ、負担が困難な人も取り込み社会保険を成立させようとしている矛盾が、最も表れている部分と言える。ここでは中途半端な方針を示すことしかできないが、この問題を常に意識し、短期被保険者証および資格証明書の発行を減らしていく多方面からの不断の工夫が不可欠であろう。

以上の議論から言えることは、国保の抱える課題を解決していくためには、市町村による保険料収納強化など国保という、いわば内側を変えることはもちろん、国保の外側を変える必要があるということである。

その一つが、これまで述べてきた協会けんぽ・厚年の適用や資格取得のあり方である。現在、協会けんぽ・厚年の被保険者となるか否かの決定権は事業所側にあるが、それを労働者本人に付与するという発想の転換が積極的に検討されるべきであろうし、Yさんの設例のような複数事業所勤務者の増加が見込まれることなどを踏まえれば、日本年金機構における名寄せをはじめ、運営のあり方を見直すことが不可欠である。

外側を変える必要性の二つめは税制である。国保の保険料の応益部分には、医療サービス応益分の負担という意味のほか、主たる加入者として想定されていた自営業・農林漁業者の所得捕捉が難しいことから定額負担を求めているという意味も込められていると考えられる。

そうであるならば、税務当局による所得捕捉の精度を上げることにより、応益部分の見直しも視野に入るはずである（第４章以下で再論する）。このように、国保のために国保の外側を変えるという視点が不可欠である。

４　ハードル引き下げに向けた改革案

⑴　理論的な二つの選択肢

国保の外側の一つが、協会けんぽ・厚年の適用や資格取得のあり方である。現行の医療保険制度と年金制度の枠組みを大きく変えないことを前提とすれば、すなわち、英国のＮＨＳ（National Health Service）のような仕組み[13]に変えるようなことを前提とするのでないならば、どのような方法を採ればよいだろうか。

協会けんぽ・厚年加入のハードルを下げる方法としては、次の二つが理論的には考えられる。

① 標準報酬下限の引き下げ

一つめは、政府内外からしばしば提案される、標準報酬下限8・8万円のさらなる引き下げである。もっとも、これは、協会けんぽと一体的に運営されている厚生年金保険において問題が生じる。現在、国民年金の加入者が1年間に支払う保険料は19万8480円（＝1万6540円×12カ月）である。これは、月額給与が標準報酬下限の8・8万円の厚生年金加入者が1年間に支払う保険料19万3248円（＝8・8万円×12カ月×18・3％）とほぼ同水準である（賞与はないとする）。このように、負担はほぼ同水準であっても、国民年金加入者の受け取る年金は基礎年金のみであるのに対し、厚生年金加入者の受け取る年金は基礎年金のみならず厚生年金（報酬比例部分）もある。公平性に疑義がある。

この点は、厚生労働省でもかつて認識されていた[14]。2007年4月、厚生労働省の社会保障審議会において、委員として出席していた筆者の問いに対し、厚生労働省からは次のような回答が返ってきている。なお、当時の標準報酬下限は9・8万円であった。

「今回は、基本的には正社員と同じ働き方をしている人に拡大するという考え方から、最低のラインとしての標準報酬の下限で9万8000円という線を提示しているというのが一番の基本でございますけれども、それを下回った場合には、併せて、今、西沢委員御指摘のような国民年金定額保険料負担との不均衡、不公平感といった問題点も生じてくるということはそのとおりだというふうに考えております[15]」。

よって、標準報酬下限8・8万円のさらなる引き下げは公平性の観点から適当ではないし、どれほどの効果があるのかも不透明である。仮に最低賃金でも週40時間働けば、１カ月４週として、地域により異なるものの、月額賃金13万円から16万円程度になるためだ。

② 複数事業所勤務者の名寄せ

二つめは、標準報酬下限８・８万円は維持したまま、複数事業所勤務者について、名寄せをすることである。トータルで月額賃金が８・８万円以上であればよしとする。前掲のＹさんのように、Ａ事業所、Ｂ事業所それぞれで週19時間ずつ働き、月７万円ずつ、計14万円の賃金を得ているような被用者を、協会けんぽ・厚年の被保険者とするため、この被用者について日本年金機構において名寄せを行うのである。働き方の多様化が進むなか、こうした見直しは不可欠であろう。

そのためには、Ａ事業所、Ｂ事業所それぞれからＹさんについて「被保険者資格取得届」が日本年金機構あて提出されることが前提となる。改めて、現在の資格取得条件を確認すると、次の[1]～[4]すべてに該当することが判定基準となっている（従業員規模５０１人以上の場合）。

[1]　週の所定労働時間が20時間以上であること
[2]　雇用期間１年以上が見込まれること（廃止が決定済み）
[3]　賃金の月額が８・８万円以上であること
[4]　学生でないこと

ＹさんについてＡ事業所、Ｂ事業所それぞれから「被保険者資格取得届」を提出させるということは、1と3の判定基準の廃止に等しい。2は廃止が決定済みである。従業員規模要件も51人以上まで引き下げることはすでに決まっており、その後、要件そのものが撤廃に向かうとすると、残るのは4だけである。すなわち、Yさんを協会けんぽ・厚年の被保険者とするか否か、A、B事業所の裁量が働く余地はほぼなくなり、法的には、被保険者としての資格を得るか否かは、Yさん本人の選択となることを意味している。

(2) 適用・資格取得の見直し

この二つめの選択肢を具体的な制度に落とし込むためには、どのようにすればよいであろうか。本書における大まかな提案は次の通りである。

まず、未適用事業所を減らしていくべく「健康保険・厚生年金保険新規適用届」の提出を促していく必要があり、そのためには、日本年金機構の一段の執行の強化が求められる。前出の2020年5月成立の法律(16)でも、それに向けた環境整備が盛り込まれている。従来、日本年金機構による事業所への立入検査・文書等の提出命令は、適用事業所のみが対象とされており、隔靴掻痒の状態にあったが、同法案によって、未適用事業所も対象に含まれることとなった。

そのうえで、「健康保険・厚生年金保険新規適用届」と給与所得からの源泉徴収義務者となる法人・個人が税務署に提出する「給与支払事務所等の開設届出書」の統合も視野に入れる。いずれの届出書も、事業所が、給与支払いの際、所得税あるいは社会保険料を天引きするということを行政に伝えるという趣旨は共通している。実際、日本年金機構は、2015年度から源泉徴収義務者情報の提供を国税庁から受け、前述の通り厚生年金の適用に顕著な実績をあげている（図３－１）。そうであれば、はじめから届出書を１つにしておくのが合理的であるし、副次的な効果として、事業所側も届出が一度で済み、事務負担が軽減される。

次に、ここは大きな変更点となるが、事業所から提出される現行の「被保険者資格取得届」を廃止、被用者本人からの「健康保険・厚生年金保険　登録届（仮称）」に切り替える。日本年金機構あての提出者は、被用者保険の被保険者となるか否か主体的な選択権を持つ被用者本人であることがポイントである。よって、呼称も「登録届」とする。提出に際し、事業所から賃金を得ていることを日本年金機構が確認できるよう、事業所経由とする。登録届には、被用者本人のマイナンバーあるいは基礎年金番号をはじめ個人を識別できる情報、被扶養者の情報および事業所名とその法人番号など事業所が識別できる情報を記載する。

なお、被用者であっても、年収が一定以下（１０６万円＝８・８万円×12カ月）に収まることが予想される、いわゆるパート主婦については「健康保険・厚生年金保険　登録届（仮称）」ではなく、現行通り「被扶養者届・第３号被保険者関係届」を提出する（第３号被保険者については後述）。健康保険・厚生年金保険「非登録届」を意味する。

これも簡素化のため、税務署に提出する「扶養親族等申告書」との統合を目指す。被用者は、前年中に「扶養親族等申告書」を税務署の代理となっている勤務先に提出しておくことにより、翌年の所得税の源泉徴収において、配偶者控除、扶養控除、および低い税率表の適用などを受けることができる。要は、配偶者が税制上および社会保険上の被扶養者となる予定であるかどうかが行政に対し伝わっていればよい。

(3) 保険料納付方法の見直し

このような初期登録の見直しを経た後、保険料納付方法を見直す。ここでその流れを検討していこう。

① 現行の方法

現在、協会けんぽ・厚年の適用事業所における保険料納付手続きは、月々の給与と賞与とで仕組みが異なっている。事業所から日本年金機構に対する（1）キャッシュの流れ（事業所→金融機関→日本年金機構）および（2）情報の流れ（事業所→日本年金機構）の二つに着目すると、以下の通りとなっている（図3－5）。

まず、月々の給与については、個人住民税の特別徴収の仕組みに似ている。個人住民税の場合、事業主は、従業員へのT年の給与支払額等を「給与支払報告書」として、T＋1年1月までに市町村に報告する（図3－5）。それは、氏名、給与支払額、被扶養者の氏名・年齢などが記載された「個人別明細」などで構成されている。市町村は、それを受け、T＋1年5月までに住民税額を計算し事業主に通知、事業主は、T＋1年6月以降T＋2年5月まで、その住民税額を12等分したものを各月の給与から天引きし、納付する。今行われている天引きは半年弱以前の古い情報に基づくものである。図3－5中、㊢の印を付し、事業主から市町村に情報が送られる時点を示している。

図３－５　事業主からみた所得税、住民税、協会けんぽ・厚生年金保険料の納付手続き

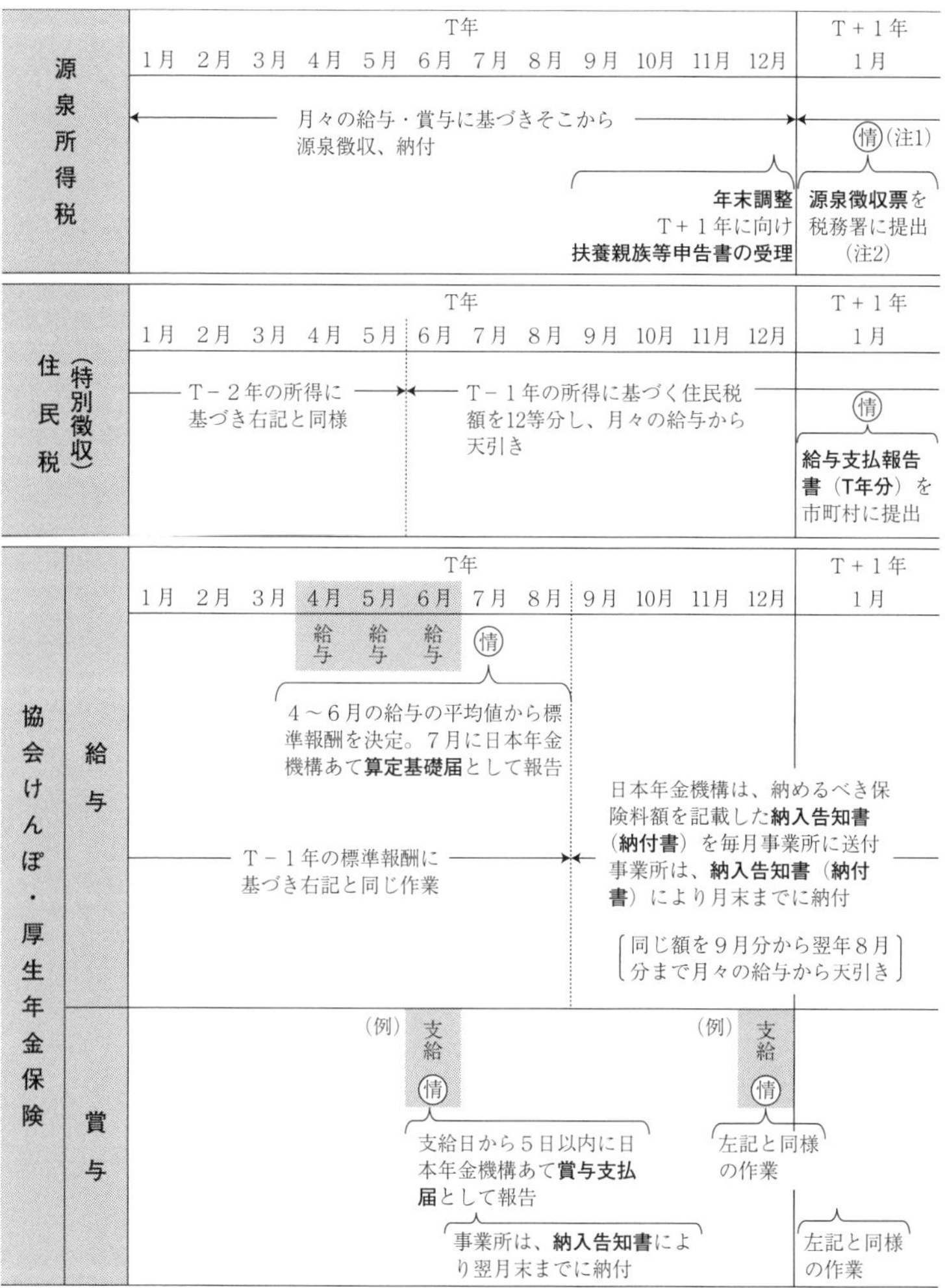

注１：㊐は、事業主（所）から当局に対するT年に関する個人ごとの情報提供のタイミング。
注２：ただし給与金額500万円以下は必要ないとされている。
資料：筆者作成

協会けんぽ・厚年における月々の給与からの保険料納付手続きにおいては、事業所は、従業員のT年4~6月の平均給与支払い額を標準報酬にあてはめ、「算定基礎届」としてT年7月に日本年金機構に報告する。日本年金機構はそれをもとに、事業所が納めるべきトータルの保険料額を計算し「納入告知書（納付書）」を送付、事業所はそれを受け、毎月保険料を納付する。新たな標準報酬が反映されるT年9月分からT＋1年8月分の12カ月間、同じ標準報酬が用いられ続ける。今行われている天引きはやはり古い情報に基づくものである。

他方、賞与については、月々の給与とは異なる方法がとられている。事業所は、支給日から5日以内に、一人ずつの賞与額（1000円未満を切り捨てて標準賞与とする）を日本年金機構に「賞与支払届」として報告、日本年金機構は「納入告知書（納付書）」を事業所あてに送付する。事業所はそれを受け、賞与支払い月の翌月末までに保険料を納付する。よって、賞与に関しては、天引きが行われる賞与に対応した保険料額が計算され、ほぼリアルタイムで、被保険者一人ひとりの情報が日本年金機構に送られている。今、行われている天引きは新しい情報に基づくものである。

② 見直し案

こうした保険料納付方法を、次のように見直す。二つの案が考えられ、第一案は、ほぼ現行の保険料納付方法の踏襲である。事業所は、7月に「算定基礎届」を日本年金機構に提出、事業所は機構から受け取った「納入告知書（納付書）」に基づき、毎月保険料を納付する――この骨格は変わらない。若干異なるのは、事業所において、「算定基礎届」に、Yさんのような月額賃金7万円、あるいは、それをも下回る少額の標準報酬も洩れなく記載し、日本年金機構に提出するということである。４～６月の平均賃金支払い額は標準報酬にあてはめて、すべて報告するのである。それを受け、日本年金機構においては、複数事業所勤務者などの名寄せを行う。

第二案は、より踏み込み、４～６月の平均賃金支払い額から標準報酬を求めるという考え方、および「算定基礎届」を廃止し、月々の給与についても、賞与における方法と同様にする案である。すなわち事業所は、被用者に対し、賃金を支払う際、その賃金に応じ、厚生年金保険料18・３％と協会けんぽ10％（40歳以上であれば加えて介護保険料も）の２分の１の本人負担分を賃金から天引きし、さらに２分の１の事業主負担を上乗せしたうえで、日本年金機構に納付する。[17]この点は、事業主負担分があることを除き、所得税の源泉徴収とほぼ同じである。

併せて、事業所は、保険料納付の都度、現行の「賞与支払届」と同様、「給与支払届（仮称）」を日本年金機構に送付する。かなり頻繁になる。この点は、所得税の源泉徴収と大きく異なる。所得税の源泉徴収の場合、T年分の「源泉徴収票」が事業所から税務署に送られるのはT＋1年1月になってからと、だいぶ遅い（図３－５）。しかも、全員が対象となってはおらず、給与金額５００万円以下は不要とされている。日本年金機構において名寄せを行うのは第一案と同様である。[18]

第二案への移行に際し、最大のネックとなるのは、日本年金機構と事業所双方の事務負担増である。現在であれば、事業所は、「算定基礎届」を年1回、賞与が年2回支給であれば「賞与支払届」を年2回、計3回の提出で済んでいたものが、第二案であれば、給与について年12回、賞与年２回の計14回の提出となる。

この点については、ＩＣＴの活用による効率化および所得税の源泉徴収、住民税の特別徴収、社会保険料の徴収について制度横断的に可能な部分は共通化していくことを通じ、事務負担増を相殺していくのが適当であると考える。たとえば、源泉徴収票と給与支払報告書など内容に差がないものは早急に一つにまとめていくべきであろう。

(4) 多方面での活用が可能

協会けんぽ・厚年だけに限れば、第一案のほうが移行は容易である。もっとも、第二案がいったん確立されれば、多方面に活用できる。日本年金機構が、リアルタイムで給与と賞与の情報を保有できるようになるためである。２０２０年4月７日、新型コロナウイルス感染拡大防止に向け、緊急事態宣言が出された。当初、経済活動の縮小に伴う収入減少世帯に対し一世帯あたり30万円を給付する生活支援臨時給付金が政府から提案されたものの、わずか1週間ほどでそのスキームは撤回され、全国民に一律一人10万円を給付する特別定額給付金へ切り替えられた。歳出規模は約6兆円から約12兆円へ倍増しているうえ、高所得者にも給付されるため非効率である。

現行の所得税の源泉徴収、住民税の特別徴収、および社会保険料徴収の仕組みのままでは、月単位での収入減少を、国税庁、市町村、日本年金機構のいずれであっても把握することは困難である。そのため、収入減少世帯に対象を絞る生活支援臨時給付金のほうが効率的であることは明らかでありながら、行政インフラが整っていないがゆえに、給付まで時間を要してしまううえ、正確性も担保できないという実現に向けた壁が立ちはだかる。それがネックになり、特別定額給付金に早々に切り替えられたものと思われる。

仮に、第二案が実装されていれば、生活支援臨時給付金は当初案通り、真に困っている世帯に絞り込んで効率的に実施することができたと考えられる。このように、国民一人ひとりについて包括的にリアルタイムで給与と賞与の情報を収集できるシステムの構築は、社会保険制度の運営改善を超えて極めて重要な課題である。第一案であると、日本年金機構が持っている情報は、４～６月の平均という古いものでしかない。

(5)　複数の執行機関の機能の再編統合を

ただし、こうした見直しについては、国税庁、日本年金機構、および市町村それぞれの行政組織の再編につながるとの懸念があるためか、政府内から積極的な問題提起をみることはできない。２００９年から２０１２年の民主党政権時、歳入庁構想があったぐらいである。米国、英国、カナダなど多くの国では、歳入庁という一つの行政組織が税と社会保険料を一元的に徴収している（西沢［２００８］）。わが国の民主党政権時、歳入庁構想ワーキンググループが設けられ、議論が進められようとしていたところ、時間切れとなってしまった感がある。

頓挫した理由はいくつかあるだろうが、ひとつ挙げれば、２００７年に４０００万件の宙に浮いた年金記録問題などが明るみに出て、社会保険庁の組織体質に対する強い批判が巻き起こっていた状況下、「廃止解体・６分割」という当時用いられたスローガンが象徴しているように、社会保険庁に対する懲罰的な組織の再編統合から議論に入っていったことがあるだろう。今、わが国に必要なのは

「機能」である。今後、仮に議論の場があるのであれば、組織ではなく機能の再編統合から入ることが得策であると思われる。

5　これからの健康管理（保健事業）は誰が行うのか

協会けんぽ、厚生年金保険の適用が、事業所単位であり、週所定労働時間20時間以上であることが資格取得要件の一つとなっている。こうした制度の根底には、本社、支社、工場など事業所が物理的に存在し、被用者は、毎日、朝から定時までそこに通うという正社員を唯一の就業形態としている発想が見て取れる。他方、就業構造の変化や働き方の多様化は、新型コロナウイルスの登場を機に、一段と速度を増していくものと思われる。働く場所、労働時間も問われなくなってくるだろう。それは、子育て、介護、学業との両立を目指す人などにとって歓迎すべきことであり、わが国全体の生産性向上にもつながっていくことが期待される。

その際、被用者に対する健康管理のあり方も見直しを迫られる。現在、雇用主である企業は、労働安全衛生法に基づき、そして、医療保険の保険者は、健康保険法と高確法に基づき、被用者・被保険者の健康に責任を負っている。そのための事業が保健事業である。

企業の場合、産業医の配置や健康診断の実施、保険者の場合、特定健診・特定保健指導や予防接種の際の費用補助などがそれにあたる。ＳＨＡでいえば、予防のうち産業保健にあたり、健康支出（Health Expenditure）の重要な構成項目である。近年、企業と保険者が共同して保健事業にあたる取り組みが拡がりつつあり、コラボヘルスと呼ばれている。保健事業において、検診データやレセプトデータを活用する方法はデータヘルスと呼ばれている。

たとえば、積極的な取り組みで知られるデンソー健康保険組合は、企業側を動かしながらコラボヘルス・データヘルスを推し進めている。「（医療費適正化計画の）第3期計画に向けて、厚生労働省は、特定保健指導（積極的指導）を終了すると一人当たり年間6000円の医療費適正化効果がある、というデータを公表しました。これは非常に前向きな変化であり、データヘルス・コラボヘルスを現場で推進する我々にとって大変有り難いことです。なぜなら、企業を動かすポイントの一つは、費用対効果を示すことだからです」（齋藤隆夫［2018］）。

ドイツでは、企業が設立した保険者にその企業の従業員が加入する閉鎖型でスタートしつつ、他の企業の従業員の加入も認める開放型へと移行してきたが、閉鎖型の長所を見直そうという声も保険者のなかから出ている。「現状、母体企業従業員以外の加入を認めている「開放型」の企業疾病金庫において、出発点である「閉鎖型」の長所を見直すことである」[19]。疾病金庫とは、ドイツの医療保険者である。

こうしたなか、たとえば、本章の設例であるYさんのような複数事業所勤務者や、主たる業務を持ちつつ副業を持つ人の健康管理に一体誰が責任を持つのかが問われている。在宅勤務時の健康管理、兼業先での健康管理など、詰めていくべき課題は多い。YさんのA、B事業所での賃金を日本年金機構が名寄せする必要性を示したが、健康管理においても、A、B事業所およびその保険者が健康管理を進めるとともに、やはりそれだけではバラバラになってしまうため、Yさんの健康をトータルで管理する体制が求められている。いわば健康管理の名寄せである。すると、かつて家庭医として構想され、わが国では一般にかかりつけ医とも呼ばれる、身近な医師の役割が一段と大きくなるものと思われる。この点については、第4章と第6章で掘り下げる。

補論　一定の収入以下の専業主婦と被用者保険

就業していながら（議論の簡素化のため女性と仮定する）、配偶者が被用者保険の被保険者であれば、自らの労働時間や収入を前記の基準内に抑えることによって、医療保険においては、まったく就業していない人と同様、夫の被用者保険の被扶養者となり、年金においては、第3号被保険者となる。第3号被保険者であれば、年金保険料を直接納めずとも、第3号被保険者である期間に応じ、基礎年金の受給資格を得ることができる。サラリーマンは勤務先の健康保険組合から妻の収入を毎年尋ねられているはずだ。

第3号被保険者は897・8万人おり、うち474・9万人は就業者である。[20] 本章の冒頭で掲げた、「労働力調査（詳細集計）」における非正規雇用者2120万人には、雇用者として就業している第3号被保険者が含まれていると考えられる。

妻が、健康保険料および厚生年金保険料を負担せずとも済み、可処分所得の低下を回避することができる閾値は、妻の勤務先の従業員規模が501人以上の場合収入106万円以下、500人以下の場合130万円以下である。

図３－６　130万円のかべと106万円のかべ

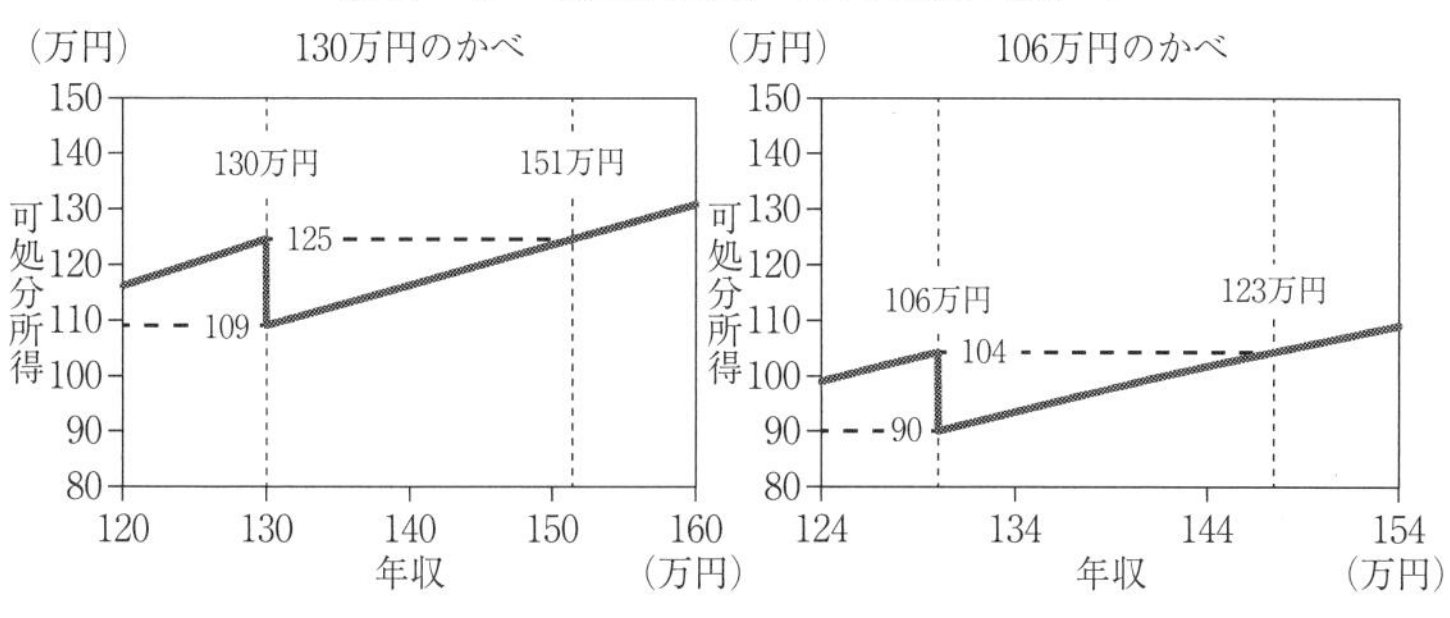

注：住民税の均等割額など一定の仮定のもと試算。
資料：筆者作成

従業員規模５００人以下の場合、収入と可処分所得の関係を試算すると（図３－６）、収入が１３０万円を超えると可処分所得は一挙に１０９万円まで落ち込む。16万円の可処分所得の落ち込みを取り戻すには、収入１５１万円が必要である。よって、収入１３０万円の直前で就労調整が起きやすくなる。従業員規模５０１人以上の場合、同様に、収入が１０６万円になると可処分所得が一挙に90万円まで落ち込み、落ち込み分14万円を取り戻すには収入１２３万円が必要である。

これは「１３０万円のかべ」あるいは「１０６万円のかべ」と呼ばれ、とりわけ年金制度の議論のなかで、就労阻害要因としてかねてより注目されている。すでに述べたように、従業員規模５０１人以上の閾値は段階的に１０１人以上、51人以上へと引き下げられる予定である。

現在、国保と国民年金制度に加入している不本意非正規雇用者のような人にとっては朗報だ。ところが、夫の被扶養者のままでいようとするパート主婦の場合、就労調整が年収１３０万円の手前ではなく、１０６万円の手前で行われる可能性が出てくる。しかも、収入は暦年で測られるため、就労調整は繁忙期の年末に起きやすくなる。労働集約型産業が被用者保険適用拡大に反対する理由の一つでもある。政府の被用者保険の適用拡大の効果の見極めが難しい部分である。

【第3章・注】

(1) 2015年10月以降、公務員と私立学校教職員の共済年金も厚生年金保険へ統合されている。

(2) 厚生労働省「国民健康保険実態調査―平成30年度―」。

(3) 総務省統計局「労働力調査（詳細集計）2018年」。

(4) 社会保険庁への批判を受け、第一次安部政権下、「社会保険庁を廃止解体6分割する」と叫ばれた。実際には、6分割ではなく年金部門と健康保険部門の2分割であったが、いずれにしても、このスローガンからうかがえるように、2部門への分割は、業務の効率化を図るというよりも、社会保険庁への懲罰的な意味合いが強かったものと思われる。このような経緯から、必ずしも合理的な理由で協会けんぽと日本年金機構が個別に存在しているわけではない。

(5) 適用は、法人ごとではなく「○○株式会社△△支社」などのように、事業所ごととされているが、複数の事業所をまとめて適用を受けることもできる。法人か個人かでも扱いが異なり、法人の事業所であれば従業員数にかかわらず、個人事業所であれば従業員5人以上の場合（さらに業種制限がある）、これを届け出る必要がある。

(6) 社会保障審議会年金事業管理部会「資料1」2019年11月28日。

(7) 国税庁「平成29年度会社標本調査」。

(8) 年金制度の機能強化のための国民年金法等の一部を改正する法律。

(9) 社会保障審議会医療保険部会「資料2」2019年12月25日。

(10) 厚生年金保険の場合、将来の年金給付も減ることになるので、その分ダメージは和らぐ。

(11) 厚生労働省「平成29年度国民健康保険（市町村）の財政状況について」2018年6月1日現在。

(12) 同前。

（13）ＮＨＳは、税を主財源とし、すべての国民に医療サービスを提供している。
（14）最近、どのように考えられているのかは判然としない。
（15）社会保障審議会第４回年金部会２００７年４月26日。
（16）年金制度の機能強化のための国民年金法等の一部を改正する法律案。
（17）ただし、現行の医療保険と年金制度を所与としたこの案では、年収１０８万円以上という協会けんぽ・厚年の加入要件は残さざるを得ない。それより低い年収での保険料負担では、本文中述べた通り、国民年金・国民健康保険加入者との公平性が保てないためである。よって、「健康保険・厚生年金保険登録届（仮称）」を提出していた被用者であっても、年収１０８万円を下回った場合、追加的に保険料を徴収するなど、確定申告あるいは年末調整に似た作業が必要になる。詳しくは西沢（２０１９）を参照。
（18）そのほか資格管理、被扶養者の管理など、実務的に詰めるべき課題はもちろんある。
（19）フランツ・クニープス（企業疾病金庫連邦連盟理事長）発言『健康保険』２０１９年5月号。
（20）厚生労働省「平成28年公的年金加入状況等調査」。

第4章　国民健康保険はどこへ向かうのか

1　実像の見えにくい2015年改正

2015年5月、注目すべき国民健康保険改正法が成立した。「持続可能な医療保険制度を構築するための国民健康保険法等の一部を改正する法律」である。以下、この法律を2015年改正法、法改正後に厚生労働省から示された制度の詳細も含め制度改正全体を2015年改正と呼んで議論していく。

2015年改正法は、約3年の準備期間を経て、2018年4月に施行された。2015年改正は、1961年に国民皆保険が確立して以来およそ50年ぶりの抜本的改革――というのが、厚生労働省保険局長の評価である（唐澤［2015］）。

もっとも、2015年改正は、たとえるなら濃霧に覆われた城のようであり、ところどころ輪郭が見えるだけで、実像が掴みづらい。もともと国保の構造は複雑であるうえ、市町村ごとに状況も異なる。それに輪をかけ、2015年改正法施行に至るまでの過程が、実像の把握を難しくしている。まず、2015年改正の起点となる社会保障制度改革国民会議（2012年12月設置）から、改正法施行までの間の政策形成のわかりづらさである。

たとえば、2013年8月公表の社会保障制度改革国民会議の報告書では、次のように都道府県を保険者にすると記載されていた。「効率的な医療提供体制への改革を実効あらしめる観点からは、国民健康保険に係る財政運営の責任を担う主体（保険者）を都道府県とし……（以下略）」。ところが、蓋を開けてみれば、2015年改正法では、都道府県と市町村のいわば共同保険者になっている。次に、国および都道府県の2015年改正に対する見解の不一致である。さらには、国、都道府県それぞれのなかでも見解に齟齬が見られる。なお、2015年改正において政治の影は薄く、国というよりも霞が関と言い換えたほうが実態に即している。

濃霧に覆われたかのような2015年改正について、本章では二つのルートでアプローチする。一つは、2015年改正法施行（2018年4月）まで約35年にわたる国保の都道府県単位化の道程をたどり、そのうえで2015年改正を評価することである。すぐ後に例示するように、2015年改正によって、国保は都道府県単位化された、あるいは、国保の運営は市町村から都道府県に移管された――との表現がしばしば用いられる。もっとも、2015年改正も、それまで約35年の都道府県単位化の延長線上にあり、「抜本的」という響きが想起させる非連続的な改革では決してなく、実は連続的な制度の改善だったというのが本章の主要な結論の一つである。鍵となるのは2006年10月に導入され、後に拡大された保険財政共同安定化事業である。

もう一つのアプローチは、2015年改正に対する、霞が関および都道府県の見解、および期待（あるいは願望）を改めて整理することである。極めて厳しい財政状況下、2015年改正は、都道府県を医療費適正化の旗振り役に位置づけるために欠かせないピースとして、霞が関のなかから期待されている。医療費適正化は医療費抑制の婉曲表現と考えてよいだろう。もっとも、おそらく、霞が関のなかでも都道府県に対する期待には濃淡があり、47都道府県の受け止め方にも相当な幅があると思われる。

残りのピースは二つあり、一つは「医療費適正化計画」である。これは、国と都道府県とが協力し、生活習慣病対策や長期入院是正など医療費適正化に取り組むための基本的枠組みとされている（栄畑［２００７］78ページ）。２００６年６月に成立した高齢者の医療の確保に関する法律（高確法）によって都道府県に策定が義務づけられた。

もう一つは、「地域医療構想」である。２０１４年６月に成立した医療介護総合確保推進法によってやはり都道府県に策定が義務づけられた。これら二つのピースとともに、２０１５年改正は、都道府県を、医療費適正化とりわけ量的な適正化に向けた旗振り役とするための三つめのピースとして期待されている。本章のなかでも、医療費適正化とりわけ地域医療構想の検討にスペースを割いている。

なお、こうした役回りに都道府県を引き込むため、金額や名目の妥当性はさておき、３４００億円を国が拠出する必要があった[1]。とはいえ、国も懐事情は厳しく、後期高齢者支援金の全面総報酬割導入に名を借りた公費捻出に目がつけられ、社会保障制度改革国民会議の委員を通じ提案されたのだと推測される（第２章）。都道府県としては、総じてもともと乗り気でないところ、３４００億円もあって何とか２０１５年改正法成立にたどり着いた感がある。

二つめのアプローチによる結論は、いざ日に照らされて霧が晴れてみると、現れた城は、オランダの画家マウリッツ・エッシャーのトリックアートのような姿かたちであったということである。エッシャーの有名な絵に、水路の先端から水が滝壺に向かって流れ落ち、その滝壺が水路の上流に位置しているようにも見える、「滝」という1枚がある。2015年改正も、国保の責任主体は都道府県なのか市町村なのか、あるいは、どちらでもないのか、改正の主目的は医療費適正化にあるのか、国保の構造問題への対応のためなのか、見方によって見え方が異なってくる。2015年改正の理解を試みた結果、見えてきたのは理路整然とした構築物ではなく、トリックアートだったという皮肉な結論であるが、それが2015年改正の一側面であろう。

2　2015年改正法施行前の国民健康保険財政

(1)　改正法施行前の国民健康保険財政

国民健康保険は、国民皆保険のラストリゾートである。それは法律にはっきり表れている。国民健康保険法は、第5条において「都道府県の区域内に住所を有する者は、当該都道府県内の市町村とともに行う国民健康保険の被保険者とする」として、国保への加入を原則としている。そのうえで、同法第6条において、組合健保、協会けんぽ、共済組合、後期高齢者医療制度などの被保険者であれば、その適用除外とする構成になっている（傍線は筆者）。なお、2015年改正以前、傍線（a）の部分は、「市町村又は特別区」、傍線（b）の部分は「当該市町村」であった。

もっとも、このような医療保険制度の成り立ちもあり、国保財政は、非正規雇用者の増加をはじめとする就業構造の変化、高齢化・人口減少といった人口動態の変化、および、技術進歩による高額医

図４－１　国民健康保険財政（2017年度）

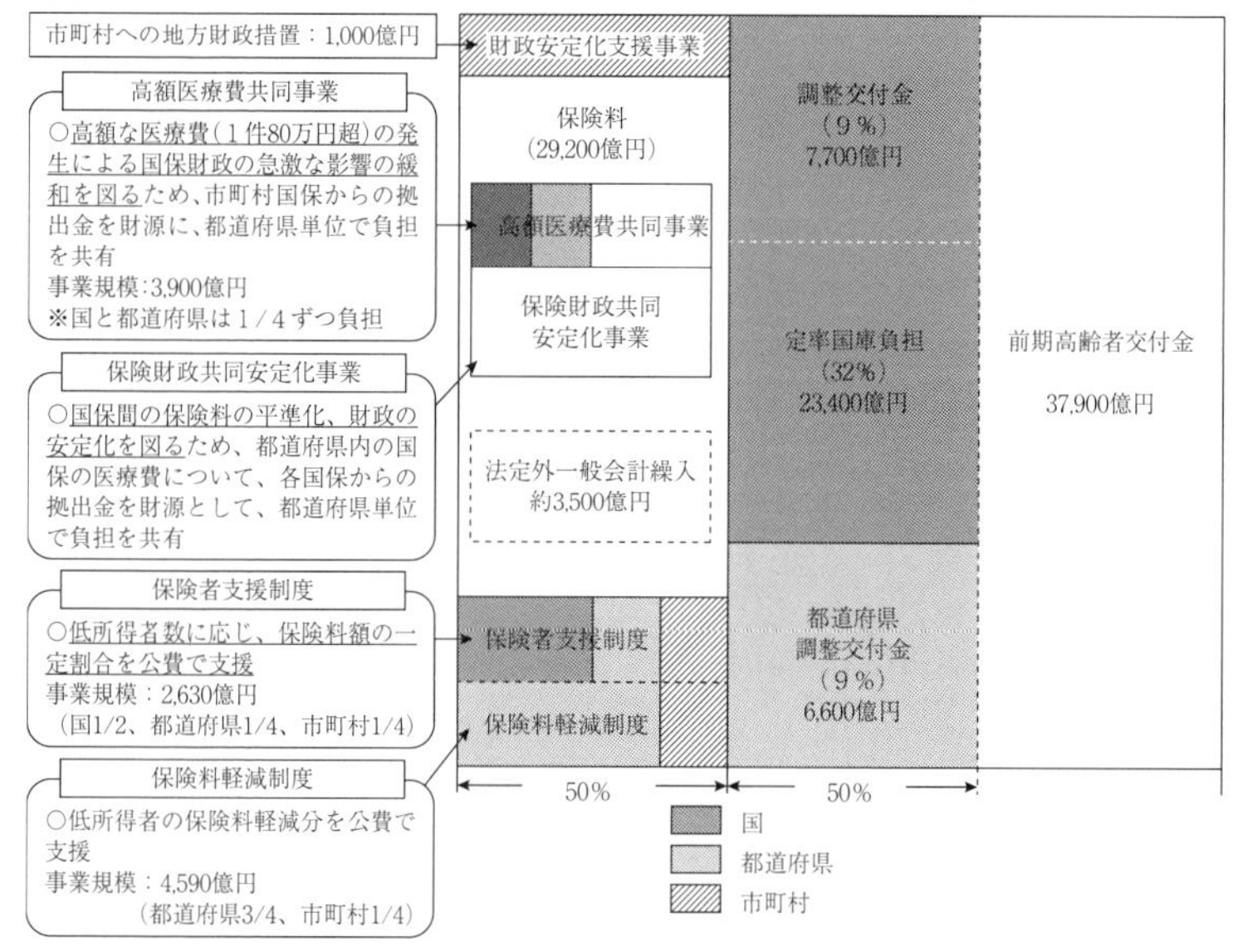

注：2017年度予算案ベース。
資料：厚生労働省「国民健康保険改革の施行に向けて」（2017年1月12日）を筆者が一部修正

療費の発生などに脆弱であり、かつ、市町村間の負担格差も大きかった（西沢［２０１１］も参照）。そこで、それらへの対応が繰り返されてきた。第２章で扱った１９８３年２月の老人保健制度、１９８４年10月の退職者医療制度および２００８年４月の前期高齢者の財政調整制度それぞれの導入と拡大はその一環である。これらは被用者保険を巻き込んだすべての保険制度あげての国保財政への対応である。

　こうした対応と並行して、国保の側においても、高額医療費の発生に備えるための都道府県単位での再保険事業の導入と拡張、都道府県の費用負担の導入と拡大、および都道府県の国保への運営関与などが積み重ねられてきた。図4－1は、厚生労働省からしばしば示される国保財政の説明図であり、そうした積み重ねの跡がうかがえる。なお、図4－1は、2015年改正法施行前年度、すなわち2017年度時点のものであり、簡素化を図るため、本書で説明済みの部分は省略している。

この説明図では、前期高齢者交付金を除いた残り約3分の2について、右側半分が公費、左側半分が保険料の建前になっているが、公費は左側半分にも食い込んでおり、公費と保険料は半々にはなっていない。内訳をみると、公費も、国による拠出（調整交付金、定率国庫負担）のみならず都道府県による拠出（調整交付金）があり、保険料部分も、地方財政措置、高額医療費共同事業、保険財政共同安定化事業、保険者支援制度など、まさに継ぎ接ぎ状の複雑な構造となっている。これらは、以下みていくように、時間の経過とともに徐々に形成されてきたものである。

(2) 約35年間にわたる都道府県単位化

2015年改正の柱は国保の都道府県単位化であるとされる。たとえば、メディアは2015年改正法案を次のように表現している。「市町村国民健康保険の財政運営を都道府県単位にすることを盛り込んだ医療制度改革法案が14日午後の衆院本会議で審議入りした」（「日本経済新聞」2015年4月15日）。「関連法は、18年度から運営主体を市町村から都道府県に移し、財政規模の拡大で安定化を図る」（「読売新聞」2015年5月28日）。もっとも、国保は、2015年改正によって新たに都道府県単位化されたわけではなく、改正法施行前、すなわち2017年度以前においても約35年間にわたり都道府県単位化が段階的に進められてきていた。時系列でポイントを追えば、次の四つが挙げられる。

一つめは、高額医療費共同事業である。これは、１９８３年から88年にかけ、都道府県ごとに順次導入された。老人保健制度の導入と同時期だ。小規模保険者の場合、一件でも高額医療費が発生すると、財政的なダメージが大きい。そこで、そうしたダメージ緩和のため都道府県を単位とした再保険事業として導入されたのが、高額医療費共同事業である。都道府県内すべての市町村がこの事業に参加し、とりまとめ役である国民健康保険団体連合会（国保連）に高額医療費拠出金を拠出する。国保連は、事前に取り決めた基準額を超える高額医療費の発生した市町村に対し、市町村の請求に応じ交付金を支給する。国保連とは、国保法第83条に基づき、都道府県ごとに設立された公法人である。

なお、高額医療費共同事業が順次導入されている間、１９８５年には医療法が改正され、都道府県知事に「医療計画」の策定が義務づけられた（第１次医療法改正）。これにより、都道府県ごとに基準病床数が定められ、それ以上には増床が認められないこととなった。都道府県の医療への関与拡大と言える。

二つめは、１９８８年の保険基盤安定制度の創設である。これは、「低所得者問題に対する暫定措置として、保険料軽減措置による収入減少分を一般会計から国保特別会計への繰入れによって補填する制度を創設し、国はその２分の１、都道府県はその４分の１を負担する」（土田［２００５］）仕組みである。１９８８年度の規模は１０００億円であった。その後、費用負担割合については修正が重ねられ、現在の都道府県４分の３、市町村４分の１となり、費用規模は３９９５億円（２０１７年

図４－２　国保（市町村）の主な収入の推移　2002～2017年度

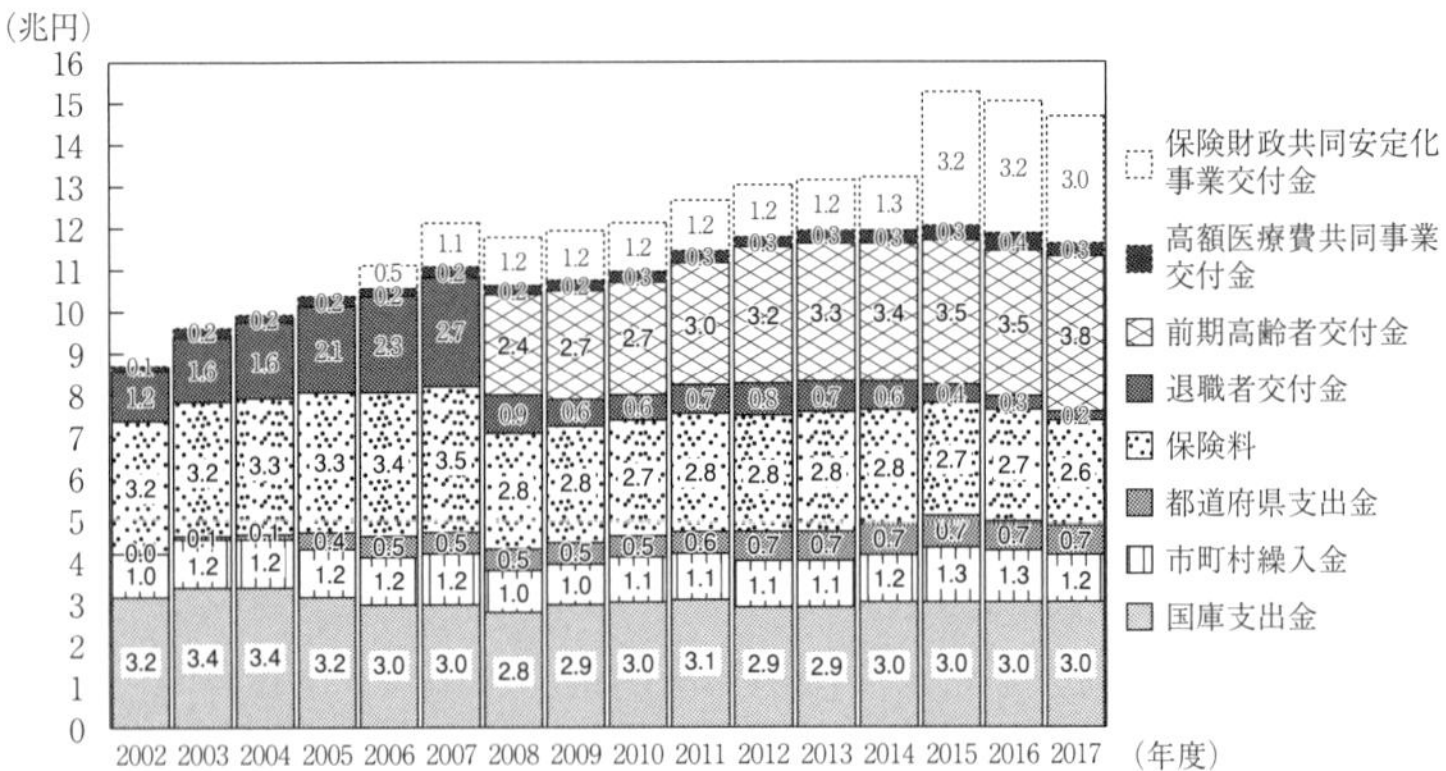

注：保険財政共同安定化事業交付金と高額医療費共同事業交付金は、同額が支出にも計上されており、国保全体でみれば純然たる収入ではない。そこで、前掲表１－３は、収入と支出両面からこれら２つの事業の交付金と納付金を除いた実態ベースの金額を計上している。
資料：厚生労働省「国民健康保険事業年報」各年度版より筆者作成

度）に拡大した。保険基盤安定制度創設とともに、高額医療費共同事業に対し、国と都道府県からの費用補助が行われた。１９８８年度のその規模は、国10億円、都道府県１９０億円であった。

保険基盤安定制度は、こうした保険料軽減分への補填に加え、２００３年、保険者支援制度も導入された。これは、低所得者数に着目し、保険料額の一定割合を公費で補助する制度である。導入初年度２００３年度の規模は７７０億円であった。その規模と財源構成は図４－１にある通りである。

三つめは、都道府県による７％定率負担（都道府県調整交付金）の導入である（２０１２年４月に９％へ引き上げ）。それまでの都道府県の国保に対する費用負担は、前述の再保険事業や保険料軽減の補填に、いわばお付き合いしているような範囲にとどまっていたが、定率負担となれば、国保の支出にリンクするようになる。定率負担は、２００２年から２００５年にかけての地方行財政改革いわゆる三位一体改革のなかで、２００５年に導入された。都道府県の定率負担導入に伴い、国保に対する都道府県支出金は、２００４年度の０・１兆円から２００５年度には０・４兆円へと一挙に増大している（図４－２）。

その目的として厚生労働省から主に二つ掲げられている。[2]一つは、医療費の地域差を縮小し、保険料を平準化することを通じ保険運営の広域化を促進することであり、もう一つは、医療費適正化に向けた都道府県の役割の強化である。都道府県は、すでに「医療計画」を策定しており、それとの有機的な連携も期待された。なお、２０１０年には、国保の事業運営の都道府県単位化の環境整備を進めるため、任意ながらも都道府県が「広域化等支援方針」を策定することとされた。これも、都道府県の国保への運営関与の拡大である。

(3) 保険財政共同安定化事業の導入と拡大

四つめは、２００６年10月に導入された保険財政共同安定化事業である。２０１５年改正を評価するうえで、これがとりわけ注目される。保険財政共同安定化事業は、前出の高額医療費共同事業の対象となる医療費よりもカバーする範囲を拡げた都道府県単位での再保険事業である。高額医療費共同事業がレセプト１件80万円超を対象としていたのに対し、保険財政共同安定化事業はレセプト１件30万円超が対象とされた。市町村は、高額医療費共同事業と同様、国保連に拠出金を納め、実際に発生した医療費に応じて交付金を受ける。

表４－１　レセプト１件あたり金額別、国民健康保険の医療費

レセプト1件の金額	入院		入院外		歯科		調剤		合計	
	(兆円)	(%)	(兆円)	(%)	(兆円)	(%)	(兆円)	(%)	(兆円)	(%)
80万円以上	1.8	47.4	0.1	3.6	0.0	0.5	0.1	6.2	2.0	20.1
30万円以上～80万円未満	1.6	42.9	0.6	16.4	0.0	0.6	0.1	4.2	2.3	22.7
30万円未満	0.4	9.7	2.9	80.0	0.7	98.9	1.8	89.6	5.7	57.2
計	3.7	100.0	3.6	100.0	0.7	100.0	2.0	100.0	10.1	100.0

注：2015年度。市町村国保の一般被保険者のみを対象。
資料：厚生労働省「国民健康保険事業年報平成27年度」、同「医療給付実態調査平成27年度」より筆者作成

栄畑（２００７）は、永年の懸案に大きく踏み出したのだとこの事業を表現している。「この１件30万円という基準を引き下げるほど共同事業の範囲は拡がり、都道府県単位の財政運営が拡大していくことになる。このように考えると、今回の改革は永年の懸案であった市町村国保の広域運営に、形を変えて大きく踏み出したと言える」（栄畑［２００７］65ページ）。

さらに、栄畑（２００７）が見通していた通り、２０１２年４月の法改正（国民健康保険法の一部を改正する法律）により、２０１５年度からは、１件30万円超という線引きも撤廃され、すべてのレセプトへと対象が拡げられた。それにより、保険財政共同安定化事業交付金の規模も、２０１４年度の１・３兆円から２０１５年度には３・２兆円[3]へと一挙に膨らんでいる（図４－２）。

事実関係を整理するため、法改正と施行スケジュールを改めて確認しておくと、保険財政共同安定化事業の全レセプトへの対象拡大は２０１２年４月の法改正に基づき２０１５年４月から施行されており、２０１５年改正法とはまったく別

表４－２　保険財政共同安定化事業の数値例

（万円）

保険者	① 実際の医療給付費	② ①×0.5 （医療給付費実績割）	③ ①合計×0.5÷3 （被保険者割）	④ 共同事業実施後の負担 ②＋③	④－①
A市	50	25	50	75	25
B市	100	50	50	100	0
C市	150	75	50	125	▲25
計	300	150	150	300	0

注：一人あたりの金額。
資料：厚生労働省HP「平成24年国民健康保険法の一部を改正する法律について」法改正参考資料P.5の数値例をもとに筆者作成

に、３年前から決まっていたものである。

２０１５年度の対象拡大以前、高額医療費共同事業および保険財政共同安定化事業の二つが対象とする医療費は全体の約４割であった。国民健康保険の医療費をレセプト１件の金額別にみると（表４－１）、１件80万円以上のレセプトは20・１％の２・０兆円、１件30万円以上80万円未満のレセプトは22・７％の２・３兆円、計42・８％の４・３兆円となっている。約４割である。その中心は入院医療費である。２０１５年度の対象拡大によってすべての医療費が対象となった。入院外、歯科、調剤も広く対象となったことになる。

保険財政共同安定化事業の仕組みは、導入当初の老人保健拠出金に似ている。老人保健拠出金は、医療費按分50％、加入者按分50％で計算されていた（第２章）。保険財政共同安定化事業の拠出金も、医療給付費実績割50％、被保険者割50％で計算される（表４－２）。老人保健拠出金の加入者按分については、加入者調整率が掛け合わされることによって拠出額の増減があるというちがいはあるものの、医療給付費実績を用いることで保険者努力を促しつつ、被保険者割で保険者間の負担平準化を図るという発想は共通している。

たとえば、ある県は、A市、B市、C市の三市で構成されているとする。それぞれの一人あたり医療給付費は、50万円、100万円、150万円であり、C市がとりたてて裕福でないとすれば、高い保険料を設定せざるを得ない。そこで、保険財政共同安定化事業では、一人あたり医療給付費の合計300万円のうち半分の150万円については各市の実績通り負担することとしつつ（医療給付費実績割）、残り半分については50万円ずつ均等に負担することとした（被保険者割）。すると、医療給付費の少ないA市の負担は25万円増えるものの、C市の負担は25万円軽減される。医療給付費実績割によって各市が努力すべき部分を残しながら、被保険者割によって三市の負担を均している。

医療給付費実績割と被保険者割の割合は、都道府県が市町村の意見を聴いたうえで変更可能とされた。三つの市の間における負担格差縮小を目指すのであれば被保険者割を50％から引き上げることとなり、そうではなく、三市それぞれの医療機関へのアクセスのよし悪しなど医療提供体制の差を反映させたり、各市の医療費抑制努力に働きかけたりするのであれば、医療給付費実績割の割合を50％から引き上げることになる。

このように、保険財政共同安定化事業は、社会保険料が特徴とする負担と受益の対応を残しつつ、負担と受益を対応させることで生じる市町村間格差の是正とのバランスを追求した仕組みとなっていた。ただし、改善の余地が二つあった。一つは、実際の医療給付費のなかには、調整すべきものと、すべきではないものが混在しているにもかかわらず、保険財政共同安定化事業ではそれらが峻別されていなかったことである。たとえば、Ａ、Ｂ、Ｃそれぞれの市の平均年齢が30歳、50歳、80歳であるとする。このときの医療給付費は調整すべきと判断される。高齢であるほど必然的に医療費はかかるため、Ｃ市の努力だけでは如何ともし難いからである。Ａ市からＣ市への財政支援は合理性を持つ。

他方、Ａ、Ｂ、Ｃ市とも平均年齢が同じであるとする。このときは調整すべきではないと判断される。50万円、１００万円、１５０万円といった医療給付費の差には、医療提供体制の充実度の差や保健事業への取り組みの差が反映されている可能性が大きいからである。そうした要因で生じている医療給付費の差まで財政調整してしまっては、たとえば、医師の確保に苦しんでいるがゆえに医療給付費が低い市町村や保健事業に積極的に取り組んでいる市町村からみて公平ではない。無駄な医療費も温存されやすく効率的でもない。保険財政共同安定化事業では、それらが峻別されていなかった。

もう一つは、前期高齢者における財政調整と同様、保険財政共同安定化事業の基本的な仕組みも、支出のみに着目した財政調整となっており、Ａ、Ｂ、Ｃ市それぞれの収入の差が考慮されていないことである。たとえば、Ｃ市が高級住宅街を擁し、被保険者の所得水準が高く、保険料収入が潤沢であるとすれば、Ａ市とＢ市からＣ市への財政支援の必要性も低下する。保険財政共同安定化事業の基本的な仕組みでは、こうした点が勘案されていなかった。

ただし、厚生労働省から都道府県知事に向けられた「広域化等支援方針の策定について」（２０１0年５月19日）では、後期高齢者支援金の総報酬割のような「所得割」の利用も可能とされた。所得割を用いれば、都道府県内の市町村において垂直再分配も組み込まれることになる。実際、12の都府県では医療費実績割、被保険者割に加え、所得割も用いられていた（２０１４年２月末時点）。

このように、2015年改正法施行（2018年度）以前においても、市町村を国保の保険者としつつ、都道府県単位化が段階的に進められてきていた。

2013年6月、社会保障制度改革国民会議において国保の保険者を都道府県にすべきとの考えが委員のなかから出ていたことを受け、土田武史・早稲田大学教授（当時）は、読売新聞のインタビューにおいて、保険財政共同安定化事業を採り上げ、次のように述べている。

「国保の財政の安定化は、現在の市町村単位のままでもやりようはある。都道府県単位の財政調整をもっと行うべきだ。現在でも、同じ都道府県内の市町村で、1人1カ月30万円を超える医療費が使われると、その費用を市町村が共同で負担する仕組みがある。財政基盤が弱い市町村を支援し、都道府県内での保険料格差をなるべく小さくしようとするものだ。2015年度からは、すべての医療費に対象を広げることになっている。これがうまくいくかどうかを、まずは試してみるべきだ」（「読売新聞」2013年6月11日）。

また、2015年改正法案が国会に提出されようとしていた2015年2月、江口隆裕・神奈川大学教授も、「何のための国保改革か」という題名の論考で、2015年改正法案に疑問を呈している。「現在の仕組みを拡充することによっても、国保の構造問題には十分対応できるはずである。『都道府県移行』という形を残すためだけに制度をいたずらに複雑にし、無駄なコストと手間をかけるのは止め、真に必要な改革を検討し直すべきではないだろうか」（江口［2015］）。国保の構造的な問題に対処するためには、既存の仕組みをまずは活用すべきであるというのが二人に共通した見解である。

ここまで見てきたように、2015年改正法施行前、約35年間にわたり都道府県単位化が段階的に進められてきており、２０１５年改正法成立１カ月前の２０１５年４月には保険財政共同安定化事業の全レセプトへの対象拡大という一定の到達点に至っていた。

３　２０１５年改正の全体像

(1)　改正法施行後の国民健康保険財政

そして、２０１８年度、２０１５年改正法の施行である。同法施行によって、厚生労働省の国民健康保険財政の説明図は、図４－３のように書き改められた。２０１５年改正法施行後の国保財政も、公費、保険料、前期高齢者交付金の占めるウエートはそれ以前とほぼ不変である（図４－３）。

図４－３をぱっと見ただけでは、２０１５年改正法施行前の図４－１との差がわかりにくいぐらいであるが、変更点もある。保険財政共同安定化事業の名前は消え、他方、保険者努力支援制度が新たに導入されている。保険者努力支援制度とは、特定健診・特定保健指導の実施率、後発医薬品の使用割合、保険料収納率といった評価指標が事前に定められ、その結果のよし悪しで、都道府県と市町村に対する国庫負担に匙加減が加えられる仕組みである（３４００億円の一部が充てられる）。かつての高額医療費共同事業は、全国レベルでの特別高額医療費共同事業、および、都道府県レベルでの高額医療費負担金へと再構成された。法定外繰入は、なおも約２５００億円投じられている。

図４－３　国民健康保険財政（2018年度）

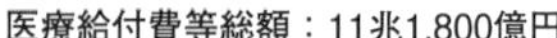

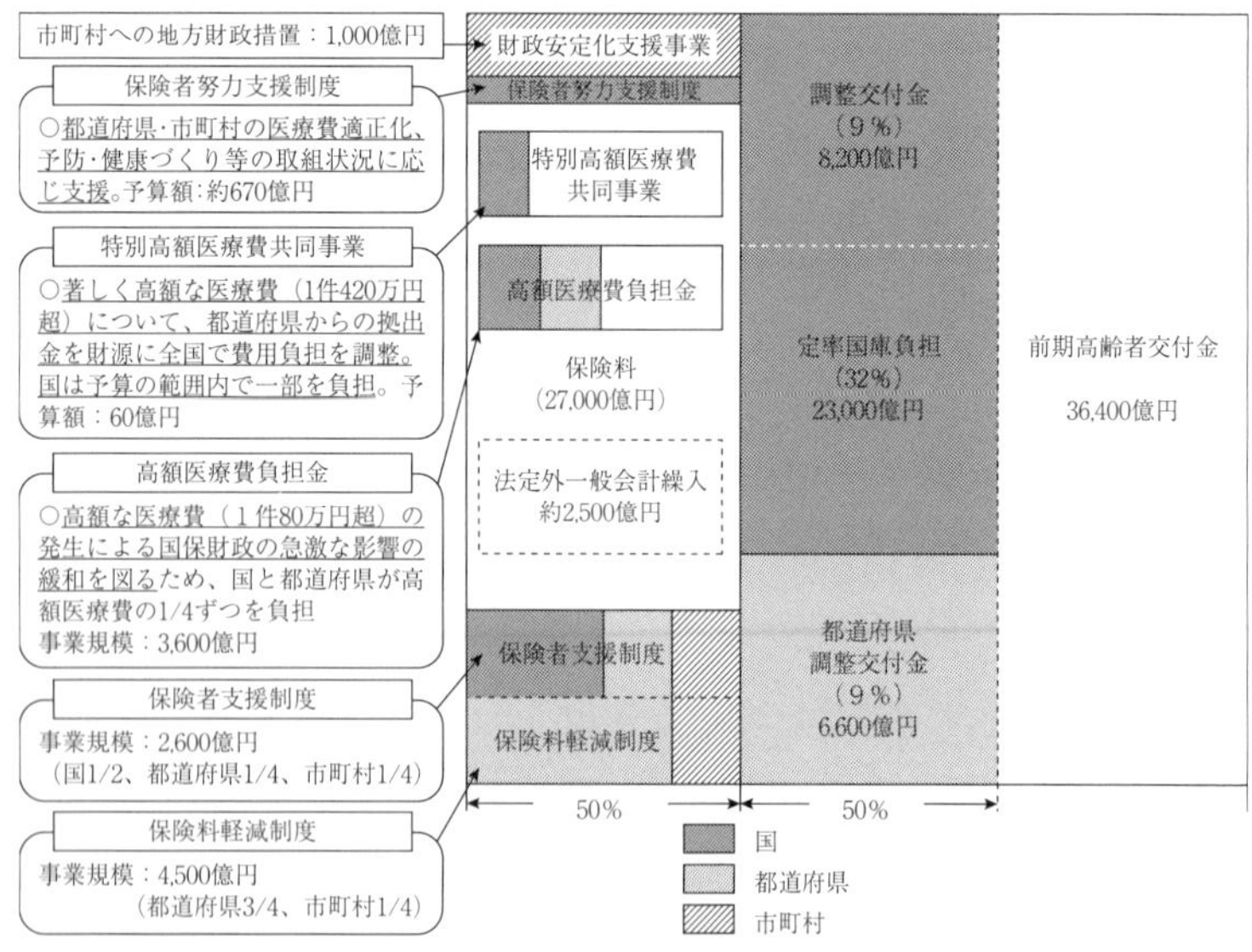

注：2018年度予算案ベース。
資料：厚生労働省「全国高齢者医療・国民健康保険主管課(部)長及び後期高齢者医療広域連合事務局長会議説明資料 」(2018年1月30日) を筆者が一部修正

(2)　新たな国保運営

２０１５年改正法施行後も、国保の財政運営において、市町村が保険料の賦課・徴収および保険給付を担うことも改正前と変わらない。賦課とは保険料（率）を決定することである。後期高齢者医療制度の運営が、市町村によって担われることとなった理由と同じであろう。第１章で引用した土佐（２００７）の解説を再び借りれば、都道府県は、住民に関する基礎情報を保有せず、医療保険の事務処理ノウハウ、保険料の徴収等の事務処理ノウハウの蓄積がない

図4－4　2018年度からの国保の財政運営のイメージ

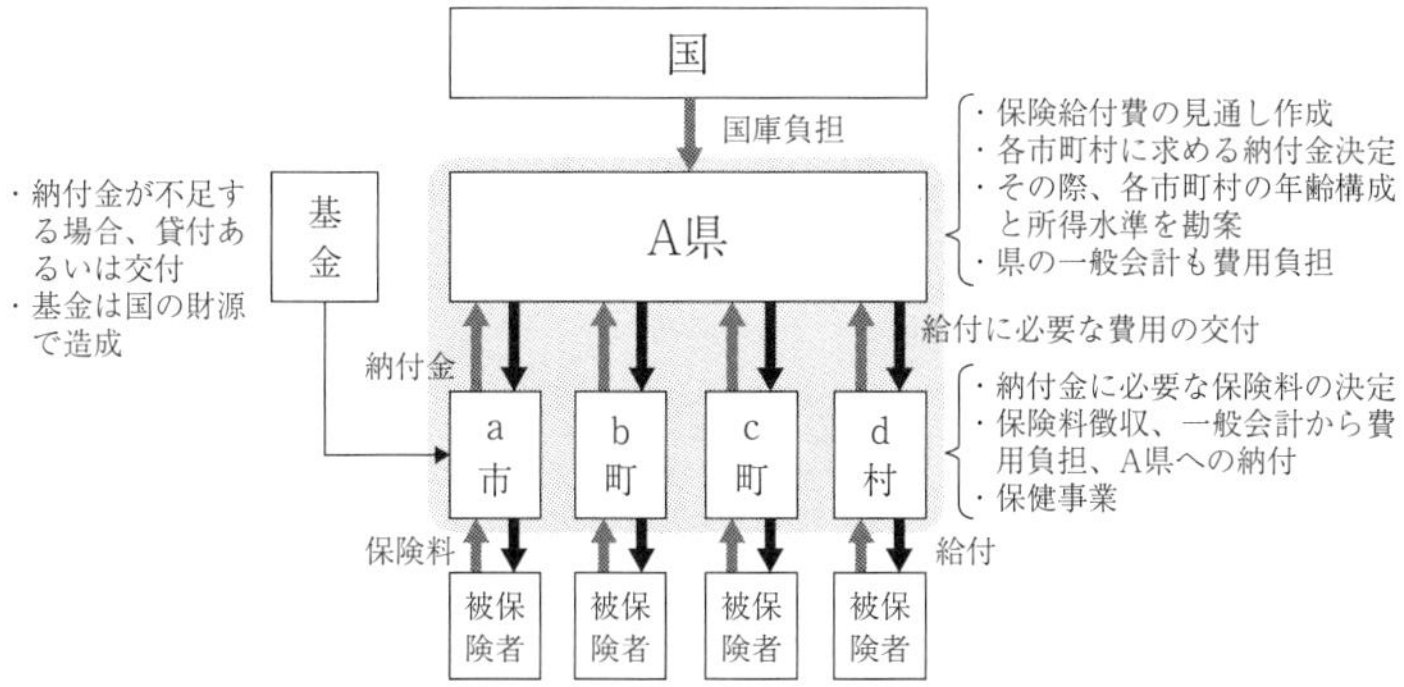

国
国庫負担
・保険給付費の見通し作成
・各市町村に求める納付金決定
・その際、各市町村の年齢構成と所得水準を勘案
・県の一般会計も費用負担
・納付金が不足する場合、貸付あるいは交付
・基金は国の財源で造成
基金
A県
給付に必要な費用の交付
納付金
a市
b町
c町
d村
・納付金に必要な保険料の決定
・保険料徴収、一般会計から費用負担、A県への納付
・保健事業
保険料
給付
被保険者
被保険者
被保険者
被保険者

注：前期高齢者納付金の受け払いおよび国から市町村に対する国庫負担は省略している。
資料：筆者作成

ためである。

では、都道府県は何をするのか。都道府県は、自らの県の国保の保険給付費を予測、それをもとに都道府県内の市町村に「納付金」を割り当てる。市町村は、都道府県から割り当てられた納付金を、国民健康保険料の賦課・徴収により確保したうえで都道府県に納める（図4－4）。仮に納付金の原資に不足が生じた場合、別途設けられた基金（財政安定化基金）から貸付あるいは交付を受ける仕組みも設けられている。都道府県は、受け取った納付金に国庫負担や都道府県負担などを加え、市町村が保険給付に必要な費用を交付する。都道府県と市町村は、このような役割分担となっている。

都道府県が、各市町村に割り当てる納付金（小文字のc）は、次の式で定義される。式中、医療費水準は、都道府県内での各市町村の一人あたり医療費の高低を指数化したものであり、所得のシェア、人数のシェアは、当該市町村の都道府県におけるシェアである。

$$c = C \times \{1 + \alpha \cdot (\text{医療費水準} - 1)\} \times \{\beta \cdot (\text{所得のシェア}) + \text{人数のシェア}\} / (1 + \beta) \times \gamma$$

c：市町村ごとの納付金額

C：都道府県における納付金総額

α：医療費反映係数。医療費水準をどの程度納付金に反映させるかを調整する計数。都道府県ごとに決定。0から1の間で設定され、αを1と設定すると、各市町村における医療費水準がすべて納付金に反映される。αが1を下回り0に近づくのに従い、医療費水準が反映される程度が低下し、αを0と設定すると、各市町村の納める納付金に医療費水準はまったく反映されない。

β：所得係数。所得のシェアをどの程度納付金の配分に反映させるかを調整する係数。全国平均と比較した都道府県の所得水準に応じて設定。平均的な所得水準の都道府県は1となり、応益に応じて配分する納付金と応能に応じて配分する納付金の割合が50：50となる。

γ：調整係数

このように、市町村がとりまとめ役である都道府県に納付金を納め、保険給付に必要な費用を受け取るという資金のやり取り、医療費水準、所得のシェア、人数のシェアによって納付金が決定されるという計算式は、２０１７年度をもって廃止されたはずの保険財政共同安定化事業と類似している。とりまとめ役が国保連から都道府県に交代し、かつての保険財政共同安定化事業における（ア）医療給付費実績割、（イ）被保険者割、（ウ）所得割（任意）の各項目が、２０１５年改正では、それぞれ

表4－3　年齢調整後医療費指数の数値例

		A		B		全国平均	
		医療費（万円）	年齢構成（%）	医療費（万円）	年齢構成（%）	医療費（万円）	年齢構成（%）
実際	0～29歳	12	50	8	20	10	35
	30～59歳	32	40	24	30	28	35
	60歳～	50	10	40	50	45	30
	一人あたり医療費	23.8		28.8		26.8	
理論値	0～29歳	10	50	10	20	10	35
	30～59歳	28	40	28	30	28	35
	60歳～	45	10	45	50	45	30
	一人あたり医療費	20.7		32.9		26.8	
実際／理論値（年齢調整後医療費指数）		1.15		0.88		1.00	

資料：筆者作成

（エ）医療費水準、（オ）人数シェア、（カ）所得シェア（デフォルト）に置き換わっただけであると見ることができる。

しかも、改善が施されており、右記式では、保険財政共同安定化事業に残されていた二つの欠点も修正されている。一つは、医療費水準に、「年齢調整後医療費指数」が用いられていることである。第2章で紹介したオランダのリスク構造調整と同様、市町村ごとの被保険者の年齢構成のちがいによって有利不利が生じないようにするためである。一般に、年齢が高くなるにつれ多くの医療費を要するようになることから、高齢者人口が多いほど、医療費が多くなる。こうした年齢構成の差による医療費の高低を調整した後の医療費水準を示すのが年齢調整後医療費指数である。

たとえば、AとBの二つの市があり、それぞれの一人あたり医療費（年齢階級ごとの被保険の割合で加重平均）は23・8万円、28・8万円であるとする（表4－3）。年齢階級は三つに簡素化している。二つの数値だけを比較すれば、A市の一人あたり医療費はB市よりも5万円低い。ただし、年齢階級別の医療費をAとBとで比較すると、いずれの年齢階級においてもAのほうがBより高い。Aは年齢構成が若いために、一人あたり医療費が低く見えているにすぎないのである。

そこで、A市、B市とも年齢階級ごとの一人あたり医療費を全国平均に置き換えて、改めて一人あたり医療費を計算すると（理論値）、それぞれ20・7万円、32・9万円となる。Aは23・8万円と20・7万円の差額3・1万円分は医療費を抑える余地があるはずであり、Bは32・9万円と28・8万円の差額4・1万円分だけ医療費がうまく抑制されていると判断される。実際の一人あたり医療費を理論値で割ったものが「年齢調整後医療費指数」となる。A、Bは、それぞれ1・15、0・88となり（平均は1）、上記の式にこの年齢調整後医療費指数をあてはめれば、Bが県に納めるべき納付金は少なくて済むことになる。

もう一つは、「所得のシェア」が組み込まれていることである。所得のシェアとは、次で定義される。所得は、旧ただし書き所得で測られる。

所得のシェア＝各市町村の所得総額÷都道府県内の所得総額

保険財政共同安定化事業では、都道府県ごとの任意とされていた所得割が2015年改正によってデフォルトになったと言える。これにより、都道府県内で相対的に所得水準の高い市町村が多く納付金を納めることになり、市町村間での垂直的再分配が効くようになる。所得のシェアにかかる係数β

を1とすれば、所得のシェアと人数のシェアとが50％ずつとなる。

(3) 実際は保険財政共同安定化事業の精緻化

このように、２０１５年改正は、「50年ぶりの抜本的改革」という語感から受ける印象とは異なっている。すなわち、２０１８年度からの仕組みは、まったく新しいものに改められたのではなく、２０１７年度までの都道府県単位化の延長線上にあり、とりわけ保険財政共同安定化事業がより精緻化されたものと捉えることができる。２０１７年度の国保財政を表した前出図４－１にあった保険財政共同安定化事業は、２０１８年度を表した図４－３では消えているが、実際には欠点が修正されたうえで、生き続けているのである。

そのように捉えることは、２０１５年改正法の国会提出から施行までのスケジュールと照らしても合理的である。改めて確認すると、保険財政共同安定化事業の対象が全レセプトへと拡大されたのは２０１５年4月である。このとき、従来は時限措置の扱いであったものが恒久的措置へと扱いも格上げされている。他方、２０１５年改正法案が国会に提出されたのは、その2カ月前の２０１５年2月である。共同事業の対象拡大が施行される前の状況で、法律を改正すべき点が見つかっているはずもない。

常識的に考えても、前回の法改正の施行前にさらなる改正法案を提出しようなどと、官僚は進んで思わないだろう。頻繁な制度改正は、実務を担う都道府県や市町村の混乱も招く。土田と江口の、保険財政共同安定化事業の対象拡大の効果をまずは見守るべきとの主張はごく自然なものであり、実際に、保険財政共同安定化事業がかたちを変えて生き残ることで、土田と江口の主張のようになっているのである。

このようなスケジュールからも、2015年改正は、保険財政共同安定化事業について従前より認識されていた二つの欠点の修正だと考えるのが妥当である。繰り返し登場するフレーズだが、「およそ50年ぶりの抜本的改革」というと、非連続的に新しいものに変わったかのような印象を受けるし、保険者が市町村から都道府県へ2018年を境に切り換わったかのような感もある。しかし、実際は連続的な改善であり、図4-3には、バージョンアップされた保険財政共同安定化事業が書き込まれるべきなのだろう。

これが、本章の主要な結論の一つである。そしてもう一つの結論が、以下述べていく、トリックアートとしての2015年改正である。

4　2015年改正後の保険者の多面性

(1)　都道府県が描くそれぞれの国保の将来像

納付金の計算式には、医療費反映係数αが設けられている。αは、都道府県ごとに0から1の間で設定され、αを1と設定する都道府県においては、各市町村における医療費水準の差が完全に納付金に反映される。2015年改正は、まさにこれまで述べてきた通り、保険財政共同安定化事業の精緻化と言える。

表４－４　各都道府県のα

$\alpha = 1$			$0 \leqq \alpha < 1$
$\alpha = 1$を積極的に選択（パターン１）	中間派（パターン２）	α =0を時期に言及しつつ志向（パターン３）	（パターン４）
栃木	青森　鳥取	福島	北海道（0.5）
千葉	岩手　島根	岐阜	宮城（0.5）
神奈川	秋田　岡山	静岡	三重（0.7）
福井	山形　山口	沖縄	滋賀（0）
長野	茨城　徳島		大阪（0）
兵庫	群馬　香川		奈良（0）
高知	埼玉　愛媛		広島（0）
	東京　福岡		（括弧内はαの値）
	新潟　佐賀		
	富山　長崎		
	石川　熊本		
	山梨　大分		
	愛知　宮崎		
	京都　鹿児島		
	和歌山		

資料：各都道府県の国民健康保険運営方針より筆者が分類

ところが、αを0に設定すると、意味合いは大きく異なってくる。αを0と設定する都道府県においては、各市町村の納める納付金に各市町村における医療費水準はまったく反映されない。せっかく導入した年齢調整後医療費指数も、もはや意味がなくなってしまう。すなわち、$\alpha = 0$と設定した場合、都道府県の役割が大きくなり、社会保障制度改革国民会議の報告書通り、都道府県を保険者とするという姿に近くなる。

では、各都道府県はαをどのように設定しているのだろうか。αは、各都道府県の「国民健康保険運営方針」に記載されている。これは、2015年改正法により、2018年度を起点とし、6年に一度のサイクルで都道府県に作成と公表が義務づけられるようになったものである。本書ではおおむね次のような四つのパターンに類型化した。

パターン1：積極的に$\alpha=1$とするパターン。すなわち、各市町村が納める納付金に市町村の医療費水準をすべて反映させるパターンである。そのことにより、各市町村の医療費抑制インセンティブが期待できる。栃木、千葉、神奈川など7県がこのパターン1に分類できる（表4-4）。

パターン2：$\alpha=1$を選択するなかでの中間派である。パターン1ほど明確な方針を掲げてはいないものの、$\alpha=1$としておくことで、新制度移行後、それ以前の状況との大きな変化を回避することが主な目的となる。このパターンは、青森、岩手、秋田など29都府県に及び、最大のグループである。

パターン3：当面$\alpha=1$とするものの、具体的な時期を明示しながら、$\alpha=0$を志向するパターンであり、福島、岐阜、静岡、沖縄の4県がこのパターンに分類可能である。

パターン4：パターン1と対極にあり、積極的に$0 \leqq \alpha < 1$を設定するパターンである。市町村ごとの医療費水準にかかわらず、同一都道府県内どこに住んでいても、同じ負担能力、同じ世帯構成であれば、保険料負担水準が同一であることを「公平」と捉えるパターンであり、北海道、宮城、三重など7道府県がここに分類可能である。

それぞれのパターンごとに掘り下げていくと、パターン1の県において、積極的に$\alpha=1$と設定する理由として多いのが、やはり各市町村の医療費適正化インセンティブへの期待である。たとえば、栃木県の「運営方針」には、「各市町の医療費適正化インセンティブを働かせることが可能になることなどから、α＝１とする」（運営方針29ページ）と明記されている。加えて、α＝１とする、すなわち市町村ごとの医療費水準を納付金に反映させることが「公平」であるとの考えも見られる。たとえば福井県の「運営方針」をみると、「医療費に見合った負担として、公平性を確保するとともに、医療費適正化へのインセンティブとすることができるよう、各市町の医療費水準を反映させることとします」（運営方針24ページ）とある。

こうしたパターン１における医療費適正化インセンティブ、公平についてのそれぞれの捉え方は、パターン４に属する道府県と対照的である。たとえば、パターン４に分類した奈良県では、次のように市町村の保健事業による医療費適正化効果はわずかであるとし、県の責任に重点を置いている。「医療給付費に市町村ごとの地域差は見られるものの、医療費の地域差と病床数や医師数との間に高い相関が指摘される一方で市町村の保健事業による医療費適正化効果は僅かであることが明らかになっており、県が医師確保を含む地域医療の提供体制の整備を有しながら、主としてその結果生じている医療費の地域差を市町村ごとの保険料水準の差に帰着させ、住所によって保険料負担が異なることとすることは、被保険者にとって公平ではないと考えられること」（運営方針10－11ページ）。

パターン４に分類した広島県の「運営方針」では、次のように租税における公平に近い考えがとられている。

「この度の制度改革は、市町村国保制度を持続可能な制度としていくため、市町村国保財政を県に一本化することから、全県の被保険者の負担の公平性の確保と負担の見える化を進める必要があります。

保険給付を県内全ての被保険者の相互扶助によって賄うこととなり、同一の所得水準・世帯構成であれば、県内どこに住んでいても同一の保険料（税）になること（統一保険料率）が最も公平な負担となります。このため、本県においては、社会保険制度の基本原則を踏まえ、被保険者の負担の公平性を優先的に確保するために、保険料水準の統一を目指します」（運営方針37ページ）。

さらに、パターン4のなかで目を引くのが、大阪府の考え方である。大阪府は、$\alpha=0$とすることを、国に対し被用者保険を含む医療保険制度の一元化を求めていくうえでの通過点と捉えている。「社会保険制度としての国民健康保険制度は、国民皆保険を支えるナショナル・ミニマムであり、その権限・財源・責任については国が一元的に担うことが本来の姿である。将来にわたり国民皆保険を堅持していくために、国に対し、各医療保険制度間での保険料負担の格差を是正し、被用者保険を含む医療保険制度の一元化を求めていく上で、このたびの制度改革は、安定的かつ持続可能な医療保険制度の構築に向けた通過点であると考える」（運営方針2ページ）。

パターン2の福岡県の考え方も、大阪府に近い。福岡県は、次のように国保の制度責任者は国であると述べている。「国民皆保険制度の最後の砦として、国保が持続可能で安定的に運営されるよう、制度責任者である国に対して、追加の財政支援等、必要な措置を引き続き求めていくこととする」（運営方針7ページ）。

大阪、福岡の考え方は、この二府県に固有のものでもないようである。2019年11月28日に開催された、国保制度改善強化全国大会の決議の筆頭に掲げられているのは、医療保険制度の一本化である。「医療保険制度の一本化を早期に実現すること[4]」。

このように、明確に方針を打ち出している道府県は大勢ではない。大方はパターン２に分類される。明確に方針を打ち出している都県も、パターン１と４のように、考え方は対極にある。さらには、責任は地方自治体ではなくむしろ国にあるといった大阪府と福岡県のような主張も見られる。

こうしたαの設定から次のようなことが読み取れる。一つは、国保の責任の所在について、都道府県側の受け止め方に相当な幅があることである。２０１５年改正法に対しては、次のように、責任の所在の曖昧さについての懸念も表明されていた。

「都道府県単位化といっても、実質は、国民健康保険を市町村と都道府県で共同運営するかたちになっており、最終的な責任の所在があいまいである」（伊藤［２０１５］）。「国民健康保険（国保）の都道府県への一部移管は、市町村に実質的な事務が残るため、実務的には影響は少ないが、責任の所在が曖昧になる可能性がある」（松本［２０１６］）。「『共同運営』といえば聞こえはよいが、都道府県と市町村との意思疎通が上手くいかず上位下達の関係となってしまうと、保険者自治はどこかに置き去りにされて、市町村が都道府県の下請け乃至手足となり兼ねない危険がある」（新田［２０１５］）。

αの設定をみると、こうした懸念が一部現実のものとなっていると言える。$\alpha=0$としている広島や奈良のように、明確に県が国保を主導していこうとしているケースもある（もっとも、それは少数派である）。さらには、大阪と福岡のように、国の責任を強調する府県もある。

二つめは、一つめとも関連し、医療費適正化を担う主体について、多様な見解がみられることである。パターン４に分類した奈良は、主体は県であるとし、他方、パターン１に分類した県においては、市町村にも役割発揮の期待が寄せられている。こうした二つのパターンのいずれとも異なるのが、東京や福岡であり、医療費適正化の責務は、医療サービスの公定価格である診療報酬の改定などを担う国にあるという認識がうかがえる。

東京都の自らの医療費推計に関する次の補足には、都道府県による量的なコントロールを通じた医療費抑制という考え方に対する距離を置いたニュアンスも感じ取れる。「医療費は、国保被保険者数の動向、診療報酬改定等により影響を受けるものであり、本推計は一定の前提条件の下で推計した参考値である」（運営方針11ページ）。「総理の恩返し」という永田町の論理で診療報酬（本体）の上げ幅を決めておきながら、都道府県に対して医療費適正化を進めろといっても、たしかに筋が通らない。診療報酬（本体）が上がれば、その分都道府県の医療費適正化に負荷がかかる。

三つめは、「公平」の定義が必ずしも全国で共有されていないことである。パターン1の福井県は、医療費に見合った負担であること、すなわち給付水準に応じ負担に差があることが公平であるとし、他方、パターン4の広島県では、給付水準の差に目配せしつつも、負担能力に重きを置き、同一の所得水準・世帯構成であれば、居住場所にかかわらず同一保険料であることが公平であるとしている。福井県はまさに社会保険の考え方であり、広島県は租税の考え方に近い。

(2) 都道府県内保険料水準統一は自明ではない

このように、積極的にせよ、中間派的なスタンスであるにせよ、$\alpha=1$を設定する都道府県が多い状況は、2016年4月に厚生労働省から示されたガイドライン「国民健康保険における納付金及び標準保険料率の算定方法について」と整合的である。ガイドラインでは、次のように$\alpha=1$を原則としている。「都道府県内市町村間で医療費水準に差異がある都道府県においては、年齢調整後の医療費指数を各市町村の納付金に反映させることが原則となる（すなわちα＝１）」。

もっとも、ガイドラインの考え方は、霞が関の統一見解ではない。財務省の財政制度等審議会（財政審）は、２０１９年11月に公表した「令和2年度予算の編成等に関する建議」において、α＝１の設定が大勢であることに対し、明確に否定的な見解を示している。審議会の建議という形式をとっているが、審議会が一般にそうであるように、財務省の意向が強く反映されていると考えてよいだろう。「大半の都道府県においては、各市町村の年齢調整後の医療費水準を保険料水準に反映させる仕組みを採用している。都道府県が地域医療の提供体制を整備する責任を有するにもかかわらず、その結果生じている医療費水準の地域差を保険料水準の差に帰着させていることは、他の医療保険制度では都道府県内の保険料水準が統一されていることから考えても、必ずしも適当とは言えない」（財政制度等審議会［２０１９b］21ページ）。建議は、このように述べたうえで、厚労省ガイドラインの前掲引用部分、すなわちα＝１を原則とすることに対し、「将来的な目標と逆行している」と言い切っている（同22ページの注記）。

なお、都道府県に地域医療の提供体制を整備する責任があるというのは、具体的には、医療費適正化計画および地域医療構想を指している。本章でいうところの二つのピースである。他の医療保険制度では都道府県内の保険料水準が統一されているというのは、協会けんぽと後期高齢者医療制度を指している。

財政審は、かねてより国保の保険者を都道府県とすべきであると主張してきており、そうした主張であれば、必然的に$\alpha = 0$へ行き着く。2013年5月公表の「財政健全化に向けた基本的考え方」では、当時設置されていた社会保障制度改革国民会議の議論に触れ、次のような記述がなされている。「医療計画の策定者である都道府県を国保の保険者とすることにより、保険者機能を通じた受益と負担の牽制を働かせるという重要な提案もなされている。これらの医療・介護サービスの提供体制改革を実効あらしめるための取組について一層検討が深まり、早急に制度化されていくことを期待したい」（財政制度等審議会［2013］16ページ）。

こうした財政審の見解は、都道府県に対する医療費適正化の旗振り役としての期待から生じていると推測されるものの、自明とは言えない。主な理由は、次の三点に改めて整理できる。

第一に、国保の共同保険者となっている市町村の役割が抜け落ちている。市町村は、特定健診・特定保健指導をはじめ保健事業を担っており、$\alpha = 0$としてしまえば、栃木県の運営方針が述べるように、市町村の医療費適正化インセンティブを削ぐことになりかねない。加えて、市町村は、保険者の枢要な役割の一つである保険料の賦課・徴収も担っている。よって、保険料の算定根拠について被保険者に説明する責務がある。その際、$\alpha = 0$であると、都道府県の決定であるという他律的な説明にとどまってしまいかねない。それでは、新田（2015）がいうように、市町村は単なる都道府県の下請けになってしまう。

第二に、同じ都道府県内でも市町村ごとに受けられる医療に差があるとすれば、$\alpha = 0$とすることによって、かえって公平性が損なわれかねない。もちろん、差がなければ$\alpha = 1$とする選択肢もあり得る。

第三に、地域の医療提供体制整備の責任を有しているのは、都道府県だけではない。市町村にも責任はあるし、医療保険における給付は現物給付であるから、国保の保険者以外の保険者にも責任がある。まず、市町村について、市町村は介護保険の保険者であり、多くのケースにおいて、介護は医療と一体的あるいは相互補完的に需要される。それは、人の最期における医療と介護の役割について述べた医師の佐々木淳の言葉によく表れている[5]。

「相対的に『弱っていくと医療依存度が高くなる』と多くの方は思っていらっしゃるけれども、逆ですね。死期が近づけば近づくほど、医療でやれることはどんどん少なくなっていく。最期までその人の『生活』を、安心して納得して過ごせるようにサポートしていく。つまり、ケアですね。医療の役割が相対的に低下して、最終的に亡くなる直前は、もうケアだけでいい。死亡診断書を書くときだけ医者が行く感じじゃないかと思います。だから、お医者さんがでしゃばると何となくうまくいかないこともあるので、僕らはなるべくケアする人たちが安心してケアできるように、介護職に対するエンパワーメントと、家族に対して、今の選択が本人にとって最良だという確信が持てるようにバックアップをする。このあたりが僕らの仕事だと思います」

医療と介護の一体的な需要に、提供体制が応えているとは限らない。医療と介護は往々にして縦割りになりがちなためである。そこで、２０１５年度から介護保険制度のなかで「在宅医療・介護連携推進事業」がスタートしており、その中心として期待されているのが市町村である。２０１６年４月、神田裕二（厚生労働省医政局長、当時）は、東京都稲城市の事例に触れ、同市が、看取り可能な医療機関や訪問看護ステーションに対する需要を把握したうえで、提供体制整備を「市町村が自ら考えるようになっている」と在宅医療・介護連携推進事業の手応えを述べている（神田［２０１６］）。

次に、保険者について、国保の加入者数は、わが国の人口の約2割にすぎない。約8割は、被用者保険、後期高齢者医療制度の加入者である。健康保険組合、協会けんぽ、共済組合、および、後期高齢者医療制度の広域連合も、被保険者に対し、医療サービスという現物給付を行っており、医療の提供体制を整備する責任を有している。それは、次のような制度の作られ方にも表れている。

一つは、中央社会保険医療協議会（中医協）の委員構成と機能である。診療報酬に関する厚生労働大臣の諮問機関である中医協は、保険者・被保険者・事業主代表などの支払側委員、診療側委員、それぞれ同数の7名および公益委員6名で構成され、支払側と診療側の協議により診療報酬が決められる形式をとっている。診療報酬は、医療サービスの公定価格であり、かつ、医療提供体制の誘導手段としても用いられている。ただし、第1章で紹介した「総理の恩返し」が表しているように、中医協も蔑ろにされている。

もう一つは、保険医療機関の指定である。医療保険制度においては、被保険者が医療機関で診療を受けた際、医療機関からの請求に応じ診療報酬を支払うという契約を、保険者と医療機関との間で事前に結んでおく考え方に立っている。実際には、「国が保険者に代わり、全国を通じて公的医療保険における診療を任せるにふさわしい医療機関を指定」しているが[6]、あくまで保険者に代わって国が指定している、すなわち、保険医療機関を指定するのはそもそも保険者の権限であるということがポイントである。

実際、「保険医療機関と健保組合との間の診療報酬に関する割引契約の締結の容認」「レセプトの一次審査に関する保険者の自主的管理の容認」（経団連［２０００］）などもこれまで提言されてきた。それを集団的に行っているのが、中医協であり、国による保険医療機関の指定であると捉えることができる。

以上の点を踏まえれば、都道府県内の保険料水準統一（$\alpha=0$）は、自明とは言えない。そこには、複数の保険者で構成された医療保険であるという認識、国保は都道府県と市町村の共同保険者であるという認識が稀薄に映る。都道府県を一つのエリアとして、都道府県という行政主体のもとで医療提供体制を整備していくとしても、エリア内すべての市町村と保険者で責任をシェアし、進められなければならないだろう。

5　国保と医療提供体制の改革

(1)　医療提供体制の改革と地域医療構想

本章の冒頭に述べたように、都道府県を医療費適正化の旗振り役に位置づけるための三つのピースのうち二つが、これまで何度か登場してきた医療費適正化計画と地域医療構想である。社会保障制度改革国民会議において全面総報酬制の導入を提案した委員が、「やはりこのことが保険者を都道府県にするという大変重要なポイントになるし、それは医療提供体制を実効あらしめるためにも全部一連でつながってくる話であります」と言っていた「一連」の一部となる（第2章参照）。なかでも、注目されるのが地域医療構想である。国保の話から一見離れるようではあるが、地域医療構想について触れずに2015年改正は評価できない。

そもそも「医療費適正化」は、医療費抑制の婉曲表現といってよいだろう。「医療提供体制の改革」も、医療費抑制の期待が強く込められていると考えられる。ただし、医療提供体制の改革という響きには、医療費適正化ほどの直截さはなく、中立性が感じられる。需要に提供体制を合わせることを通じ、結果として、医療費抑制が図られるという、医療費抑制自体が目的ではないという意味合いが含まれるためである。よって、医療提供体制の改革によって、医療費は減るかもしれないし、増えるかもしれない。白黒は保留されており、その保留が議論の過程で意図的に利用され、また、保留されていることがしばしば不信の源になっていると思われる。

医療提供体制の改革は、もちろん重要な課題である。医療に充てることが可能な財源は限られている。よって、需要に合致するよう最適な財源の配分が目指されなければならない。たとえば、第1章で述べた通り、CTスキャナーやMRIなど高額検査機器の人口あたり保有台数、人口あたりの病床数は、わが国は先進諸外国のなかでも突出している。そうであれば、高額検査機器は地域ごと1カ所に集約して域内の医療機関で共同利用し、不稼働病床は整理し、それらによって資本効率を上げ、浮いた費用を需要の高まる在宅医療や介護に配分することが好ましい(7)。

資本集約化の意義については、病院の急性期機能に関する奈良県の次の説明がわかりやすい。

「『断らない病院』としての機能を強化するためには、一定数（60人程度）以上の医師配置が望まれます。本県においては、中規模病院に医師が『散在』している状況が見られますが、生産年齢人口が減少する中で、限りある医療資源を有効に活用し、救急医療体制を確保するとともに、県民に適切に

表４－５　医療機能とその内容

高度急性期	急性期の患者に対し、状態の早期安定化に向けて、診療密度が特に高い医療を提供する機能
急性期	急性期の患者に対し、状態の早期安定化に向けて、医療を提供する機能
回復期	急性期を経過した患者への在宅復帰に向けた医療やリハビリテーションを提供する機能 特に、急性期を経過した脳血管疾患や大腿骨頚部骨折等の患者に対し、ＡＤＬの向上や在宅復帰を目的としたリハビリテーションを集中的に提供する機能（回復期リハビリテーション機能）
慢性期	長期にわたり療養が必要な患者を入院させる機能 長期にわたり療養が必要な重度の障害者（重度の意識障害者を含む）、筋ジストロフィー患者または難病患者等を入院させる機能

資料：第32回社会保障審議会医療部会（2013年９月13日）資料２より筆者作成

急性期医療を提供できる体制を構築するためには、地域の基幹病院に医師を重点的に配置し、急性期機能の集約化を図ることが必要です。そのためには、病院数の適正化も視野に入れ、病院機能の再編、統合についても検討を進めていく必要があります」（奈良県「保健医療計画」29ページ）。

こうした医療提供体制の改革は、徒手空拳ではできない。まず、現状把握が必要である。そこで、２０１４年６月に成立した医療介護総合確保推進法によって、「病床機能報告制度」が導入された。これにより、病院と診療所は、病棟単位で①高度急性期、②急性期、③回復期、④慢性期の四つの医療機能（表４－５）から一つを選び、病床数をはじめとした稼働状況を都道府県に毎年報告することとなった。

四つの医療機能については、現状のみならず、医療機関自身が６年後にどのような機能を予定しているのかも併せて報告される。病床のほか、必須報告項目として、職種ごとの職員数、患者の状況、ＣＴスキャナーやＭＲＩの保有台数も報告項目となっている（診療所は任意）。

図４－５　機能別の病床の現状・予定および2025年の構想

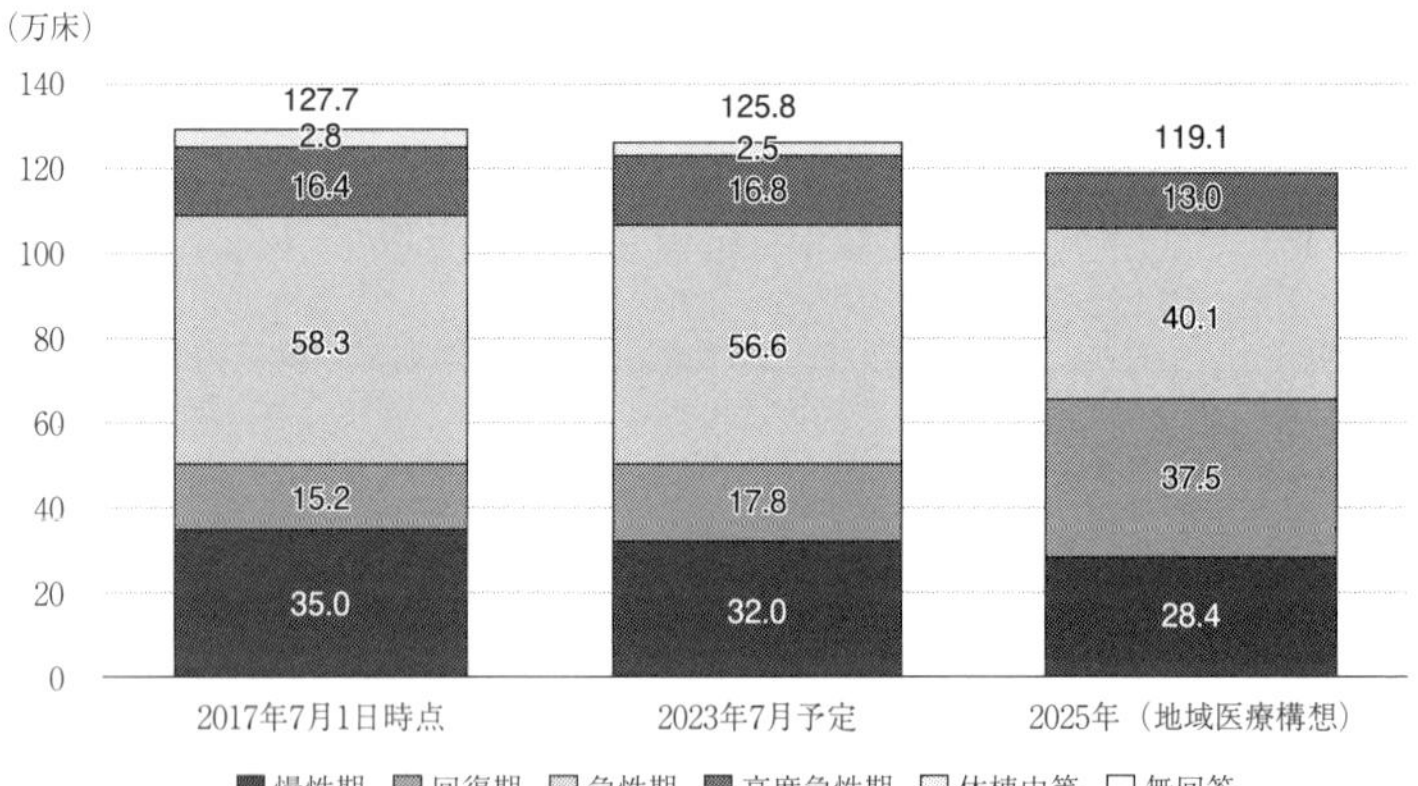

資料：厚生労働省「平成29年度病床機能報告」、各都道府県の地域医療構想より筆者作成

これらの報告結果は、各都道府県および厚生労働省のＨＰに、具体的な医療機関名とともに公表されている。たとえば２０１７年７月１日時点、Ａ病院（ここには具体名が入っている）の東病棟は50床あり、現在、高度急性期の機能を果たしているが、６年後の２０２３年には急性期への転換を予定しているといったことなどをそこから知ることができる。

実際に47都道府県の「２０１７年度病床機能報告」の結果を集計すると、２０１７年７月１日現在、高度急性期、急性期、回復期、慢性期の病床はそれぞれ16・４万、58・３万、15・２万、35・０万床となっている（図４－５）。そのほか、休棟中２・８万床、図中では明確には見て取れないものの若干の無回答もあり、合計１２７・７万床となっている。６年後の２０２３年７月の予定をみても、こうした状況はほぼ変わっていない。

このように報告された病床機能と将来の医療需要とを照らし合わせることで、徒手空拳ではなく、医療提供体制の改革を効率的に進めるスタートラインに立つことができる。将来の医療需要は、人口動態の推計をもとに大まかな目星をつけることが可能である。それを、都道府県を旗振り役に据えつつ制度化したものが、「地域医療構想」であると解釈して大きく外れてはいないだろう。地域医療構想も、病床機能報告制度とともに医療介護総合確保推進法の柱の一つとして導入されている。

それにより、都道府県は、２０２５年度の四つの医療機能別の必要病床数を推計し、病床機能報告と照らし合わせながら、自らの県の課題を分割されたエリアごとに把握し（構想区域といい二次医療圏がほぼそれに相当する）、地域の関係者が話し合う会議体の運営（地域医療構想調整会議）など課題解決の推進役となることが期待されている。推計結果、課題抽出および推進体制などが、１９８５年の第一次医療法改正によって都道府県に5年に一度の策定が義務づけられてきた「医療計画」のなかに地域医療構想という1項目として記載される。直近の始期は２０１８年度である。

たとえば、佐賀県の地域医療構想からは積極的な取り組みの様子がうかがえる。「医療機関が『自院の立ち位置』を判断できるよう、本県独自に病床機能報告のダイジェスト版を作成・提供した他、地域医療構想調整会議のみならず、医師会、病院協会、有床診療所協議会等と連携した意見交換会、研修会を2年間で50回以上開催し、多くの医療経営者等と、人口減少社会に対応した医療提供体制構築の必要性や、医療機関が抱える課題の共有に努めてきました。また、２０１６年12月に本県独自の『佐賀県地域医療構想調整会議における協議の取扱要領』を決定し、特定機能病院と地域医療支援病院の大幅な機能転換、医療機関の統合について、調整会議事前協議事項とするなど、協議ルールの確立に努めてきました」（佐賀県「第7次保健医療計画」第3章－1）。

ただし、47都道府県の「地域医療構想」における機能別病床推計結果を集計すると、「病床機能報告」の病床との乖離が見てとれる（図4－5）。地域医療構想の推計では、高度急性期、急性期、回復期、慢性期の必要病床がそれぞれ13・0万、40・1万、37・5万、28・4万床、計119・1万床と、病床機能報告で報告されている病床よりも合計で少なく、かつ、機能別にも、現状のままであれば高度急性期と急性期が大幅に余り、回復期が不足するという結果になっている。もっとも、都道府県ごとに状況は異なり、埼玉、千葉、東京、神奈川、愛知、大阪、兵庫の首都圏7都府県と沖縄県では、むしろ病床が不足する推計結果が示されている。

(2) 地域医療構想は主体的取り組みとして踏みとどまれるのか

「病床機能報告」の結果が公表され、都道府県をファシリテーターとし、将来の必要病床数の推計と照らし合わせながら、医療に関係する主体が在宅ケアの整備も含め、将来の地域医療のあり方を話し合い、自主的にそこに向かっていけば、話はそれで終わる。実際、厚生労働省も、都道府県や医療機関に対して、地域医療構想は自主的な取り組みであるとの説明を行ってきた。しかしながら、地域医療構想は、国からの強制が強まる危険性を抱えている。象徴的な出来事が三つある。

一つめは、内閣官房による必要病床数の推計である。2015年6月15日、内閣官房専門調査会は、2025年度の都道府県ごとの必要病床数を推計した。その2カ月半前の3月31日に厚生労働省より「地域医療構想策定ガイドライン」が公表され、各都道府県が地域医療構想を策定する前のタイミングである。その推計によれば、2013年で130万の病床があるものの、2025年度の必要病床数は１１５～１１９万となり、16万～20万の病床が不要になるとの結果が示された。都道府県別には、首都圏と沖縄県を除けば、必要病床数は減少し、機能別には、高度急性期が大幅に不要になる一方、回復期が大幅に不足するとされた。各都道府県が後に推計した結果（図４－５）とほぼ同じである。

地域医療構想は、地域の自主的な取り組みであり、推計作業は都道府県に委ねられているはずであるから、本来、都道府県に先んじて国が推計値を公表する必然性は乏しい。都道府県の推計前に国が模範回答を示し、回答を誘導している、あるいは、わが国の財政状況が極めて厳しいなか、国から都道府県に対するブラフが含まれていると受け止められても仕方ない。実際、内閣官房専門調査会の推計値は、公表翌日「病床、最大20万削減」（「日本経済新聞」２０１５年６月16日朝刊）と報じられた。

すると、６月18日、そうした報道を打ち消すかのように、内閣官房ではなく、厚生労働省医政局から「６月15日の内閣官房専門調査会で報告された必要病床数の試算値について」と題する見解が公表された。趣旨は次の通りである。（１）内閣官房推計値は、参考値の位置づけである。（２）医療法改正で新設された都道府県知事の権限に関する規定は、不足している医療機能の充足等を求めるものであり、稼働している病床を削減する権限は存在しない。（３）地域医療構想は、都道府県、医療関係者等のあくまでも自主的な取り組みが基本である。

二つめは、都道府県知事の権限強化が経済財政諮問会議などから提言されていることである。たとえば２０１７年６月に公表された「経済財政運営と改革の基本方針（骨太方針）」には、次のような記述が盛り込まれている。「このような自主的な取組による病床の機能分化・連携が進まない場合には、都道府県知事がその役割を適切に発揮できるよう、権限の在り方について、速やかに関係審議会等において検討を進める」。

しかし、知事の権限強化は、地域の自主的取り組みであるという地域医療構想の趣旨とはやはり整合的ではないし、すでに述べた通り、医療提供体制の改革に責任があるのは都道府県だけではない。医療保険は、現物給付であり、保険者は被保険者に対し現金ではなく医療サービスという現物を給付する建前となっている。都道府県内には、国保だけではなく、被用者保険、後期高齢者医療制度といった保険者もいる。都道府県知事に権限を集中させる根拠は自明ではない。

三つめは、2019年9月26日、再編統合が必要と判断された424の公立・公的病院の個別名が厚生労働省から公表されたことである。翌27日の各紙では、「病床削減進まず強硬策」（福井新聞）、「医療費削減へ　厚労省が名称公表」（神戸新聞）などと報じられている。その約4カ月前の5月31日、経済財政諮問会議の民間議員は、次のような現状認識を示したうえで議論の加速を求める意見書を提出していた。いわゆる民間議員ペーパーである。

「病床機能ごとの病床数の見込みは、地域医療構想における2025年の病床の必要量と比べて大きな開きがある。また、ほぼ全ての公立病院等において具体的対応方針が取りまとめられたが、全体として2025年に達成すべき病床数等に沿ったものとなっていない」

こうした情勢下、個別名公表は、議論の活性化を促す意図があったものと思われる。ただし、個別名公表は、地域医療構想が自主的な取り組みであるという説明とはやはり整合的ではない。しかも、公表対象が、公立・公的病院に限定され、民間病院が外されていることは、経営形態間の公平性に欠ける。個別名が公表されれば、そのこと自体、信用不安を引き起こし、医師や看護師の募集を困難にし、患者離れを引き起こし、病院を窮地に陥れるといった事態も考えられる。

このように、地域医療構想は、地域の自主的な取り組みであると説明されつつ、国の介入が強まる方向に向かっているようである。ここで再び国保の話が合流してくる。財政審や経済財政諮問会議の民間議員のなかから、国保の納付金の計算においてα＝0が強く主張されるのもそれに連なるであろう。そのような傾向が望ましいとは思えない。本来、病床機能報告制度、将来の医療機能別必要病床数の推計、および地域医療構想調整会議という道具立てが揃えられたところで、都道府県、市町村、医療関係者、保険者などで、国の介入を許すことなく、議論が進められていくべきであろう。仏に魂を込めるのは、国ではないはずだ。

(3) 医療費適正化、地域医療構想、国保

２０１９年5月13日、財政審の地方公聴会「令和の財政の在り方を考える～いのち輝く未来社会へ向けて～」が開催された。そこでは、奈良県、大阪府、滋賀県の三府県の知事あるいは副知事が登壇し、自らの府県の国民健康保険改革を紹介している。三府県ともα＝0の設定である（前出表4－4）。その模様は、同月31日の経済財政諮問会議の場でも麻生太郎財務大臣から紹介されている。

２０１６年3月に策定された奈良県の「地域医療構想」の次の一節が、奈良県の考え方をよく表している。それは、医療費適正化と地域医療構想という2つのピースに、２０１５年改正法（このときα＝0でなければならない）を加え、三つのピースでワンセットとする考え方である。

「平成18（２００６）年度の医療制度改革により、国及び都道府県は『高齢者の医療の確保に関する

法律』（昭和57年法律第80号）に基づき、『医療費適正化計画』の策定が義務づけられ、本県では（中略）、医療費適正化に向けた取組を進めてきましたが、次期医療費適正化計画においては、地域医療構想と整合をとりながら、医療の提供に関する目標等を設定することとされ、本県では、『第3期奈良県医療費適正化計画』（平成30～35年度）において、『奈良県地域医療構想』の推進を医療費適正化に向けた目標達成のための取組の一つとして位置付けています。さらに、『持続可能な医療保険制度を構築するための国民健康保険法等の一部を改正する法律』（平成27年法律第31号）により、平成30（2018）年度から市町村国民健康保険（以下「国保」という。）が都道府県単位化されることとなり、県が国保の保険料水準に関わる財政運営の責任の主体に位置付けられます。これらにより、県は、県民にとっての受益と負担の結節点となります。本県においては、県民の受益である地域医療の提供水準等と県民の負担である保険料等の双方を俯瞰し、その相関関係の『見える化』に努めつつ、市町村及び関係機関等との連携・協働のもと、県が中心となって、その量的・質的均衡を図る取組を、社会保障分野の『奈良モデル』の取組として、医療・介護分野一体で全面的に展開します」

この奈良モデルのように、県を負担と受益の結節点とする考え方ももちろんあるであろうし、$0 \leqq \alpha < 1$の値を採用しながら、都道府県も保険者としての責任を担いつつ、在宅医療・介護連携推進事業などにおける市町村の手腕発揮にも期待していくというモデルもあるはずである。

(4) 地域医療構想の推進に向けて

医療費反映係数$\alpha = 0$と設定することが、地域医療構想を推し進めるうえで唯一のピースではないはずだ。α＝0とすることは、市町村の医療費適正化インセンティブを削ぐ、あるいは、公平性を損なうなど国民健康保険制度における弊害もある。α＝1としつつ地域医療構想に対する積極的な取り組みの様子がうかがえるケースもある。2015年改正は、エッシャーのトリックアートのように複数の見方があるからこそ意味があるのだ。地域医療構想の推進策、できれば自主的取り組みとしたままでの推進策および仕組みとしての改善点としては何があるだろうか。

一つめは、地域で高齢者の生活を支えるケアの重要性の再確認である。地域医療構想は、都道府県に在宅医療の必要量の推計を求めるなど、そうしたケアも射程に入ってはいるものの、やはり関心が病床に偏重している印象は拭えない。医師の葛西龍樹（福島県立医科大学教授）は、社会保障制度改革国民会議報告書に触れ、高度先進医療を上に、地域で高齢者の生活を支えるケアを下に見ているのではないかと、その認識を正している。

「『医療から介護へ』『病院・施設から地域・在宅へ』という『流れ』を作ることを意識しているにしても、高度急性期を川上、在宅ケアを川下になぞらえるアナロジーは、病院での高度先進医療を上に、地域での高齢者の生活を支えるケアを下に見下しているようでいただけない。また、ケアの必要性は川のように一方的に流れるのではなくて、在宅ケアをしていても時に病院での検査・入院・手術などの医療が必要になる場合もある。外来診療を利用してもよい。この『医療・介護分野の改革』の項では『病院完結型』から『地域完結型』への転換メッセージが繰り返されるが、筆者は『病院』と『地域』はもっと相補的であるべきと考える。それは二次・三次医療とプライマリ・ケアが相補的であることと同じである。上記文中に使用されている『切れ目なく継続的に提供される』『継続的で包括的なネットワーク』ということの真の意味はここにある」（葛西［２０１４］）。

二つめは、地域医療構想は、資本のうち病床に関心が集中し、医療機器についてはほとんど手つかずとなっていることである。わが国は、ＣＴスキャナーやＭＲＩといった高額検査機器の保有台数が先進諸外国比突出して多いことはこれまで述べてきた通りである（第1章）。飛田（２０１４）は、「医療計画」を実効的なものとするため、米国の州におけるＣＯＮ（Certificate of Need）規制を紹介し、わが国もそこから学ぶべきであると提言している。ＣＯＮ規制とは、病院の新設や高額医療機器の購入等の資本投資に関し、医療機関に対してその必要性の証明を求める規制であり、36州とコロンビア特別区で採用されている(8)。

わが国においても、高額医療機器について、各医療機関が自由に購入するのではなく、何らかの規制が必要であろうし、仮に規制に至らずとも、「病床機能報告」では、病床数のみならず、病院ごとのＣＴスキャナー、ＭＲＩ、その他医療機器の保有台数も報告対象となっており、その結果も公表されている。医療機器の台数に加え、残存償却期間などの情報も得られれば、近隣医療機関同士の共同購入・利用の計画なども立てやすいはずである。その際、医療機関が個別に交渉するより、多くの医療機関が参加し、市場仲介機能を果たす役回り（都道府県など）が介在したほうが効率的である。それが地域医療構想なのであろう。

三つめは、精神病床が対象から外れていることである。地域医療構想が対象としているのは、わが国で１６４・１万床ある病床のうち一般病床と療養病床計１３０・５万床のみであり、病床数の約２割を占める精神病床33万床が対象から外れている(9)。第1章図１－１の主要国の病床数の時系列での比較も、精神病床を含んだ数値である。なお、この病床数は、「病床機能報告」の数値とは若干異なっている。

２０１４年に公表されたＯＥＣＤ「医療の質レビュー」では、わが国の精神医療のあり方が柱の一つになっており、同レビューは、次のようにわが国に喫緊の対応を促している。「日本の精神医療には、緊急の行動を要する課題がある。高い自殺率、精神科病床数の多さ及び平均入院期間の長さによって、日本の精神医療制度はよくない理由で注目を浴びている」。そのうえで、入院医療から地域への移行を求めている。「重度精神疾患に対する地域社会でのケアは、軽度から中等度の精神疾患に対する対策と併せて更なる強化が必要であり、入院治療から地域への移行を一層進めなくてはならない」（ＯＥＣＤ［２０１４］）。

ＯＥＣＤが求めている精神医療の入院治療から地域への移行は、わが国の地域医療構想が対象としている一般病床と療養病床について掲げている目指すべき姿と同様である。地域医療構想において、精神病床を対象外とする合理的理由は見出しにくい。カネにならないことはしない、というのではなく、精神病床も地域医療構想の対象に含められるべき性質のものであろう。

四つめは、２０２５年という目標年度の設定である。第2章でみたように、２０２５年は高齢化の通過点にすぎない。２０１５年、経済産業省が開催した「将来の地域医療における保険者と企業のあり方に関する研究会」の報告書では、時間軸をより長く持つ必要性を指摘したうえで、機能別の必要病床数推計の延伸が行われている。実際、兵庫県の地域医療構想では、２０４０年までの推計が行われている。「２０２５年以降の推計によれば、医療需要のピークは、高齢化の進行度合いの違いにもよるが、都市部ではおおむね2035年、近郊部でも2025~2030年となる。このことから、地域医療構想の推進は、2025年の推計のみならず、その後の推移も視野に入れて行う必要がある」(兵庫県医療計画111ページ)。

五つめは、国保以外の保険者の主体的な参加である。都道府県をファシリテーターとし、「病床機能報告制度」の結果と将来の必要病床数の推計とを照らし合わせながら、医療に関係する主体が在宅ケアの整備も含め、将来の地域医療のあり方を話し合い、そこに向かっていけば、国による強制を回避しつつ、地域医療構想はそれで完結する。医療介護総合確保推進法では、都道府県は、地域医療構想の策定にあたって、保険者で構成される「保険者協議会」の意見を聴くことが義務づけられているし、構想区域ごとに設けられる地域医療構想調整会議には、保険者の参加も求められている。医療保険は現物給付なのであり、保険者は受け身的な参加者ではなく、被保険者の需要に関する情報、レセプトデータや健診データを持ちより、積極的な主体として地域医療構想にかかわっていかなければならない。政府内から提案される都道府県知事の権限強化は、国保以外の保険者にとっては、権利と義務の縮小につながる。

実際、1985年の第1次医療法改正で盛り込まれた病床規制についても、当初、医療法ではなく健康保険法のなかに記載される案であったとの証言もある。「病院病床の過剰地域については、ベッドの新設・増設を伴う保険医療機関の指定はしないという法案の条文を書いて、法制局に内々に相談に行きました。法制局長官まであげての判断だということでしたが、『健康保険法の中で、病床数規制を書くのは問題がある』というご意見でした」(菅沼ほか編［2018］、和田勝の発言)。

6　子どもにもかかる均等割と子育て支援政策

このように、2015年改正は、国保の構造問題については主に次の二つを成果としてみることができる。（1）施行前年度の2017年度時点で一定の到達点に達していた保険財政共同安定化事業にリスク構造調整が導入されたことでさらなる精緻化が図られたこと（もっとも$α=0$とすると意味がなくなってしまう）、（2）財源を捻出する方法に問題がある（第2章）ことを脇に置くのであれば、3400億円の国庫負担投入によって国民健康保険料負担がとにもかくにも抑制されたこと。加えて、都道府県の自発的な関与が拡がりつつ、市町村との共同保険者という形態が成功すれば、大きな成果と言えよう。ただし、それで、国保の構造問題がすべて解決したわけではないだろう。

国保が抱える固有の課題について、目線を低くし、被保険者の立場に立った際、残されているものは少なくない。その一つが、子どもにかかる保険料の均等割である。子どもにかかる均等割は、明らかに子育て支援と逆行している。

前出図3－3で用いた3方式を採用している国保の保険料（率）を用いて、給与収入200万円、母（40歳未満）と子ども1人の母子世帯を想定すると、国保の保険料は次式で計算され16・8万円となる。40歳未満としているので、介護保険料はかかっていない想定である。200万円は、母子世帯の平均年間就労収入である。[10]

16・8万円＝89万円×（7・88％＋2・51％）＋（24189円＋7711円）×2＋23207円＋7091円）×0・8

所得割：医療分7・88％、後期高齢者支援金分2・51％

均等割：医療分24,189円、後期高齢者支援金分7,711円

平等割：医療分23,207円、後期高齢者支援金分7,091円

年収200万円の場合、旧ただし書き所得は89万円、均等割は2人分の負担となる。均等割と平等割はこの世帯の場合、8割軽減の適用を受ける。それでも、16・8万円は同じ給与収入の協会けんぽ加入者の保険料本人負担10万円の約1・7倍である。加えて、とりわけ問題となるのは、子どもの均等割である。

医療分については、子どもも受益者であることを考えると合理性を持つとしても、被用者保険に目を向ければ、被保険者の子どもの有無や人数にかかわらず同一料率であることを通じ、保険制度内で無子世帯から有子世帯への再分配が行われている。第2章で紹介したオランダの医療保険制度に至っては18歳以下の子どもにかかる健康保険料は税で賄われており彼岸の差がある。ましてや、後期高齢者支援金分の均等割まで子どもも含めた世帯人員数分の負担を求める合理的根拠は見出しにくい。

そのため、子どもの均等割を独自に減免する自治体もある。たとえば岩手県宮古市では、子育て支援の一環として、2019年度から子どもの均等割減免を実施している。事業規模は対象501世帯、836人、それに伴う減免額は1476万円とされている[11]。

２０１９年10月、消費税率８％から10％への引き上げ財源を用いつつ、幼児教育無償化がスタートしている。幼児教育無償化は、社会保障・税一体改革では当初予定されておらず、急に登場してきたものである。幼児教育無償化のスキームは詰めも甘く、長時間保育の助長、それに伴う保育の質の低下、高所得層への恩恵の偏重など多くの問題点が指摘されている（池本［２０１８］）。無償化によって長時間保育の需要が増えれば、子どもの心身に負担がかかり、保育士不足のなか保育の質低下も懸念される。認可保育所の保育料は、もともと所得に応じた負担体系となっているため、無償化の恩恵が大きいのは保育料が高かった高所得層である。

子育て支援策として、幼児教育無償化、国保の子どもの均等割減免の二つを比較した場合、客観的にみて、子どもの均等割減免にプライオリティーがあると考えられる。現行の幼児教育無償化スキームの見直しは不可欠である。そのなかで、子どもの均等割問題が採り上げられるべきであろう。

7　国民健康保険の将来

今後、さらに国保に関する議論を進めていくにあたり、改めて確認しておくべき点が少なくとも三つある。まず、わが国の医療制度は複数の保険者から構成される社会保険制度であるということである。国営の医療制度でも、都道府県営の医療制度でもない。都道府県を一つのエリアとして医療提供体制の改革が進められていくとしても、医療保険制度である以上、都道府県という行政主体のみではなく、エリア内すべての保険者の意思の集約のもとで進められていかなければならない。

都道府県ごと異なる診療報酬の設定を活用すべきとの主張についても、そうした医療保険制度の成り立ちが踏まえられながら検討される必要がある。都道府県ごとに異なる診療報酬設定は、高確法に規定されており、医療費適正化計画と同様、パーティー会場に見慣れない客が紛れ込んでいるような印象がある。「第14条　厚生労働大臣は、（中略）医療費適正化を推進するために必要があると認めるときは、一の都道府県の区域内における診療報酬について、（中略）他の都道府県の区域内における診療報酬と異なる定めをすることができる」。たとえば、財政審は、次のように主張している。「都道府県が医療費適正化の責任を果たそうとすれば、その適用の必要性を検討していくことは避けられない。しかし、平成18年（２００６年）の法律改正で規定されて以来、実施例はなく、また、どのような内容の診療報酬の定めが可能かについて都道府県に具体的に示されてもいない。都道府県における医療費適正化の取組に資する実効的な手段を付与し、都道府県のガバナンスを強化する観点も踏まえ、医療費適正化に向けた地域別の診療報酬の具体的に活用可能なメニューを国として示すとともに、今年度から開始する第三期医療費適正化計画の達成に向けても柔軟に活用していくための枠組みを整備すべきである」（財政制度等審議会［２０１８］17ページ）。

次に、医療費反映係数αが0と1の間でどのような値をとろうとも、それが都道府県と市町村が自ら考え到達した結論であればよいということである。よって、経済財政諮問会議の民間議員４名が２０１９年5月31日の会議に提出した資料の次のような見解には疑問が残る。「国保の都道府県化を契機として、改革工程表に沿って国保の法定外繰入等の早期解消を促すとともに、国保の都道府県内の保険料水準の統一や収納率の向上など受益と負担の見える化に取り組む先進・優良事例を全国展開すべき」[12]。この論理に従えば、α＝１は後進・不良事例であるということになってしまう。「都道府県化」という「単位」抜きのワーディングも、意図的なものなのか、単に無造作なものなのか真意を測りかねる。都道府県と市町村に、当事者意識が欠落していれば責めを負うべきであろうが、熟慮の末に導かれた結論であれば尊重されるべきではないだろうか。

さらに三つめは、国保固有の課題がまだ残されているということである。特に国保という内側だけでは片付かない課題が複数放置されたままである。前述の通り、子どもの均等割をはじめとした保険料負担の構造、前期高齢者の財政調整の問題、および、短期被保険者証・資格証明書の問題などはほぼ手つかずのままである。これらは、正確な所得捕捉をはじめ税制と一体的に見直されなければならない。

また、国保の被保険者が、被用者保険と後期高齢者医療制度への加入から洩れたいわば「その他」であることを考えれば、協会けんぽの適用や資格取得をはじめ国保ではない保険者の運営を見直すことも不可欠であろう（第３章）。

【第４章・注】

（1）　２０１８年４月の法施行を約1年後に控えた２０１６年12月、全国知事会は次のように述べている。「都道府県は、平成29年度以降の３４００億円の財政支援拡充を前提条件として、国民健康保険制度改革に合意し、平成30年度からの財政運営を引き受けることとしました」（全国知事会「国民健康保険への財政支援拡充の確実な実行を求める要請」２０１６年12月９日）。

（2）社会保障審議会医療保険部会「資料1－②」２０１５年1月26日。

（3）同年度の一般被保険者の医療費は10・1兆円規模であり、３・2兆円と差がある。ごく大まかにいえば、10・1兆円から自己負担分と前期高齢者交付金で賄われる分を除き、事前に定められた１００分の59を掛け合わせることで３・2兆円規模となる。

（4）公益社団法人国民健康保険中央会ＨＰに掲載。

（5）佐々木淳（医療法人社団悠翔会理事長）「特集日本総研シンポジウム『幸福な最期』を選び取るために」『ＪＲＩレビュー』２０１９ Vol. 2, No. 63.

（6）社会保障審議会医療保険部会「資料３『これまでの社会保障制度改革国民会議における議論の整理（医療・介護分野）（案）』と主な論点（案）」２０１３年5月10日。

（7）ただし、診療報酬（本体）を抑制し介護報酬を引き上げることと同義であり、実現にはもちろん労力を要する。

（8）American Health Planning Association による。

（9）厚生労働省「２０１８年医療施設調査」２０１８年10月1日現在。

（10）厚生労働省「平成28年度全国ひとり親世帯等調査」。

（11）平成31年度宮古市当初予算案。

（12）経済財政諮問会議「資料１－１新経済・財政再生計画の着実な推進に向けて～社会保障制度改革～」２０１９年5月31日。

第5章　高額医療費の登場と薬剤費統計*

1　1人年間3500万円オプジーボの衝撃

薬剤費は、矛盾する二つの課題に直面している。一つは、医療保険財政の持続可能性である。2016年4月4日、財政制度等審議会財政制度分科会に國頭英夫（日本赤十字社医療センター化学療法科部長、当時）が講師として招かれ、抗がん剤オプジーボのような高額薬剤と医療保険財政の持続可能性が議論された。オプジーボは、2014年9月に保険収載すなわち保険給付の対象とされた。薬価が、1人年間3500万円（体重60ｋｇの人を想定）、そこに想定患者数50万人をかけて計1・75兆円という試算が紹介された。

2019年5月22日、1回の投薬で3349万円の白血病治療薬キムリアが保険適用された。さらに「医療保険ゆさぶる高額薬」という見出しで、ゾルゲンスマの保険適用が報じられている。「1度の投与で1億6707万円という国内最高額の公定価格（薬価）がついた薬が20日に保険適用になる。乳幼児向け難病治療薬『ゾルゲンスマ』で厚生労働省が13日に決めた」（『日本経済新聞』2020年5月13日）。

果たして、高額医療費が次々と登場してくるなか、医療保険はどこまで給付対象に含めていくことができるのか。それとも、保険であることから、高額薬は保険給付対象に含めつつ、レセプト1枚数千円、数万円程度のものは対象から外していくことになるのか。医療に充てられる財源が限られるなか、モノ（もっぱら薬剤）の費用が突出することで、労働、資本との間の資源配分が歪められていくことはないか。プロ野球であれば、バットの進化を止めることで、体のみで勝負する投手と打者の勝負を成立させているが、医療技術の進歩に打ち止めということはないだろう。

もう一つは、成長分野としての製薬産業への期待である。わが国が低成長経済に移行しているなか、製薬産業には経済の牽引役が期待されている。第1章で述べた通り、こうした議論に不可欠な薬剤費に関する統計は「国民医療費」に含まれておらず、適当な統計を別途探しても見当たらない。本章は、薬剤費の推計を試みつつ、医薬分業の評価、薬剤にかかる消費税、をはじめ薬剤に関する諸課題を考える。

2　厚生労働省から示される薬剤費と薬剤費比率

2年に一度の診療報酬改定に際し、厚生労働省から「薬剤費及び推定乖離率の年次推移」が示される（表5－1）。これが、政府から公表されるほぼ唯一の薬剤費に関するマクロの数値である。たとえば、直近の2017年度は、国民医療費43・071兆円、薬剤費9・46兆円、国民医療費に占める薬剤費の比率（薬剤費比率）22・0％となっている。薬剤費比率は、2000年代半ば以降22％程度で安定して推移しており、この数値を所与とすれば医師や看護師の人件費などヒトと薬剤費をはじめ

表５-1 薬剤費及び推定乖離率の年次推移

年度	国民医療費（A）	薬剤費（B）	薬剤費比率（B/A）	推定乖離率（C）
	（兆円）	（兆円）	（%）	（%）
2001年度	31.100	6.40	20.6	7.1
2002年度	30.951	6.39	20.7	－
2003年度	31.538	6.92	21.9	6.3
2004年度	32.111	6.90	21.5	－
2005年度	33.129	7.31	22.1	8.0
2006年度	33.128	7.10	21.4	－
2007年度	34.136	7.40	21.7	6.9
2008年度	34.808	7.38	21.2	－
2009年度	36.007	8.01	22.3	8.4
2010年度	37.420	7.88	21.1	－
2011年度	38.585	8.44	21.9	8.4
2012年度	39.212	8.49	21.7	－
2013年度	40.061	8.85	22.1	8.2
2014年度	40.807	8.95	21.9	－
2015年度	42.364	9.56	22.6	8.8
2016年度	42.138	9.22	21.9	－
2017年度	43.071	9.46	22.0	9.1

原典注：

・国民医療費（厚生労働省政策統括官付参事官付保健統計室調べ）は、当該年度内の医療機関等における傷病の治療に要する費用を推計したものであり、医療保険の医療費総額に、労災、原因者負担（公害健康被害等）、全額自己負担、鍼灸等を加えたものである。

・薬剤費は、労災等においても医療保険と同じ割合で薬剤が使用されたものと仮定し、国民医療費に医療保険における薬剤費比率をかけて推計している。DPCを始めとする薬剤費が入院料に包括して算定される場合の薬剤費は含まれていない。

・推定乖離率における「－」は薬価調査を実施していないため、データがないことを示している。

・平成12年度の介護保険の創設により国民医療費の一部が介護保険へ移行。

資料：中央社会保険医療協議会 薬価専門部会（2019年11月８日）「薬価改定の経緯と薬剤費及び推定乖離率の年次推移について」より筆者抜粋。原典での和暦表示を西暦に直し、原典に記載されている1993年度から2000年度までの数値を省略した以外は、原典のままとしたモノへの財源配分は十数年間ほぼ一定を保っているとみることができる。２０２０年度予算では、医師の働き方改革の一環として、過酷な勤務環境を強いられている医療機関を対象に新たに２６９億円の予算が充てられることからもうかがえるように、ヒトとモノへの財源配分の比率は重要な指標である。

なお、推定乖離率とは、薬剤の卸売価格と小売価格との差である。薬剤は、医療機関から患者の手にわたる際は公定価格である薬価が用いられる。他方、卸売業者から医療機関に対して販売される際は市場価格が用いられる。通常、価格競争を通じて市場価格は薬価を下回る。その差が推定乖離率と呼ばれる。その分、薬価改定において引き下げの余地があると判断される。

こうした薬剤費および薬剤費比率の解釈に際し、留意すべき点が二つある。一つは、薬剤費（Ｂ）を国民医療費（Ａ）で除した値が薬剤費比率（Ｂ／Ａ）であるかのように表記されているものの、全国保険医団体連合会（保団連）から指摘されているように、実際は異なることである。実際は、まず、厚生労働省の「社会医療診療行為別統計」という統計をもとに薬剤費比率が求められ、次いで、それを国民医療費にかけ合わせることで、薬剤費が求められている。「社会医療診療行為別統計」とは、医療機関から審査支払機関に送られてきた診療報酬請求書（レセプト）が集計されたものである。こうした手順に忠実に作表するならば、薬剤費比率をＢ、薬剤費をＡ×Ｂとし、列も入れ替えて表記されるべきであろう。

もう一つは、薬剤費および薬剤費比率は、実態に比べ過小となっていることである。これも保団連などから指摘され、「薬剤費及び推定乖離率の年次推移」の注にもその旨記載されてはいる。そもそ

図５－１　薬剤が患者の手にわたる経路

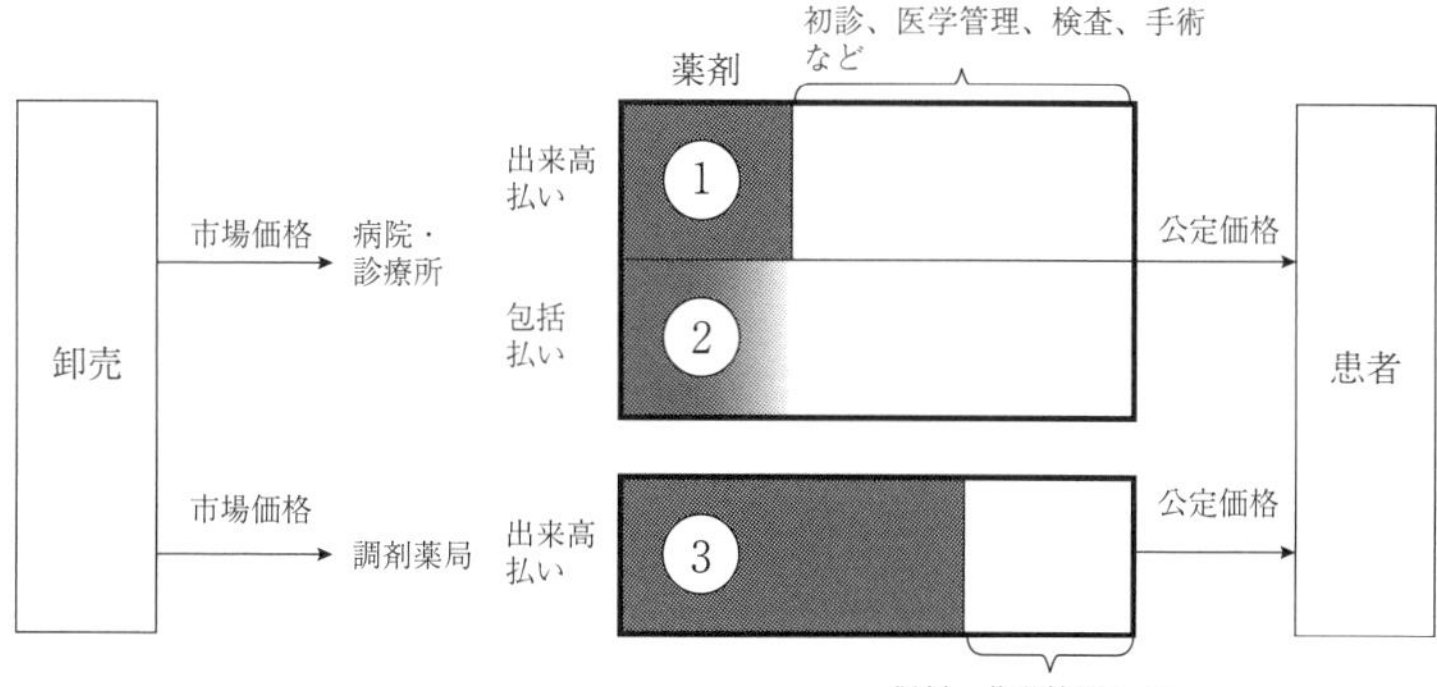

注１：歯科は省略。太枠が国民医療費に相当。
注２：「薬剤費及び推定乖離率の年次推移」における薬剤費は①＋③。
資料：筆者作成

も医療機関の診療の対価である診療報酬の支払い方法には、出来高払いと包括払いの二つがあり、わが国ではそれらが併用されている。出来高払いとは、初診料２８８点、ＣＴ撮影１０００点、ロキソプロフェンナトリウム水和物13・４点（１点10円）といったように一つひとつの診療行為や薬剤に対し細かく点数が設定され、それらが積み上げられて支払いが行われる方法である。使われた薬剤の種類と量に関する情報は、医療機関内にとどまることなく、健康保険組合や市町村などの保険者にも共有される。

他方、包括払いとは、初診、医学管理、検査、画像診断、投薬、注射、リハビリテーション、処置といったあらゆる診療行為に対し包括的に支払いが行われる方法である。たとえば地域包括ケア病棟入院料２８０９点、回復期リハビリテーション病棟入院料２１２９点といったように、主に入院医療においてこの方法がとられる。包括払いのなかには特に高額なものを除き薬剤が含まれている（図５－１の

②）。薬剤費をいったいいくら使ったかという情報は、医療機関内にとどまり、保険者の側にはわからない。

よって、図5－1の①、②、③の合計が実際の薬剤費となる。ところが、厚生労働省の薬剤費（表5－1）は出来高払いの薬剤費である①と③のみを対象としている。薬剤費比率も、（①＋③）／（出来高払いの診療行為＋包括払いの診療行為）と定義されており、分母には包括払いの診療行為が含まれているにもかかわらず、分子に包括払いの薬剤費（図5－1の②）が含まれていない。そのため、薬剤費および薬剤費比率は実態より過小になっている。極端な例を考えれば、わが国の診療報酬の支払い方法が包括払いに統一されたとすると、厚生労働省の定義では薬剤費比率はゼロになる。

本来、9・46兆円（①＋③）に②が加えられた金額が実際の2017年度の薬剤費であり、そのうえで改めて薬剤費比率が計算されなければならない。「薬剤費及び推定乖離率の年次推移」において、薬剤費比率が2000年代半ば以降22％程度で安定しているとの姿は、ヒトとモノとの財源配分というセンシティブな問題に関係する人々にとっては居心地よく映るが、額面通り受け止めることはできない。加えて「薬剤費及び推定乖離率の年次推移」には、医療機関別、入院・入院外別といった内訳も示されておらず、統計としての不十分さも残る。まずは、正確な現状把握という議論のスタート地点に立たなければ、その先の話に進むことができない。

図5－2　出来高払いの薬剤費

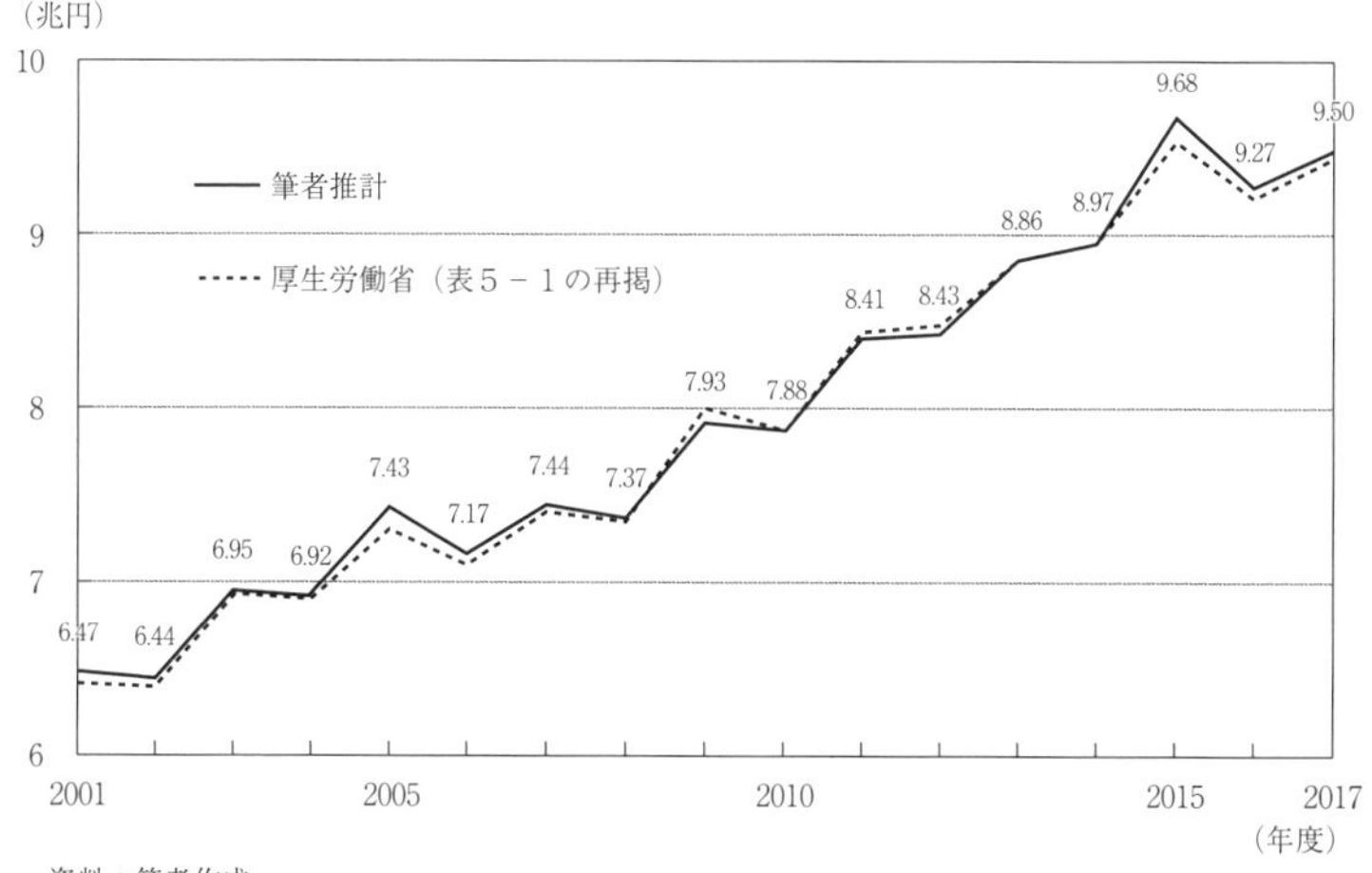

資料：筆者作成

3　薬剤費と薬剤費比率の推計

(1)　出来高払いの薬剤費9・5兆円の内訳

話を進めるには、出来高払いの薬剤費に、包括払いの薬剤費を別途推計して加える必要がある。まず、出来高払いの薬剤費を改めて計算すると2001年度の6・47兆円から2017年度の9・5兆円まで、2年に一度の診療報酬改定（西暦の偶数年度）において薬価のマイナス改定が繰り返されてきた影響を受けアップダウンを見せながらもほぼ一貫して増加し続けている（図5－2）。この数値は、厚生労働省の薬剤費（表5－1）をほぼトレースしており、以降、この推計値を用いて議論を進める。

9・5兆円（2017年度）のうち最も大きなウエートを占めるのが（イ）「調剤薬局」の5・82兆円であり、（ロ）「医科－入院外－病

図5－3　出来高払いの薬剤費、主な内訳

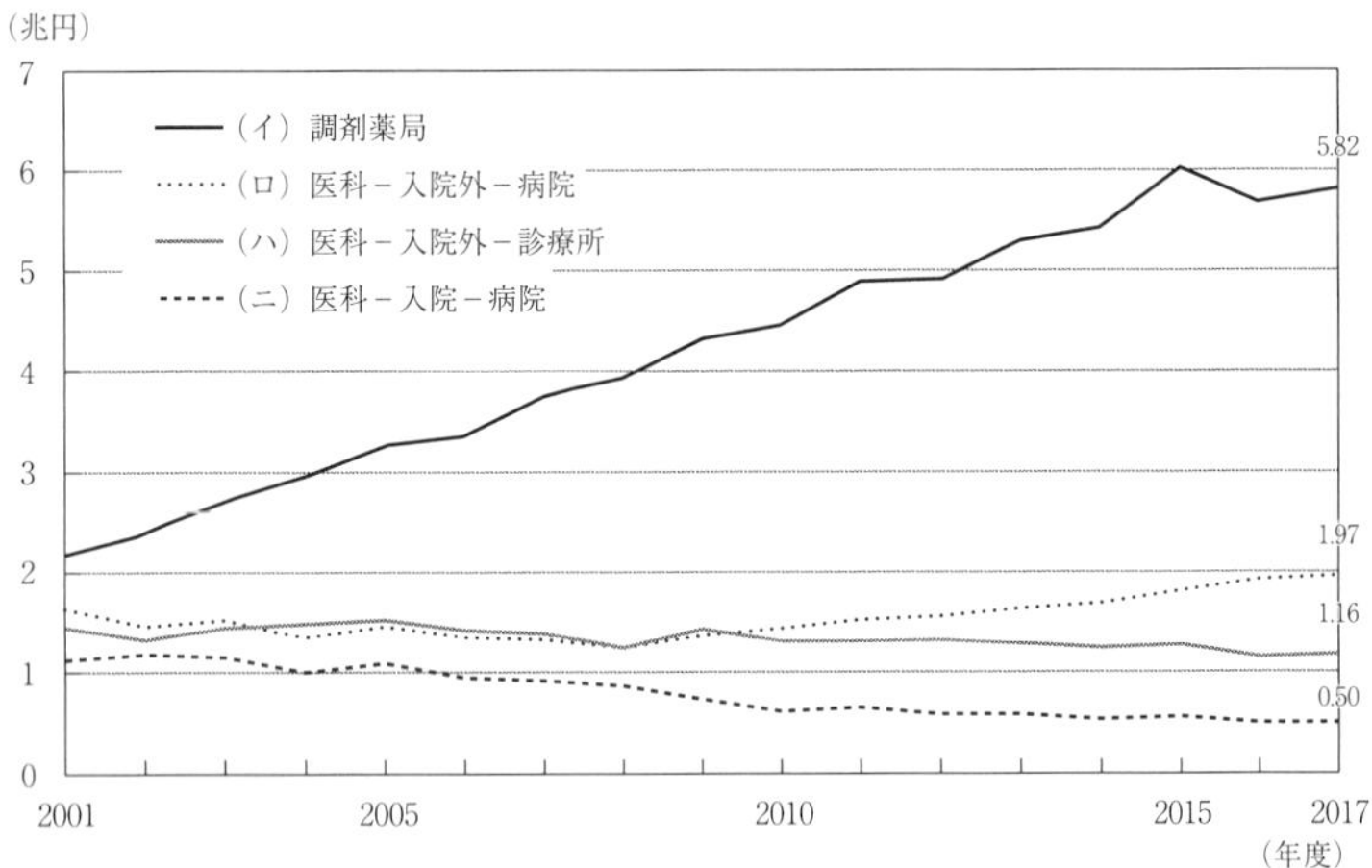

資料：筆者作成

院」1・97兆円、（ハ）「医科－入院外－診療所」1・16兆円、（ニ）「医科－入院－病院」0・5兆円がそれに続く（図5－3）。「医科－入院－診療所」と「歯科」の薬剤費はいずれも数百億円程度にとどまる。

（イ）～（ニ）の時系列の推移をみると、第一に、医薬分業の進行を背景に、（イ）「調剤薬局」における薬剤費の伸びが顕著である。医薬分業とは、次のように定義されている。「医師が患者に処方箋を交付し、薬局の薬剤師がその処方箋に基づき調剤を行い、医師と薬剤師がそれぞれの専門分野で業務を分担し国民医療の質的向上を図るものである」（『平成30年版厚生労働白書』）。医薬分業率（処方箋枚数／投薬対象数）は、2001年度の44・5％から2018年度は74％まで上昇している[1]。

ただし、この医薬分業の定義には留意が必要である。医師と薬剤師が、それぞれの専門性を活かし、業務分担するのであれば、薬剤師のいる場所が薬局に限定される必然性はない。実際、薬局の薬剤師約18万人に対し、病院および診療所の薬剤師も約6万人いる[(2)]。よって、厚生労働省の定義は、医薬分業というより院外処方について説明したものと考えたほうが妥当であろうし、医薬分業率というよりも、院外処方率と呼んだほうが適当であろう[(3)]。

第二に、(ニ)「医科－入院－病院」の薬剤費がほぼ一貫して低下している。これは、次項で詳しく検証するように、包括払いの拡大が特に入院医療で進んでいることによる見せかけである(厚生労働省の薬剤費の数値は、こうした実態が調整されないまま示されていることになる)。

第三に、他方、(ロ)「医科－入院外－病院」、すなわち病院の外来で提供される薬剤費が2001年度1・64兆円から2008年度1・25兆円まで減少しつつ、それ以降、増加に転じていることが目を引く。2017年度は1・97兆円である。この現象は、医薬分業(厳密には院外処方)と整合的ではない。その理由として、医薬分業に関し詳細な議論が展開されている翁(2017)を踏まえ改めて整理すれば次の四つが考えられる。

一つは、院外処方が、とりわけ病院外来において医療の質を必ずしも高めていない可能性である。院内処方とすれば、医師と薬剤師の密な情報連携によるチーム医療が容易である。ところが、院外処方の場合、そもそも処方箋には病名も書かれておらず、検査結果など患者の状況を記載した処方箋を発行する医療機関も少数である[(4)]。院外処方において医療の質を高めるとしてもこうした制約がある。そのため、病院の外来で提供される薬剤費が増加しているのではないか。

二つめは、患者の経済的・身体的負担軽減である。患者に同じ薬を提供するのでも、調剤薬局の場合、薬代に調剤技術料などが上乗せされるため、院内処方に比べ、患者の経済的負担は重くなる。しかも、病院での診察後、病院とは異なる場所に立地する調剤薬局に出向くのは、とりわけ症状が重い場合、身体的にも負担となる。

三つめは、薬価差益の確保である。たとえば、２０１７年度の推定乖離率が９・１％であるということは、出来高払いにかかる薬剤費９・46兆円に限っても単純に計算すれば医療機関に０・86兆円（９・46兆円×９・１％）の薬価差益が生じていることになる。よって、院内処方とすれば、病院自ら薬剤を仕入れるため、薬価差益を得る機会が生じる。

四つめは、病院における収益機会の追求である。現行の包括払いの制度設計のもとであれば、投薬や検査といった診療行為を入院すなわち包括払いに含めず、出来高払いの入院外で行うことにより、医療機関の収入増を見込むことが可能である。このように、病院の外来で提供される薬剤費が増加していることは、医薬分業が必ずしも成功していないことなどを示唆している。

(2) 入院における包括払いの増加

次に推計するのは、包括払いの薬剤費（図５－１の②）であり、ここが薬剤費把握のポイントとなる。包括払いは、主に入院で採用されているが、入院外においても一部で採用されている。まず、入院の包括払いは、大きく三つに分類される。一つは「特定入院料」と呼ばれるものであり、具体的には、回復期リハビリテーション病棟入院料、地域包括ケア病棟入院料、精神療養病棟入院料など計15ある（「平成30年社会医療診療行為別統計」による）。これらは、「患者の特性ではなく、病棟という

図５－４　入院における出来高払いと包括払いの割合推移

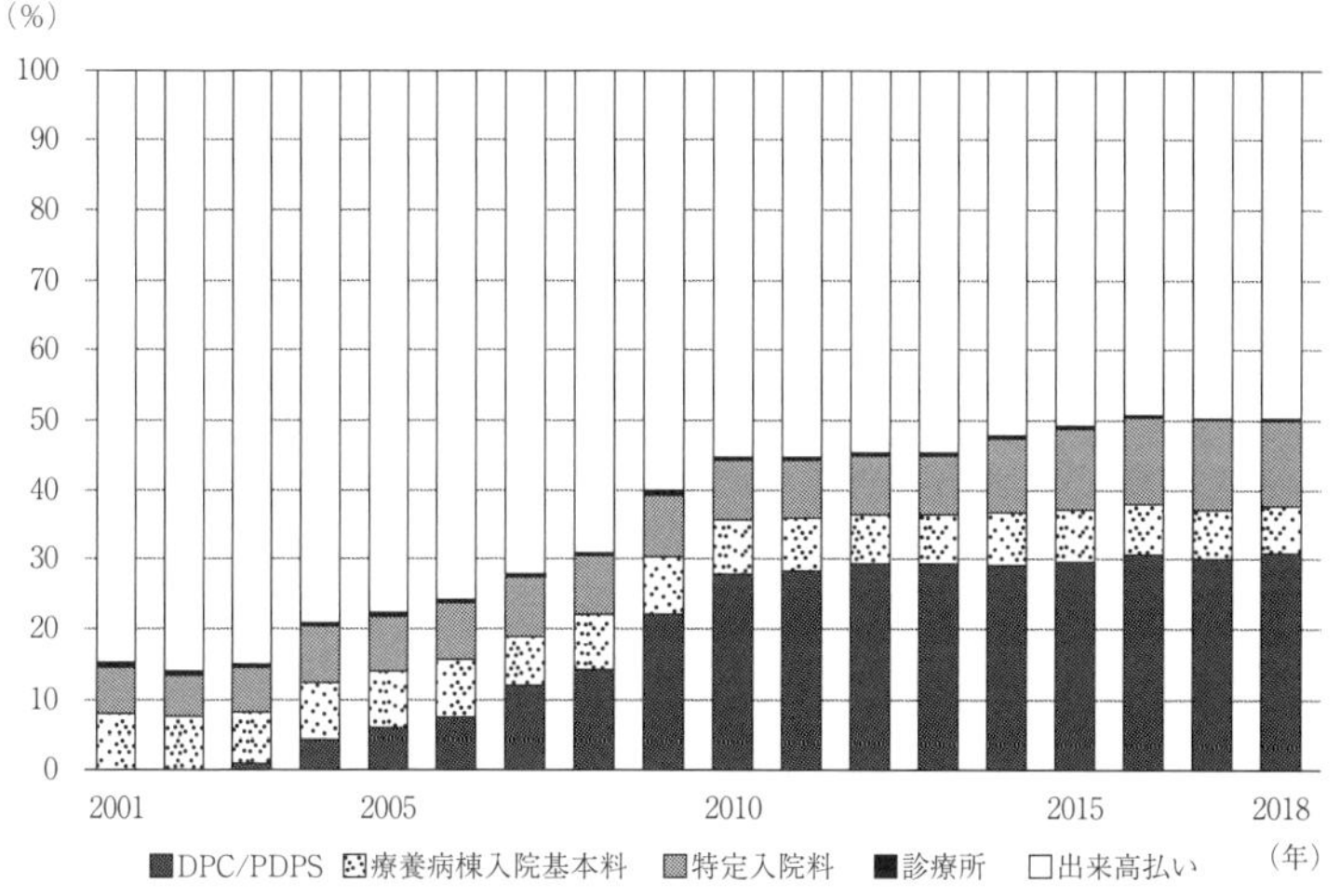

注：医科－入院の総点数に占める各診療行為の割合。
資料：厚生労働省「社会医療診療行為別統計」各年版より筆者作成

『箱物』に対して報酬が決められている」[(5)]。

二つめは、「療養病棟入院基本料」である。２００１年の医療法改正により、病床には一般病床と療養病床という区分が設けられ、療養病床は、主として長期にわたり療養を必要とする患者を入院させるための病床として位置づけられた。その入院基本料が、病院の場合、療養病棟入院基本料となり、診療所の場合、有床診療所療養病床入院基本料となる。

三つめは、「DPC/PDPS（診断群分類別包括評価支払い制度）」である。これは、２００３年に導入された比較的新しい包括払いである。ＤＰＣ（Diagnosis Procedure Combination：診断群分類）とは、入院期間中に医療資源を最も投入した「傷病名」と、入院期間中に提供される手術、処置、化学療法などの「診療行為」の組み合わせにより分類された患者群であり、ＰＤＰＳ（Per-Diem Payment System）は、そうした診断群分類に基づく1日あたり定額報酬算定制度である[6]。

こうした入院の包括払いは、近年、診療行為全体に占めるウエートを高めている（図5－4）。２００1年度から２０１８年度の「社会医療行為別統計」の各年版から「医科－入院」の点数を抜き出すと、包括払いの診療行為は、半分を占めるに至っている。なかでも、２００3年に導入されたDPC/PDPSの２０００年代後半の伸びが著しい。厚生労働省から示される薬剤費には、こうした包括払いの診療報酬の中に含まれる薬剤費が含まれていないが、その影響は年々拡大していることが推察される。

次に、入院外の包括払いには、次の六つがある。小児科外来診療料、生活習慣病管理料、小児かかりつけ診療料、施設入居時等医学総合管理料、在宅時医学総合管理料、在宅がん医療総合診療料（「平成30年社会医療診療行為別統計」による）。これらには、薬剤が院内処方される場合と院外処方される場合の二通りがあり、院内処方すなわち包括払いされる点数の中に薬剤費が含まれる場合の点数を集計しても、入院外の総点数の1・75％（２０１８年）と、ごくわずかである。このような入院外の包括払い（院外処方のみ）は、老人慢性疾患外来総合診療料があった２００2年までは入院外の診療行為全体の４～５％程度を占めていたが、同診療料が廃止された２００３年に水準を切り下げ、現在に至っている。

図５－５　包括払いの薬剤費

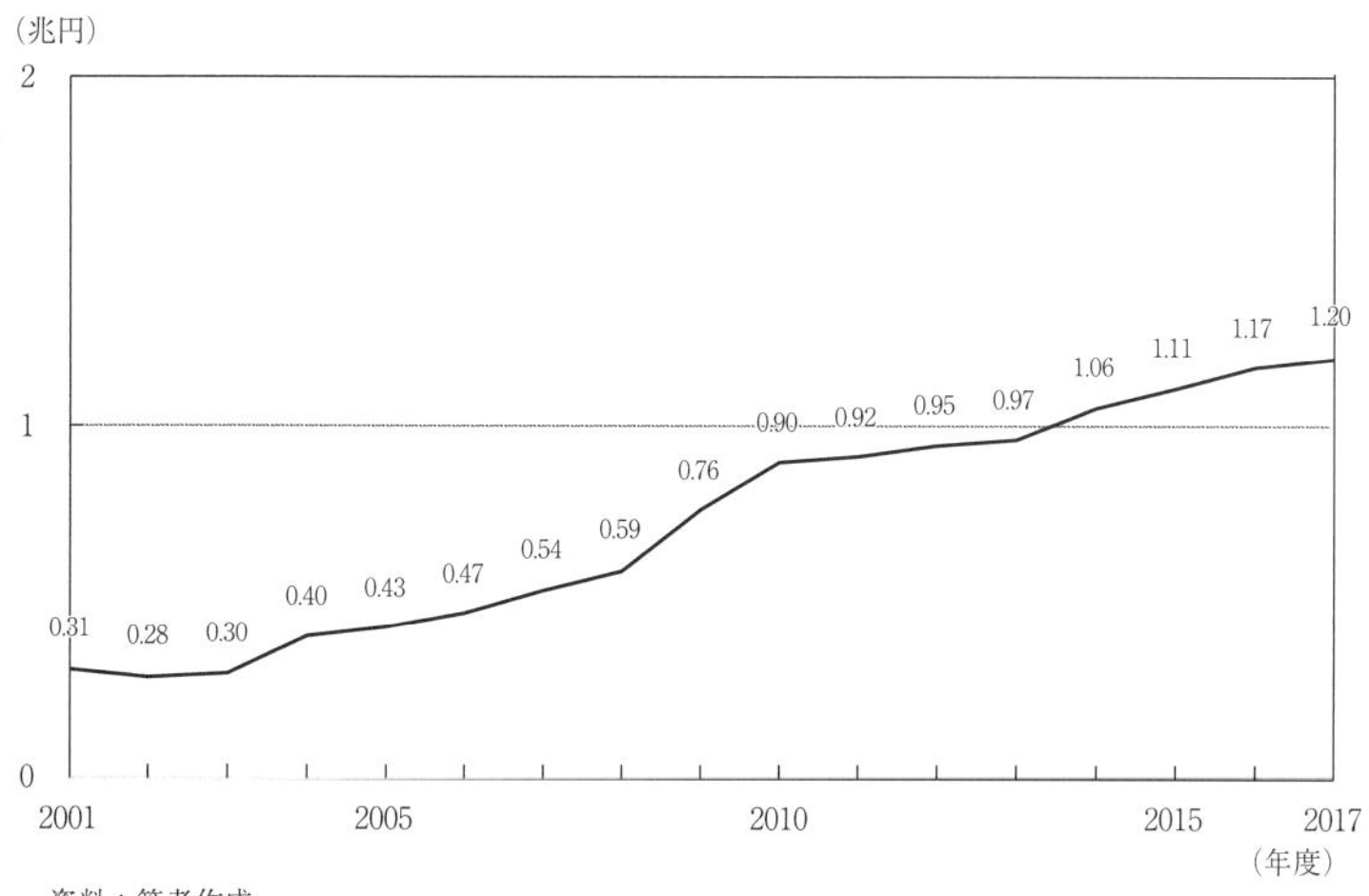

資料：筆者作成

(3)　包括払いの薬剤費は約１・２兆円

包括払いの薬剤費を推計すると、２００１年度～２００３年度は０・３兆円程度にすぎなかったが、以降上昇傾向をたどり、２０１４年度には１兆円を超え、２０１７年度には１・２兆円に達している（図５－５）。なお、２０１１年11月、厚生労働省は、２０１０年度の包括払いの薬剤費が０・89兆円であるとの推計を審議会に報告している。本書の推計もその数値を足がかりとしているが、同年度の本書での推計が０・９兆円と厚生労働省推計を０・01兆円上回っているのは、本書での推計においては、入院外の包括払いの薬剤費を算入していることなどによる。

２０１７年度１・２兆円の主な内訳は、（イ）DPC/PDPSが過半を占めて０・63兆円、（ロ）特定入院料０・41兆円、（ハ）療養病棟入院基

図５－６　包括払いの薬剤費、主な内訳

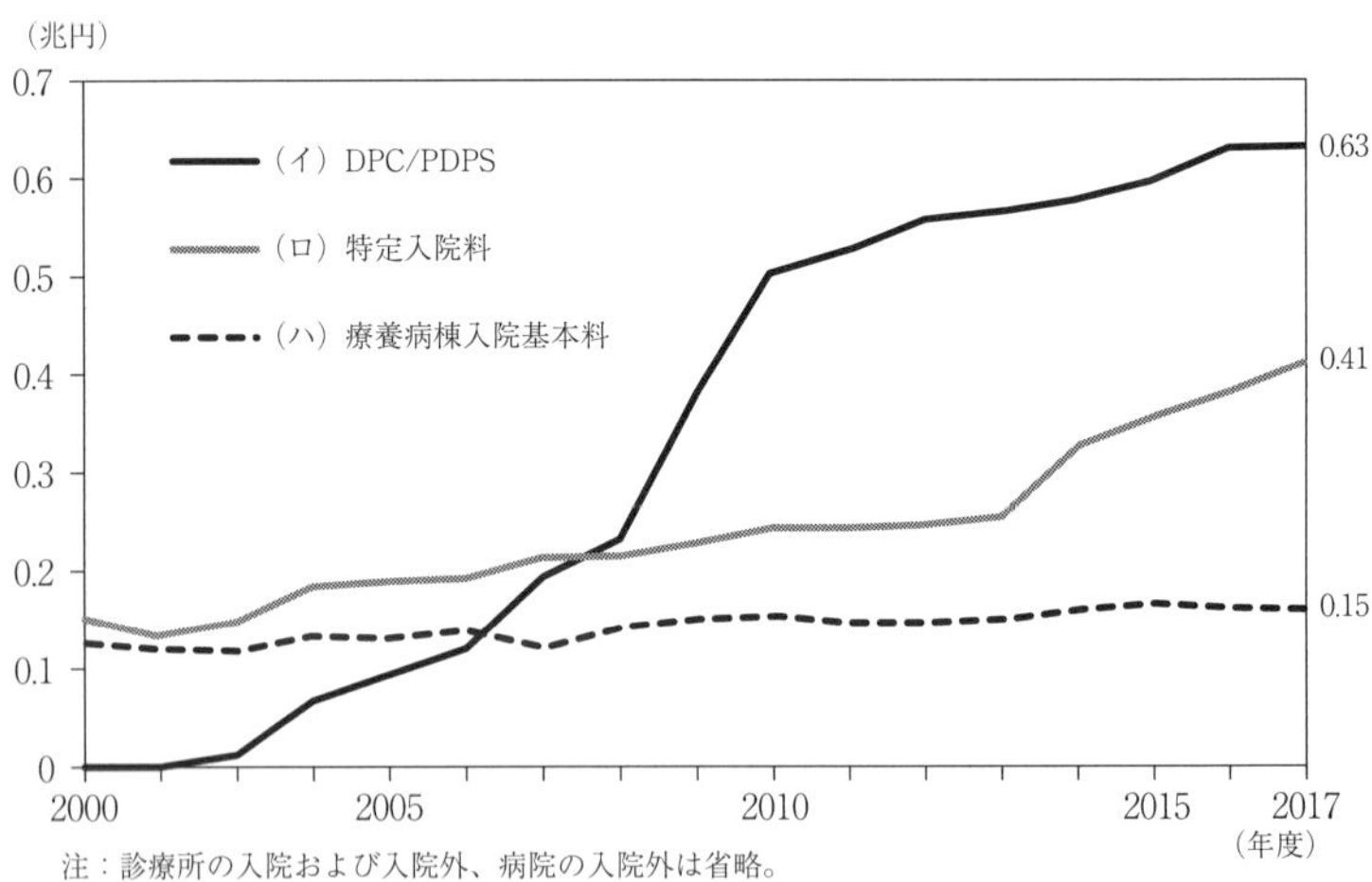

注：診療所の入院および入院外、病院の入院外は省略。
資料：筆者作成

本料０・15兆円となっている（図５－６）。診療所の入院および入院外、病院の入院外は、いずれも数十億円規模にとどまる。（イ）～（ハ）の三つについて時系列の推移をみると、（イ）DPC/PDPSの薬剤費が２００８年度から２０１０年度にかけて一挙に水準を切り上げて０・５兆円に達し、以降も増え続けている。（ロ）特定入院料の薬剤費も、一貫して増加しており、回復期リハビリテーション病棟入院料、地域包括ケア病棟入院料などの増加を背景に、２０１３年度から14年度にかけて増勢を強めている。（ハ）療養病棟入院基本料の薬剤費は、０・１兆円強で推移している。

(4)　トータルの薬剤費

出来高払いと包括払いそれぞれの薬剤費を合計すると、２０１７年度は10・７兆円となる（図５－７）。改めて薬剤費比率を計算すれば、

図５－７　出来高払い＋包括払いの薬剤費

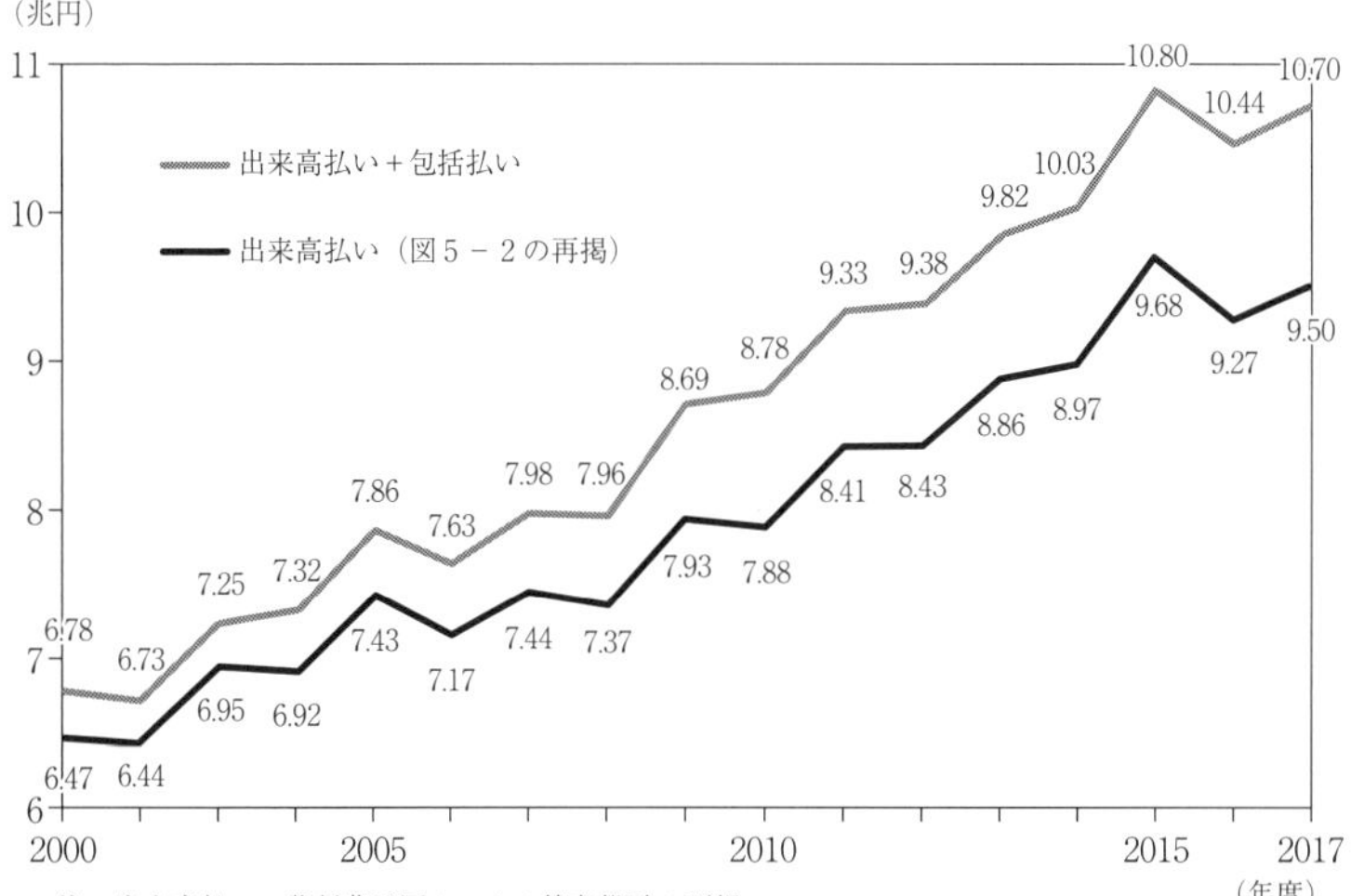

注：出来高払いの薬剤費は図５－２の筆者推計の再掲。
資料：筆者作成

「薬剤費及び推定乖離率の年次推移」に示される22・0％（2017年度）を2・8ポイント上回る24・8％となる。薬剤費比率を時系列でみると、2001年度の21・8％から2017年度の24・8％まで緩やかに上昇しており、ヒトとモノのバランスは、この数値を前提とする限り、モノのウエートを高める方向で変化していると考えることができる。

4　薬剤費のより精緻な把握における その他の論点

(1)　消費税抜き価格での薬剤費比率の算出

そのほかにも、薬剤費の精緻な把握に向け重要な論点がある。一つは、消費税抜き価格での評価も併せて用いるべきであると

図５－８　税抜きの薬剤費比率

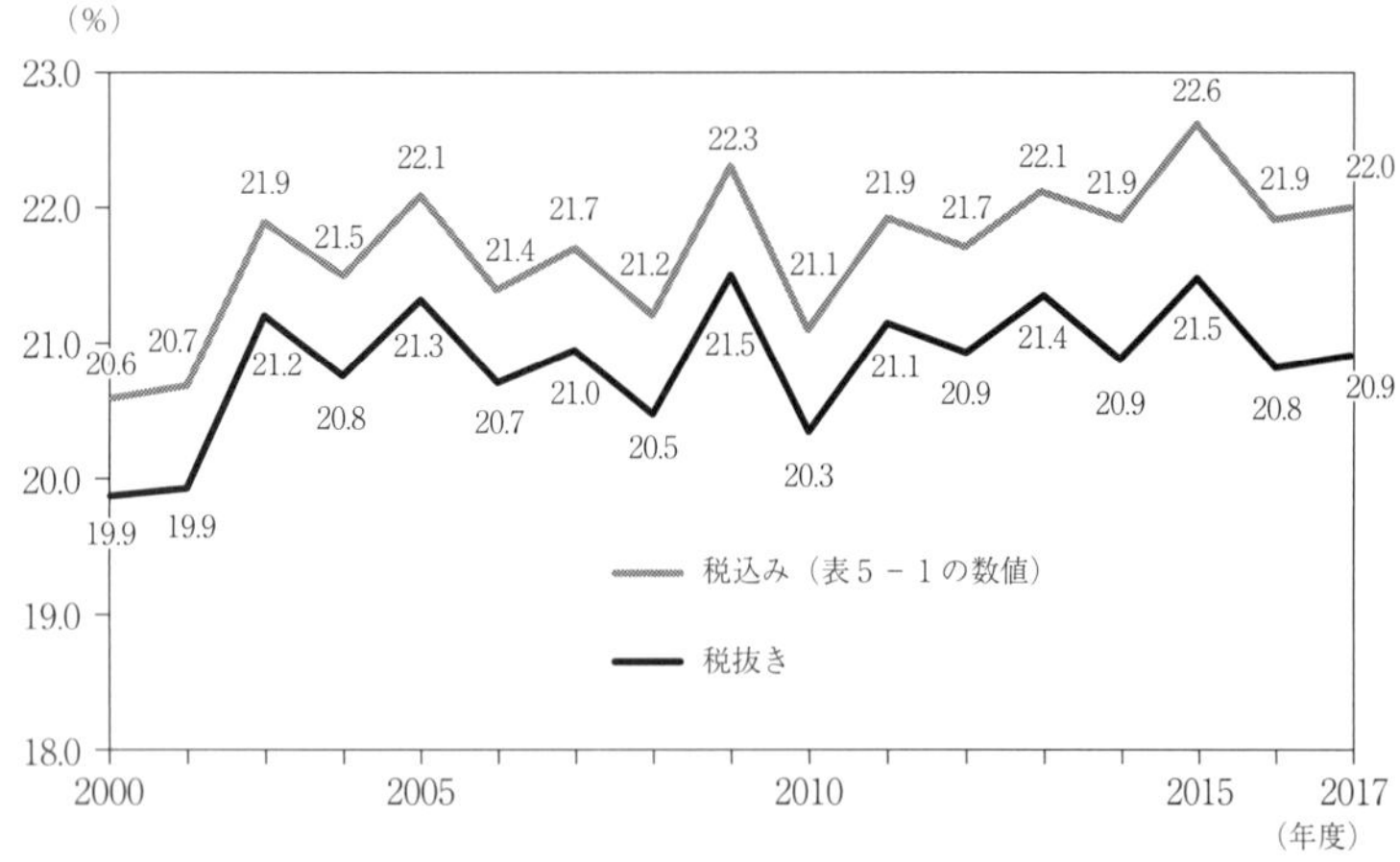

資料：筆者作成

いうことだ。この点は、とりわけ薬剤費比率において欠かせない。診療報酬は、消費税の非課税扱いとされながら、実際には消費税率10％のもとでは、診療報酬（本体）、薬価にはそれぞれ約２％（筆者推計）、10％の税率で消費税が課税されている。[7] 国民医療費43・071兆円、出来高払いの薬剤費９・５兆円、包括払いの薬剤費１・２兆円といった、これまで登場してきた金額は、いずれも消費税込みの価格である（２０１７年度時点では税率８％）。

よって、現在のように消費税込みの価格で薬剤費比率を計算すると、消費税によって歪んで算出されてしまう。診療報酬（本体）は軽減税率での課税であるのに対し、薬価は標準税率で課税され、税率に差があるためである。現在、消費税の標準税率は10％になっており、この影響は無視できない。そこで、消費税抜きの本体価格ベースで改めて薬剤費比率を計算すると２

０１７年度は20・９％となり（図５－８）、厚生労働省から示されている22％より１・１ポイント低くなる。

わが国の極めて厳しい財政状況を踏まえれば、今後一段の消費税率引き上げが必要であることはほぼコンセンサスとなっており、すると、現行の税込み価格のままでは、薬剤費比率は実態以上に高く算出されていくことになる。税抜き価格での評価導入が不可欠であろう。国民医療費も、名目値だけでなく、ＳＮＡのように実質値が計算されるべきである。

(2)　介護保険および予防接種に含まれる薬剤費

二つめは、医療保険の給付対象以外の薬剤費である。ここまで採り上げてきたのは、医療保険から給付されている薬剤費に限られているが、薬剤費はそれだけではない。一つは、介護保険から給付されている薬剤費である。介護療養型医療施設（介護療養病床）と介護老人保健施設（老健）の二つは、２０００年度に介護保険が創設された際、医療保険から移行されてきた施設サービスであり、投薬・注射を含む診療行為も介護保険から給付されている（表５－２）。

まず、介護療養病床は、医療療養病棟とほぼ同じ機能を持つ。その費用は、２００４年度をピークに以降減少し、現在０・２兆円となっている。介護療養病床の設置期限は２０２３年度末と決められている（２０１８年に創設された介護医療院などに転換されていくと考えられる）。

次に、老健は、要介護者にリハビリ等を提供し、在宅復帰を目指す施設である。その費用はほぼ一貫して増えており、現在１・３兆円となっている。仮に、いずれも医療療養病棟と同じ薬剤費比率

表５－２　介護保険と医療保険の給付調整のイメージ

○医療サービスは、施設により介護保険または医療保険から給付される範囲が異なる。
※介護療養型医療施設は、指導管理、リハビリテーション等のうち日常的に必要な医療行為について、特定診療費を算定できる。
※介護老人保健施設は、入所者の病状が著しく変化した場合に、緊急等やむを得ない事情により施設で行われた療養について、緊急時施設療養費を算定できる。

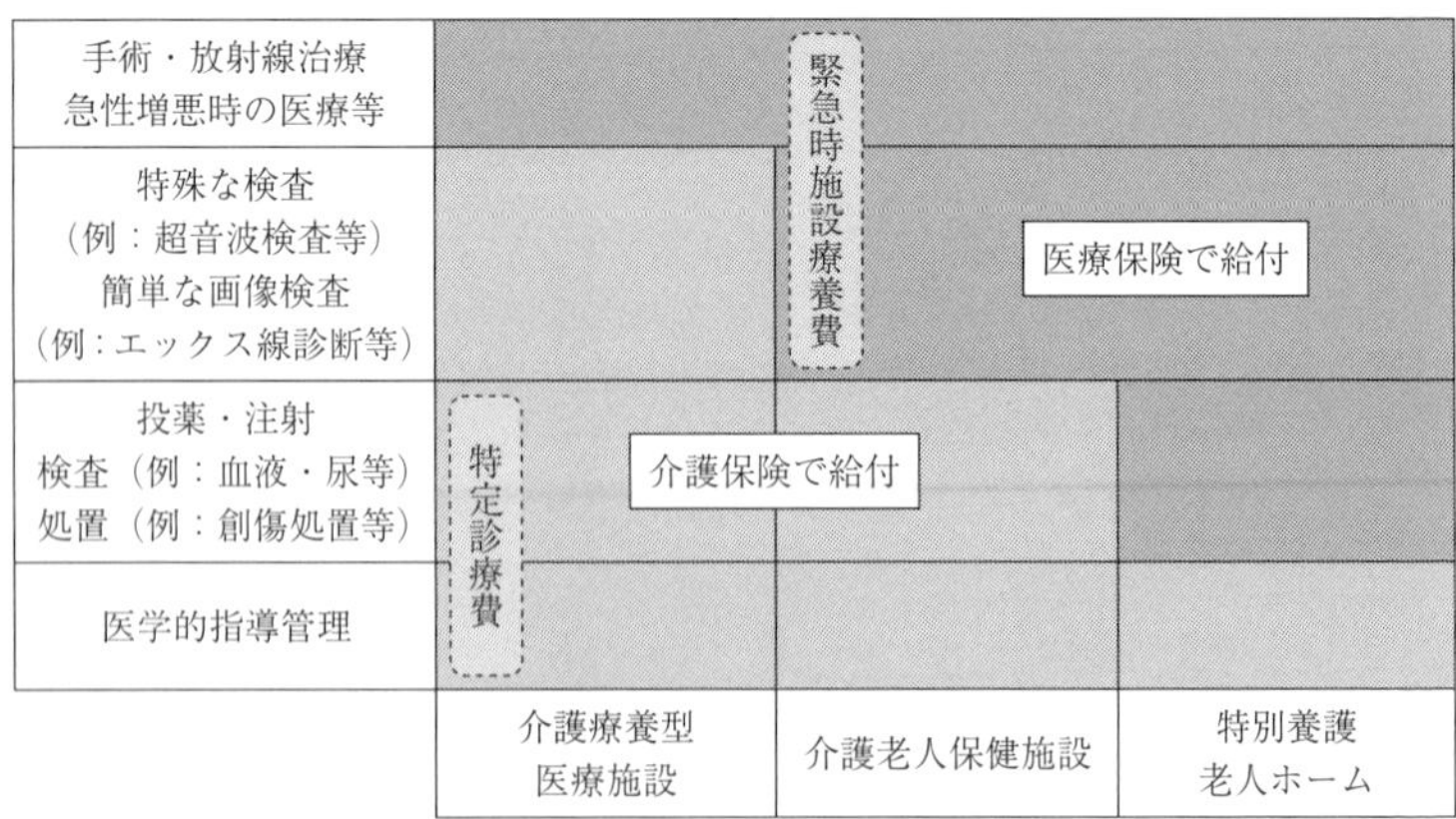

※上表はイメージ（たとえば、簡単な手術については、介護老人保健施設のサービス費に包括されている）。
資料：社会保障審議会介護給付費分科会 第144回（H29.8.4）参考資料３より筆者抜粋

（14・0％）であると仮定すると、介護保険から給付されている薬剤費は、0・07兆円（＝(0.2＋1.3)×0.14）となる。

介護給付費は、今後とも増加し、その伸び率は、医療給付費よりも高くなるとの見通しが政府からも示されている。すると、介護保険から給付される薬剤費の規模もより大きくなっていくと予想される。こうした薬剤も無視することができない。

もう一つは、予防接種におけるワクチンである。季節性のインフルエンザをはじめ、定期接種となっているＨｉｂ（ヒブ）ワクチン、四種混合ワクチン（ジフテリア、百日咳、破傷風、ポリオ）などの予防接種は、医療保険の給付対象となっていない。よって、医療保険の給付対象となっている治療費の集計値である「国民医療費」には、予防接種のワクチン代および問診料は含まれておらず、予防接種に関する包括的な統計を別途探しても見当たらない。

そこで、予防接種にかかるワクチンの費用（問診料を含む）を推計すると、定期接種の対象ワクチンが近年拡大されてきたことなどから、増加し続けており、２０１９年度では０・４兆円程度となる(8)。

このような現状を踏まえれば、薬剤費の対象を医療保険の給付範囲（≒国民医療費）に限定するのではなく、介護保険や予防にも拡げるべきであり、薬剤費比率もそれに伴い修正された定義、すなわち｛包括的な薬剤費÷（国民医療費＋介護費用＋予防にかかる費用）｝に切り替える、あるいは、少なくとも現行定義と併用するのが合理的である。

この分母は、第1章で紹介したＳＨＡにおけるHealth Expenditure（健康支出）の定義に近い。同様に、分子は、ＳＨＡのTotal Pharmaceutical Expenditure（ＴＰＥ）の定義に近い。ここでも、ＳＨＡを重視すべきことが改めて確認される。

５　薬剤費統計の整備に向けた課題

今後、薬剤費統計の整備に向けては、包括払いにおける薬剤費の把握が最も重要なポイントとなる。「医科－入院－病院」の主要三項目のうちDPC/PDPS、医療療養病棟の二つについては、医療機関から厚生労働省あて報告がなされているとされており、その活用が優先的な検討課題であろう。包括病棟における薬剤費の推計が提示された社会保障審議会医療保険部会（２０１１年10月12日）において、厚生労働省から次のような説明がされている。

「ＤＰＣは、Ｅ・Ｆファイルということで、具体的に使用薬剤について書かせておりますので、これはかなり具体的に出まして、約５０００億円でございます。医療療養病棟も全数調査ではありませんけれども、コスト調査を今回行っておりますので、その中の薬剤費を算出しますと、年間約１５００億円ということになります」

すると、残るのは特定入院料であり、これについては「医療経済実態調査」を用いる余地があると考えられる（本章補論1も参照）。そこでは、医療機関の機能別に、支出の一項目として医薬品費が調査されている。この医薬品費は、卸売業者から医療機関の手にわたる際の価格すなわち市場価格なので、公定価格よりも低くなっているが、厚生労働省が別途調査している薬価差益を上乗せすることにより、公定価格に近似した数値を導けるはずである。

このように、薬剤費に関する統計整備に向けてはすでに活用可能な情報があり、高椋（２０１０）をはじめ過小推計との指摘を受けながら、なお実態が改善を見せてない根本的な理由を探る必要がある。考えられる理由の一つとして、薬剤費に関する情報のユーザーとして想定されているのはもっぱら行政であって、被保険者・患者・納税者である国民一人ひとりに重きが置かれていないことがあろう。

超高額薬は、今後も登場することが予想され、それらを果たしてどこまで保険給付範囲に含めていくのかという判断は、最終的には国民一人ひとりに委ねられるはずである。その際、専門家の意見などとともに、統計は重要な判断材料となる。

そのように考えると、たとえば、「薬剤費及び推定乖離率の年次推移」は、行政が薬価改定に用いる資料としては役割を果たしているとしても、一般の国民にとっては難解であり、正確性および情報量においても不十分である。国民一人ひとりをユーザーとして想定した統計整備が不可欠であるとの認識が共有されなければならない。

補論1　推計方法

(1)　出来高払い部分の薬剤費の推計

まず、「社会医療診療行為別統計」から薬剤費比率を求める。「社会医療診療行為別統計」は、医療機関から審査支払機関に送られてきた診療報酬請求書（レセプト）が集計されたものである。レセプトは1カ月単位で送付される。同統計は、通年分ではなく、各年6月分のみを対象としている。よって、6月分を1年間の平均と想定している点に留意を要する。

具体的には、同統計から、薬剤料を医科、歯科、調剤薬局の医療機関別、さらに、医科は、病院・診療所別、入院・入院外別に抽出する。たとえば2018年度の医科－入院－病院における薬剤料の合計は35億4304万4482点となる（表5－3）。薬剤料は、投薬、注射といった診療行為だけではなく、手術や麻酔などの診療行為のなかにも含まれる。

この薬剤料合計の、医科－入院－病院の総点数1180億8106万8490点に占める割合3・

表５－３　医科、病院、入院の各診療行為のなかの薬剤料

診療行為	薬剤料の点数
在宅医療	38,323,571
検査	6,201,463
画像診断　ラジオアイソトープ	9,371,545
画像診断	21,567,180
投薬　内服薬・浸煎薬	1,005,068,803
投薬　屯服薬	14,813,406
投薬　外用薬	96,390,913
注射	1,567,010,820
リハビリテーション	2,310,049
処置	48,921,393
手術	447,922,729
麻酔	246,402,610
合計	3,504,304,482

資料：厚生労働省「平成30年　社会医療診療行為別統計」閲覧Ⅰ第８表より筆者作成

０％が医科－入院－病院の薬剤費比率となる。同様に、医科－入院－診療所、医科－入院外－病院、医科－入院外－診療所、歯科、調剤薬局についても薬剤費比率を求めることができる。これを各年度について行う。なお、包括払いの診療行為については、包括された点数のなかに薬剤料相当分も含まれており、「社会医療診療行為別統計」においても薬剤料として現れてこない。

次に、薬剤費比率を、医科、歯科、調剤薬局ごと（医科は入院・入院外、病院・診療所ごと）の国民医療費にかけ合わせることでそれぞれの薬剤費を求める。国民医療費の直近の公表年度は２０１７年度である。たとえば、同年度の医科－入院－病院の医療費は15・82兆円、薬剤比率は３・１％であるから、薬剤費は０・50兆円となる。入院外－病院、診療所、歯科、調剤薬局についても薬剤費を求めることができる。これを各年度について行う。これらを合計した薬剤費は、厚生労働省から示されている数値（前出表５－１）をほぼトレースしている。

(2) 包括払い部分の薬剤費の推計

① 医科－入院

包括払いの診療行為に含まれる薬剤費について、把握の足掛かりとなるのは、社会保障審議会医療保険部会（２０１１年10月12日開催）で厚生労働省から示された「薬剤費比率について」という推計である。それによれば、２０１０年度の「包括病棟」における薬剤費は８９００億円であり、内訳はＤＰＣ対象病院、医療療養病床、特定入院料を算定する病棟、それぞれ約５０００億円、約１５００億円、約２４００億円となっている。なお、それぞれの推計の確からしさについても説明されており、ＤＰＣ病院については、病院から国に報告されたデータが用いられ、医療療養病棟についても、コスト調査のデータが用いられているとされている。他方、特定入院料については、大胆な仮定が置かれていると断られている。

長澤（２０１２）も、この数値から２０１０年度の包括払いにおける薬剤費比率を求め、過年度（２００１年度から２００８年度）においてもこの薬剤費比率が同じであるとの仮定のもと薬剤費の推計を行っている。本章の試算も、２０１０年度の薬剤費比率が、２０１１年度から２０１７年度においても同じであるとの仮定を置いた。問題は、この仮定の妥当性である。

図５－９　医療機関の支出に占める医薬品費の推移

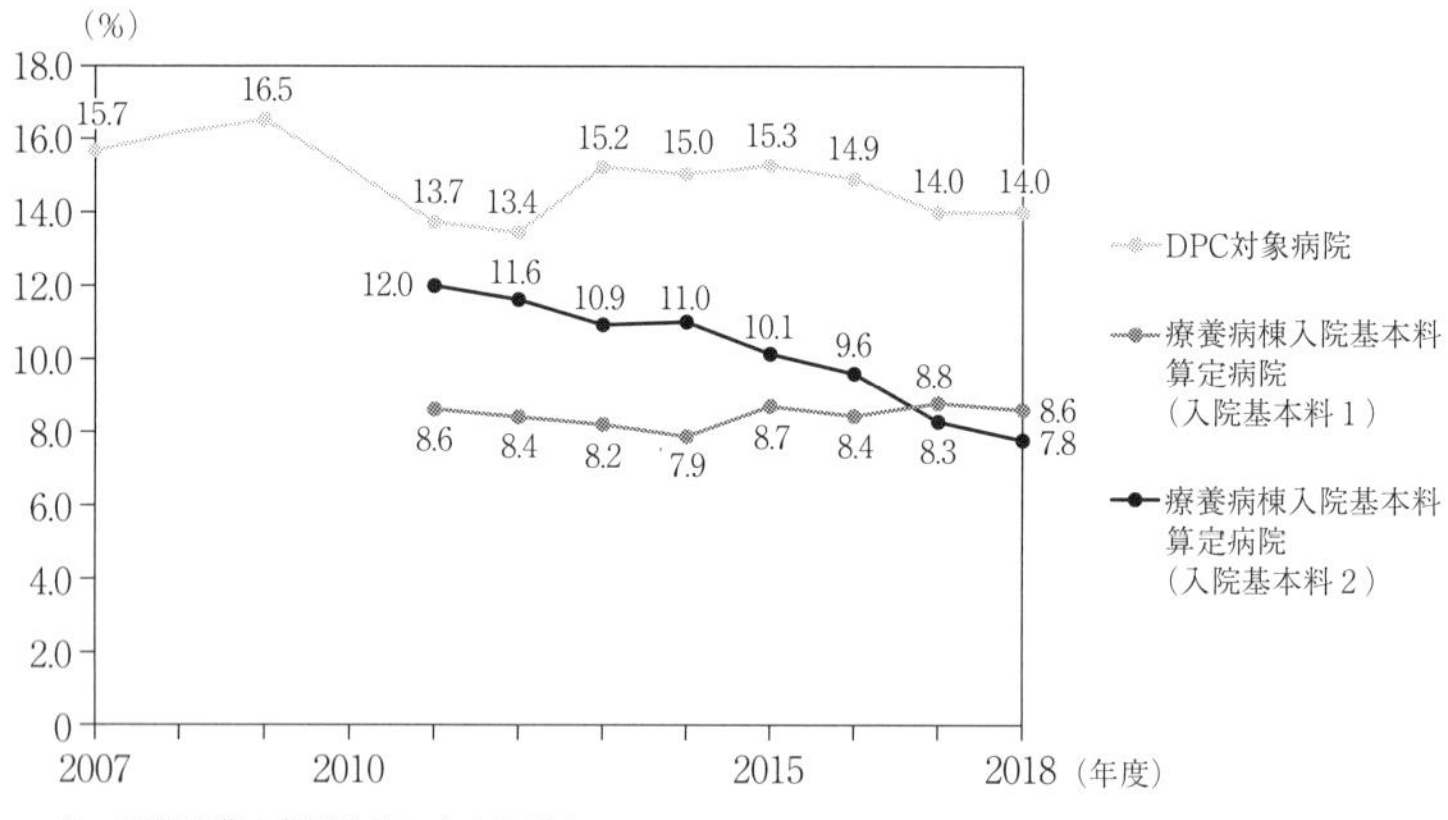

注：医薬品費の費用合計に占める割合。
資料：厚生労働省「医療経済実態調査（医療機関等調査）」各年度版より筆者作成

そこで、「医療経済実態調査報告」を用いて妥当性の簡単なチェックを行った。同報告には、医療機関の収入と支出が掲載されており、そのなかには、ＤＰＣ対象病院、療養病棟入金基本料算定病院など機能ごとに集計されたものもある。支出のなかには、「医薬品費」という項目があり、その２０１０年度前後（２０１０年度は調査対象年となっていない）の数値と他の年度の数値とを比較することにより、２０１０年度の薬剤費比率を他の年度にも援用する妥当性をおおむね確認することができると考えられる（ただし、特定入院料は時系列でデータの接続が難しく、除く）。

ＤＰＣ対象病院について、２０１０年度は「医療経済実態調査」の対象年度となっていないが、その前後２００９年度と２０１１年度の医薬品費／費用合計（医薬品費比率と呼ぶ）は、それぞれ16・5％、13・7％となっている（図５－９）。以降、医薬品費比率は、13％台半ばから15％台半ばで推移している。こうした推移から判断すると、DPC/PDPSについては、２０１０年度の薬剤費比率を以降の年度にあてはめることはおおむね妥当であると判断される。

他方、医療療養病棟については、２０１０年度の薬剤比率を以降の年度にあてはめる本章の仮定はやや過大である懸念がある。医療療養病棟には、看護配置の手厚さにより入院基本料１と２とがあり、入院基本料１の医薬品費比率は２０１１年度（データの接続性がある起点）以降８％台で推移しているのに対し、入院基本料２は、２０１１年度の12％から２０１８年度の７・８％まで一貫して低下している。なお、「医療経済実態調査」の医薬品費は、市場価格ベース（図５－１参照）であることには留意を要する。

②　医科－入院外

本章の分析が長澤（２０１２）の方法を踏襲しつつ、結果が異なる部分は、入院外である。入院外においても、包括払いが一部とられているものの、処方箋を発行され、院外処方が行われる場合がある。たとえば小児科外来診療料は、処方箋を交付する（初診時）５７２点、処方箋を交付しない（初診時）６８２点となっている（差１１０点が薬剤料と考えられる）。

院外処方が行われていれば、調剤薬局の薬剤費の中に費用が現れているはずであり、本稿は、包括払いの診療行為であっても、処方箋が発行されているものは除いた。そうした処理をとったことで、長澤試算（２０１２）との相違が生じたものと考えられる。

補論2　診療報酬における消費税に関する諸問題

(1) 診療報酬と消費税

診療報酬は、学費などとともに社会政策上の配慮から消費税については非課税とされているものの、実質的には課税されている。医療機関の窓口で受け取る領収書を仔細にみると「診療報酬や薬価等には、医療機関が仕入時に負担する消費税が反映されています」との趣旨の記載がある。たとえば、オプジーボ一人あたり3500万円（2014年9月保険収載時）も消費税込み価格であり、その内訳は本体価格3241万円、消費税259万円（当時の消費税率8％）となる。

診療報酬にかかる消費税の問題は「控除対象外消費税問題」と呼ばれ、かねてより論点となってきた。2020年6月の日本医師会会長選挙で新会長に選出された中川俊男の政策提言のなかにもその抜本的解決がうたわれている。[9]「控除対象外消費税問題について、医療機関ごとの補填のバラツキを解消するため抜本的解決に取り組みます」。

この問題は、診療報酬を診療報酬（本体）と薬価とに分けて考える必要がある[10]（図1－8参照）。問題の性格が異なるためである。診療報酬（本体）により、医師や看護師などの人件費、清掃・クリーニング・食事などを外部委託していればその外部委託費、医療機器購入費、病院・診療所建物建設費、ベッドや車両の購入など、処方薬以外のすべての費用が賄われる。他方、薬価は、すでに紹介したように、薬一つひとつにつけられた公定価格である。

国民医療費43・1兆円（2017年度）は、病院・診療所・保険薬局といった医療機関に1年間に支払われた診療報酬（本体）と薬価の合計値にほぼ相当する。薬価は９・５兆円（対象は出来高払いの処方薬のみ、表５－１）であるから、診療報酬（本体）は33・６兆円ということになる。

(2) 薬価と消費税

まず、処方薬は、次のような薬価決定の仕組みによって消費税が標準税率で課税されている。薬が新たに保険収載される際は、原価計算方式を例にとれば、薬ごとに製品総原価、営業利益、流通経費からなる本体価格が算定されたうえで、消費税が上乗せされ薬価が決められる。引き続きオプジーボを例にとれば、保険収載時、本体価格は67万５７８６円（＝製品総原価45万９７７８円＋営業利益17万００５５円＋流通経費４万５９５３円）、消費税５万４０６３円、その合計が保険収載時の薬価72万９８４９円（１００ｍｇ）となる。

保険収載後も、２年に一度の薬価改定に際しては、卸売と医療機関との間の消費税抜きの実勢価格が政府によって調査されたうえで、その実勢価格に消費税が上乗せされ、新たな価格が決められる。たとえば、２０１６年の診療報酬改定におけるA剤の薬価が１１０円（ここには消費税分が含まれている）、２０１８年の診療報酬改定に向けた薬価調査における実勢価格がその後の価格下落を受け１００円（税抜き）であったとする。すると、２０１８年の診療報酬改定におけるA剤の新たな薬価は次のような計算式から求められる。なお、右辺第２項は、調整幅と呼ばれ、医療機関の在庫ロス分などをあらかじめ上乗せするものである。

110.2円 ＝ 100円×1.08 ＋ 110円×2％
新たな薬価　実勢価格（税抜き）に消費税８％上乗せ　調整幅

薬剤費が９・５兆円であるとすれば、本体価格８・８兆円、消費税０・７兆円である。こうした実態は、第一に、消費税という税目に対する国民の信頼を損ないかねない。まず、「非課税」の語感、すなわち消費税がかかっていないかのような印象と実態との乖離が著しい。次に、消費税における軽減税率という仕組み、とりわけ対象品目選定の妥当性への疑問である。２０１９年10月に消費税率が10％へ引き上げられた際、処方薬にかかる消費税も10％に引き上げられており、飲食料品・新聞に適用される８％よりも税率が高くなっている。これは万人の納得のいくものではない。

第二に、薬価差益の問題を、消費税の観点からも考える必要性である。推定乖離率から計算した薬価差益０・86兆円（２０１７年度）のなかには、消費税も混入しているはずであり、その分、国と地方からみれば税収が損なわれている可能性がある。

(3) 診療報酬（本体）と消費税

次に、診療報酬（本体）は、薬価に比べ、構造が複雑である。医療機関も、他の一般業者同様、医療機器購入時や病院建物建設時など、卸売業者やゼネコンに代金とともに消費税を支払っている。ところが、大まかにいえば、医療機関は、患者・保険者から受け取る診療報酬に対し消費税額をきっちり計算して受け取るということはなく（非課税の建前であるから）、よって、それと支払い消費税の

図５－10　診療報酬と消費税

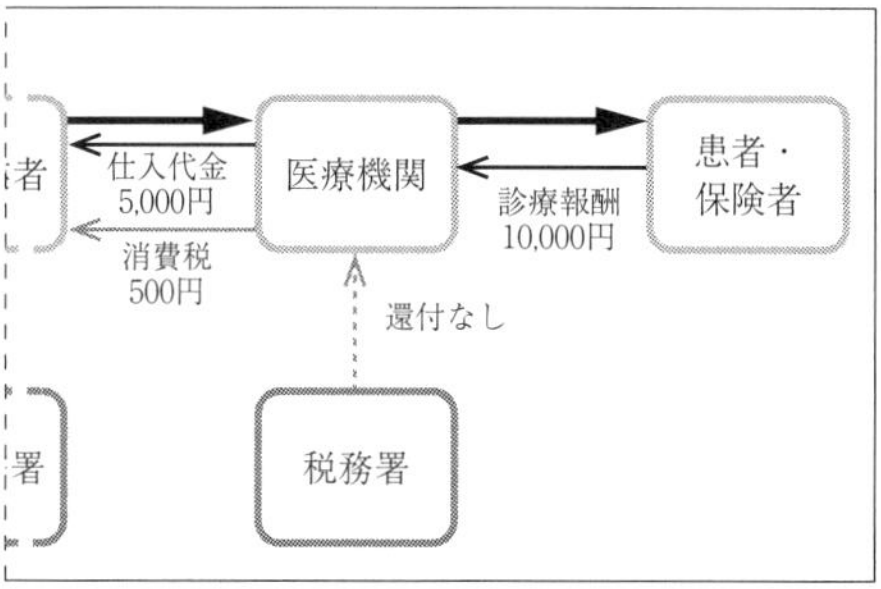

資料：著者作成

差額を税務署に申告・納税する機会もない。すなわち、医療機関は課税事業者となっていない。

また、医療機関は、前掲図１－４にみる輸出業者のように、仕入時に支払った消費税を税務署から還付を受けることもない（図５－10）。学校であれば、支払い消費税を学費に転嫁することも可能であるが、医療機関の主たる収入は、公的価格の診療報酬であるから、自らの判断ではいかんともし難い。

そこで、医療機関の支払った消費税が医療機関の持ち出しとならないよう、診療報酬（本体）に上乗せすることによって補填されている。医療機関の窓口でもらう明細書に「医療機関が仕入時に負担する消費税が反映されています」と記載されているのは、そうした補填を表している。

これまで、①１９８９年の消費税導入時、②１９９７年の税率５％への引き上げ時、③２０１４年の税率８％への引き上げ時、④２０１９年の税率10％への引き上げ時、診療報酬（本体）については、それぞれ①０・11％、②０・32％、③０・63％、④０・41％、計１・47％が上乗せされている（表５－４）。数値は国民医療費への寄与度である。金額に換算すれば約０・

表５－４　消費税導入・引き上げ時における診療報酬による補填

	消費税導入 1989年	税率５％への引き上げ 1997年	税率８％への引き上げ（定例改定と同時改定） 2014年		税率10％への引き上げ 2019年
				（うち消費税分）	
全体	0.76	0.77	0.10	(1.36)	0.88
診療報酬（本体）	0.11	0.32	0.73	(0.63)	0.41
薬価等	0.65	0.45	▲0.63	(0.73)	0.47

注：診療報酬改定の診療報酬（本体）と薬価等の内訳は全体への寄与度。
資料：中央社会保険医療協議会医療機関等における消費税負担に関する分科会（第２回）資料税－２－１、同第11回資料税－１、同第20回資料税－１－１より筆者作成

63兆円（国民医療費43・1兆円×1・47％）となる。診療報酬（本体）を31・5兆円とすると2％（＝0.63÷31.5）の軽減税率が適用されている計算になる。

個別には、２０１９年の消費税率10％への引き上げ時を例にとると、初診料２８２点から２８８点、再診料72点から73点、急性期一般入院料１５９１点から１６５０点といったように引き上げられている。

こうした現状の問題点として第一に指摘できるのは、医療機関が仕入れの際に実際に支払った消費税と上乗せされた診療報酬との間に差が生じることである。新医師会長の政策提言にある「医療機関ごとの補填のバラツキ」とは、そうした状況を表している。A病院とB病院とで同じ医療行為が提供されたとしても、すなわち、診療報酬（本体）は同じであっても、費用構造は当然異なる。

簡単な例を考えれば、A病院は最寄り駅から距離があるため、患者の利便性を考え、シャトルバスを運行させたとする。バスの購入費用、ガソリン代には消費税がかかり、運転手を外部委託していれば、その委託費にも消費税がか

表５－５　診療報酬による補填の実態

	病院	診療所	歯科診療所	保険薬局
報酬上乗せ分（A）（万円）	1,786	82	37	26
消費税３％相当負担額（B）（万円）	2,101	74	41	30
補填差額（A－B）（万円）	▲315	8	▲3	▲4
補填率（A/B）（％）	85.0	111.2	92.3	88.3

注：１施設・１年間あたり。診療所とは一般診療所を指す。
資料：厚生労働省「控除対象外消費税の診療報酬による補てん状況把握〈平成28年度〉」2018年７月25日中医協への提出資料より筆者作成

かる。ところが、駅近のB病院と提供する医療行為が同じであれば、受け取る診療報酬は同じである。A病院は、消費税負担分を診療報酬（本体）以外のどこからか捻出しなければならない。

個々の医療機関ごとではないものの、厚生労働省は、２０１４年４月の消費税率５％から８％への引き上げ時の診療報酬による補填が十分であったか否かを実態調査し、２０１８年７月、医療機関の種類別に結果を公表している（表５－５）。それによれば、診療所は、１施設・１年間あたり消費税３％相当の負担額は74万円、それに対し診療報酬上乗せによる補填額は82万円、差し引き８万円のプラスが生じ、補填率は１１１・２％となっている。すなわち、益税が発生している。他方、病院、歯科診療所、保険薬局の補填率はそれぞれ85％、92・３％、88・３％と１００％に満たず、補填不足であったことが示されている。すなわち、損税が発生している。これは、医療機関の種類ごとの平均的な姿にすぎず、個々の医療機関でみれば、補填率にはよりバラツキが出るものと推測される。

こうした実態を、患者の側からみれば、医療サービスの受益者と消費税の負担者が必ずしも一致していないことを意味している。たとえば、大病院で高度な医療機器による治療を受けた患者がそれに見合う消費税を負担しておらず、一般診療所を利用した患者が医療サービスからの受益以上の消費税を負担していることになる。

第二に、医療機関に意図せぬディスインセンティブをもたらす可能性である。すでに述べたように、わが国は人口あたり病床数、ＭＲＩやＣＴスキャナーといった高額検査機器台数が先進諸国のなかでも突出して多く、病床、高額検査機器の効率的な配置および利用は重要な課題である。消費税負担を嫌う医療機関が過剰な病床や機器の投資抑制に向かえばよいが、そうではなく、真に必要な投資まで抑えることとなれば、医療サービスの供給量や質の低下となって患者側に跳ね返ってくることになりかねない。

実際、国立大学附属病院長会議からは、設備購入時の消費税が診療報酬では補填されきれておらず、更新が進まないことから、高度医療の提供が難しくなるとの声が出ている（「日本経済新聞」２０１６年12月４日）。そのほか、仕組みが不透明であること、診療報酬（本体）への上乗せ計１・47％という水準が果たして妥当であるのかなど論点は多い。

(4) 税制としての議論を

２０１９年10月に消費税率が10％に引き上げられた後も、わが国の深刻な財政状況と一段の高齢化進行を考えれば、消費税を中心に歳入増を図っていくことが不可欠である。消費税率を引き上げるたび、医療機関の仕入れにかかる消費税負担分を診療報酬に上乗せするという手法を繰り返していくとすれば、ここまでに述べた問題は深刻化する。また、税率を上げていく過程で、軽減税率の対象範囲拡大や税率の議論が浮上した際、処方薬に消費税が標準税率でかかっている現状から目を背けるのは誠実な態度ではない。

この問題を根本的に解決するためには、まず、診療報酬（本体）については、医療機関を消費税の課税事業者とする他にない。個々の医療機関は、支払った消費税と、患者・被保険者から受け取った消費税の差が、プラスであれば税務署に納税し、マイナスであれば税務署から還付を受けるようにする。具体的には、いったん、診療報酬（本体）を１・47％（前掲、国民医療費への寄与度）引き下げる。そのうえで、改めて診療報酬（本体）に税率２％の消費税を課税する。２％の税率は、税収中立から導かれる水準にすぎず、医療というサービスの性格やわが国の財政状況などを睨みながら、多様な選択肢があり得る。

次に、薬価については、消費税に逆進性対策として効果を認めにくい軽減税率を設け、しかも、飲食料品・新聞を対象としているという消費税の仕組みの側にむしろ問題がある。税制の議論のなかで解決を図っていく必要がある。処方薬がいかなる財・サービスに劣らない必需品であるとすれば、飲食料品・新聞より低い税率を適用すべきとの考えもあろうし、むしろ飲食料品・新聞の軽減税率こそを廃止すべきとの考えもあろう。

【第5章・注】

＊　本章の初出は「薬剤費の推計―２００１〜２０１７年度」『ＪＲＩレビュー』Vol. 5. No. 77. 87－１０５ページ。本書に収録するにあたり、加筆修正している。

（１）日本薬剤師会ＨＰ、医薬分業推進状況（保険調剤の動向）。

（２）厚生労働省「平成30年医師・歯科医師・薬剤師統計」。

（３）日本薬剤師会のＨＰでも次のように説明されている。「外来で処方箋を受け取った患者さんのうち、院外の薬局で調剤を受けた割合を『処方箋受取率』といい、『医薬分業率』とも呼んでいます」。

（４）京都大学医学部付属病院薬剤部はその一つである。ＨＰに掲載されている２０１３年9月18日付保険薬局向け「お知らせ」には、次のように記載されている。「処方監査に必要な情報として院外処方せんに記載することといたしました。記載される検査値は過去４ヶ月以内に測定された直近の値です」。

（５）池上（２００５）を参照。

（６）厚生労働省保険局医療課（２０１７）を参照。

（７）詳しくは西沢（２０１７ｂ）、西沢（２０１８ａ）を参照。

（８）西沢（２０２０）を参照。

（９）「新しい日本医師会へ　会長候補中川俊男の思い」２０２０年6月18日

（10）混乱を避けるため確認しておくと、「診療報酬（本体）」の（本体）は、消費税抜きの本体価格という意味ではない。

第6章　社会保険としての医療保険

1　再構築に向けて

医療保険制度を真の意味での社会保険へと再構築していくためには、まず、医療保険財政と医療提供体制それぞれにおいて原理原則を明確にする必要がある。そのうえで、医療保険制度の見直しのみならず、税制、財政運営といった関連諸制度を見直す必要がある。制度も、法律を書き替えるだけではなく、執行を改善していかなければならない。制度は、シンプルでなくてはならず、現在よりも複雑にすることは改悪と考えるべきである。最終章である本章では、そうしたビジョンおよび第5章までに述べきれなかった課題、各章横断的な課題を採り上げる。

2　ビジョンの共有

(1)　家庭医を起点とした医療提供体制ビジョン

わが国の医療政策は、極めて漸増主義的で対症療法的な対策に終始してきた。これは、郡司篤晃（東京財団上席研究員、当時）らが参加した東京財団の研究会報告書（2012a）における評価で[(1)]

ある。同報告書は、そのうえで、改めてビジョンの重要性を説いている。漸増主義は、現実的ではあるが、小さな改善の積み重ねが大きな改善に到達する保証はなく、さらに、制度が複雑化し社会の幅広い議論を阻害するという欠点が見て取れるためである。

１９８３年に老人保健制度が導入され、すぐ後の１９８５年、厚生省に「家庭医に関する懇談会」が設置されている。老人保健制度には、インシュアランスの保険ではなくヘルスの保健の文字が充てられている。このことから、老人保健制度は、財源の工面というファイナンスの話のみならず、高齢者の心身の特性にふさわしい医療提供体制の構築すなわち家庭医の制度化があってはじめて完結するものとして構想されていたことが推察される。ところが、医療提供体制については、コアとなるべき家庭医の制度化には至らなかった(2)。

平成時代（１９８９年）に入って間もなくのバブル崩壊を経て、低成長経済への移行と一段の高齢化を背景に財政状況の厳しさが増していったこともあり、ファイナンスについては、その時どき実現可能な解を探りつつ対応が重ねられてきたが、出口は見えていない。医療提供体制については、家庭医というコアの概念を欠いたことから、２００８年の後期高齢者終末期相談支援料の新設などは見られたものの、ビジョンが描き切れていない。終末期医療相談支援料とは、患者と家族が医療従事者と終末期における診療方針等について話し合った際の診療報酬上の評価である。ただし、それも姥捨て山批判のなかですぐに廃止されてしまった。このような経緯が実態ではないだろうか。

実現可能な解を探ることが習性となり、それに疑問すら覚えなくなっている。医療提供体制については、１９８０年代初頭に欠け落ちてしまったピースである家庭医の制度化を含め、改めてビジョンを共有していく必要があろう。地域医療構想も、関心がどうしても病床に偏重している印象は否定できず、かつ、社会保険という方法がとられているなかで都道府県の権限強化が打ち出されていることは理論的に理解しにくい。

家庭医の機能について、郡司（１９９８）は、懇談会の10の整理を用いつつ、次の四つにまとめている。①初期医療、②予防、医療、福祉まで含んだ包括的なケア、③全人的医療、④24時間対応。懇談会の掲げた機能は、「今でも家庭医として備えたい機能をほぼ網羅している」[(3)]との評価を得ているものだ。医師の山田隆司が２０１５年、日本総合研究所主催のシンポジウムのなかで紹介した次のエピソードは、家庭医機能の一端、とりわけ②と③をよく表している[(4)]。

「よくご紹介する例なのですが、腰の曲がったおばあさん、腰が痛い、腰が痛いと言って何回もやってくるのですが、レントゲンを撮れば、圧迫骨折を伴った骨粗鬆症がひどい。普通ですと、整形外科へ行って、レントゲンを撮って、上記の診断をして、ビタミンＤだとか、カルシウムだとか、ビスフォスフォネートだとか、あと、お注射だとか、いろんな対処をするんですけれども、同じようにしたんですが一向によくならない。

あるとき呼ばれて往診に行ったら、病人の介護をされていた。連れ合いのおじいさんが寝たきりだったんですね。そこで、こんなことをやっていてはよくならないだろうということで、説得してヘルパーさんを入れてもらった。昔のご家庭でしたから、そういった他人の手を煩わせることは非常に抵抗があったようなんですけれども、最後は納得して入れられたんですね。そうしたら、腰痛がよくなった。

このおばあさんの腰痛に対してレントゲンを撮って、骨粗鬆症と診断して、圧迫骨折を見つけて、注射をして、お薬を与え続けても一向によくならなかったのが、全体像を見て、福祉のサービスを充実させてあげることで、そもそものおばあさんの生活の質が向上した。ということで、あまり大胆な言い方してはいけないかもしれないですけれども、おばあさんの最良の処方箋は決して専門的な医療を正しく診断して介入をすることではなくて、生活全体を見て調整してあげることだったということです」

このエピソードに照らし、わが国の医療提供体制について、少なくとも二つの問題点を指摘できる。一つは、こうした医師へのアクセスが保証されていないことである。生活全体を見てくれるような医師が一体どこにいるのか、医師と患者との間でどのようにすれば信頼関係を構築できるのかわからない。わが国の医療保険は、リスク発生時の医療サービス提供を目的とした疾病保険であり、病気や怪我をしてはじめて医療機関にかかる仕組みである。そのため、健康時に医療機関とコンタクトする機会は限られる。健康時に医療機関とコンタクトするのは、会社や地方自治体の健診時の医師との問診ぐらいではないだろうか。その医師も健診のたびに代わる。

健康時から医師と信頼関係を築く手段として有効であり、かつ、すぐに実現可能な方法がある。それは、特定健診など健診時の問診担当医を受診者による指定制とすることである。健診では、検査実施機関において、血液検査、バリウム検査、レントゲン撮影などの後、その実施機関において医師の問診を受ける。この医師を、受診者の自宅近隣の診療所など自らの希望に切り換えるのである。

健診データは、検査実施機関からその医師のもとに送られ、医師はデータをもとに受診者に対し後日問診を行う。年に一回でも、このように顔を合わせていれば、年を重ねるごとに、コミュニケーションも深まり、データも蓄積されていく。この受診者が職場を変わったり、退職したりしたとしても医師との関係は続く。健診が未受診のままであれば、医師からの督促も期待できる。

このようにしておけば、医療資源の有効活用も期待できる。新型コロナウイルス問題で注目の集まったオンライン診療を実施するとしても、このような信頼関係がすでに構築されていれば、スムーズであろう。新型コロナ感染の疑いを自覚した人が、自らについて何の情報もない保健所にいきなり連絡するよりも、この医師に連絡したほうが、連絡を受ける側も適切に対応しやすいと思われる。重篤化につながりやすい基礎疾患の有無、および、家族状況なども把握できているためである。同居人がいる場合、家庭内感染を防ぐための指示も併せてしなければならない。

二つめは、診療報酬の出来高払いのマイナス面である（第5章も参照）。出来高といっても、健康という成果の出来高基準ではなく、医療資源の投入量が基準となっており、英語の fee for service のほうが実態を的確に表している。入院外（外来）の医療は、出来高払いが基本となっており、レントゲンを撮って、注射をし、薬を与え続けることで診療報酬が積み上げられ、他方、ホームヘルパーの受け入れを説得し、紹介しても診療報酬は付かず、医療機関にとってはむしろ減収となりかねない。ホームヘルパーを紹介したほうが、患者本人にとっても、医療保険財政にとっても明らかに好ましいにもかかわらず、出来高払いはそれを阻害する方向に作用する。

そこで、現行の出来高払いを中心とした入院外（外来）の診療報酬制度を見直す必要がある。ここではホームヘルパーの紹介を一例としているが、医療資源を投入せずに医療サービスの質を高めることこそが評価されるように、たとえば、一住民あたり年間30万円（金額は例示）といったように報酬制度を改めておくのである。この人が医療機関にかかってもかからなくても、年間30万円が支払われる。これを医療政策の用語に当てはめれば、登録医制、人頭払いということになる。

(2) 税と社会保険料の役割に応じた再構築

ファイナンス面においては、社会保険料を本来のあり方に回帰させる方向での再構築が不可欠である。広井良典・京都大学教授は、1997年の著書のなかで、わが国の医療保険制度の最大の特徴は、「保険原理と税の原理が混然一体となっている」ことであると指摘し、混然一体とは、「社会保険の網を広くかけたうえで、そこになしくずし的に公費＝税を導入してきたこと」であると説明している。[5]

1997年は、老人保健制度が導入されてから14年後、介護保険制度導入の3年前である。その時点で、このような表現で医療保険制度が言い表されている。以降、現実の政策は、広井の言うなしくずし的な公費導入から、社会保険料によるなしくずし的な再分配（本来は税の役割であるにもかかわらず）へと軸足を移し、混然一体の様相はより複雑化・深刻化し、今日に至っていると言えるだろう。

再構築に向けた指針は、次の通りである。社会保険料は、本来の役割である負担と受益の対応に徹し、再分配の役割は税に極力担わせる。こうした原則を確立する必要がある。具体的には、公費投入方法を、現在の機関補助から家計への補助に切り替える（図6－1）。現行の公費投入方法は、第1

図６－１　社会保険への公費投入方法、現状と改革

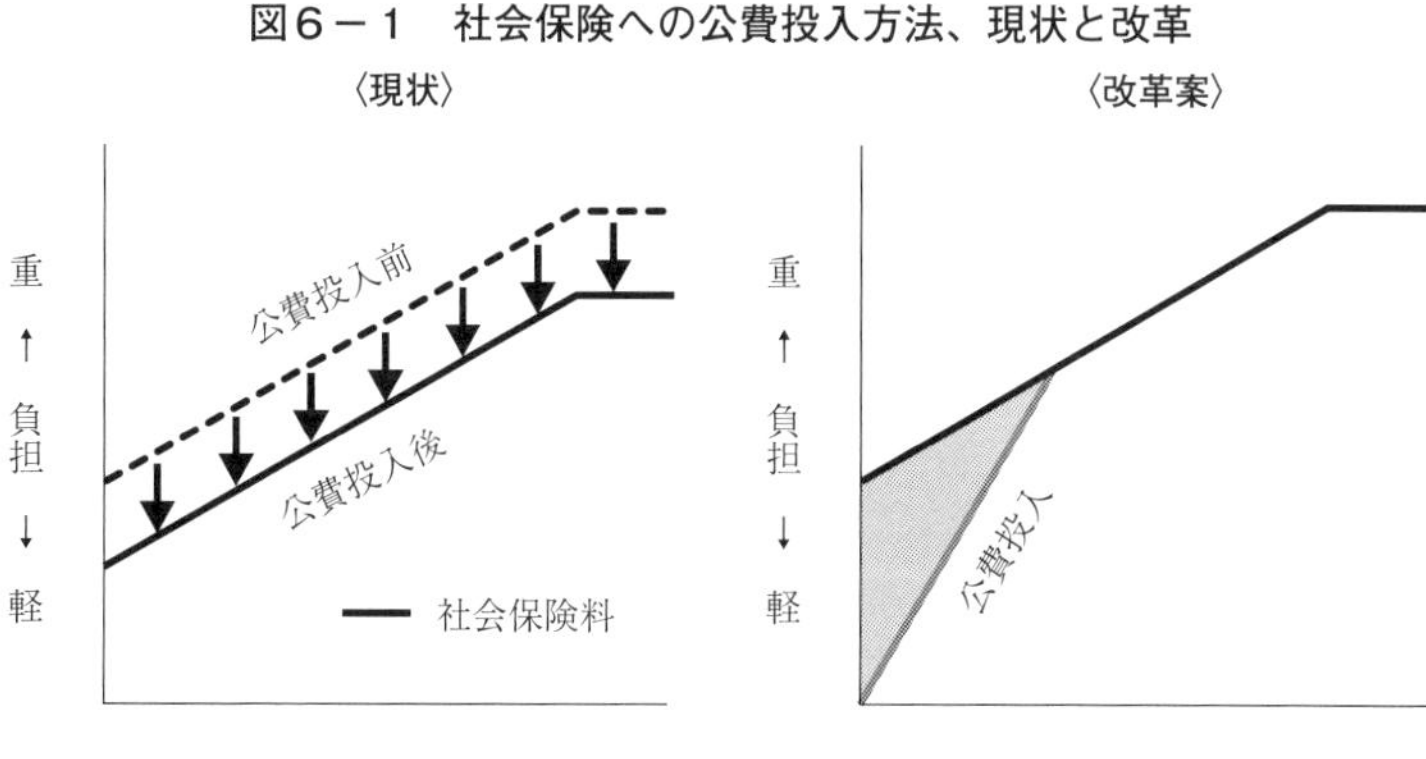

資料：筆者作成

章で述べた通り、社会保険料の負担と受益の対応を低下させているうえ、消費税の軽減税率と同じように非効率である。

協会けんぽを例にとれば、公費１・１兆円の投入は廃止し、その分、健康保険料率を10％から11・３％に引き上げる。それにより、健康保険料に医療にかかる費用をすべて反映させる（なお、例示を簡単にするため、支援金等を存置し計算しているが、現在の支援金等を是認するものではない）。低所得層に関しては、被保険者本人に対し、オランダの制度と同様、保険料を支払うための補助金を給付する（図６－１の網掛け部分）。国民健康保険、後期高齢者医療制度についても同様である。

こうした見直しを、ＳＮＡの用語法を用いて言い換えれば、中央政府から社会保障基金政府への政府部門間の財政移転ではなく、中央政府から家計への補助に改めることになる。このことによって、社会保険料の負担と受益の対応関係を損ねることなく、かつ、真に補助を必要とする人に対しピンポイントで支援の手が行き届くようになる。新型コロナウイルスの特別定額給付金のように、家計も税の恩恵を実感しやすいであろう。米国、英国をはじめ欧州で普及し、わが国でも導入を求める声が強い給付付き税額控除は、まさにそうした仕組みといえる。

3 所得捕捉の精度向上が拡げる政策の選択肢

税の投入方法を機関補助から家計への補助に切り替えるためには、補助すべき家計を正確に特定するための行政インフラ整備が不可欠である。２０１９年10月に消費税率が10％に引き上げられる際、軽減税率が導入された。第1章でも述べた通り軽減税率は非効率であり、逆進性対策としては、給付付き税額控除のほうが優れている。消費税率10％への引き上げに際して、軽減税率より給付付き税額控除のほうが好ましいとしても、給付付き税額控除を即座に導入できるほどの行政インフラが整っていないことが、政策としてもう一つ迫力を欠く要因になっている。

国税庁の関心は、もっぱら課税最低限を上回る所得層に限られる。まず、給与所得者については、事業主の視点で納税フローを整理すると次の通りである。事業主は、T年に、従業員への月々の給与と賞与から源泉所得税を計算、天引きし、税務署に納める（図3－5を再び参照）。源泉所得税を計算する際、社会保険料控除に加え、T－1年末に従業員から受け取った扶養親族等申告書に基づき、配偶者控除、扶養控除などの所得控除を行う。事業主から税務署への納税時点では、従業員それぞれの所得情報は税務署に送られない。事業主から税務署に源泉徴収票として所得情報が送られるのはT

＋1年1月である。しかも、給与額500万円以上に限られる。

次に、事業所得者については、申告すべき所得がある場合には、税務署に確定申告書を提出する。よって、国税庁に集まる事業所得者の所得情報も限られる。

市町村は、国保の保険者となっていることから、保険料の所得割の計算、および、応益部分の減額の決定のため、課税最低限を下回る所得層からも所得情報を収集する。給与所得者については、第3章で述べた通りであり、事業所得者については、確定申告書を税務署に提出していない所得層にも、市町村に対し「簡易申告書」の提出を求める。確定申告書の内容は、市町村に共有される。よって、事業所得者についても、市町村に包括的に情報が集まっている。

問題は、所得情報が集められるタイミングと質である。給与所得者に限ってではあるが、所得情報が集められるタイミングの現状についても、第3章において述べた通りであり、その改革案も部分的なものではあるが提案した。

所得情報の質についても、現状を正確に分析したうえで、必要に応じ改善策が講じられる必要がある。事業所得の捕捉は、事業主からの正確な申告に大きく依存している。クロヨン問題（第2章）が解消したという客観的な証拠も見当たらない。加えて、「簡易申告書」で捕捉されている所得情報は、市町村ごと正確性にバラツキがあると推測される。「簡易申告書」はその名の通り、記載事項が所得の種類と収入および所得額の三つ程度に簡略化され、メモ書き程度の情報量しかなく、書式も市町村ごとにバラバラである。市町村は、人口規模数百人から数百万人まで幅があり、税務以外にも多様な行政を担っていることもあり、税務行政に割ける人員や能力にも差があると思われる。

正確性の高い所得情報を一元的に収集する行政インフラが不可欠である。それを歳入庁という言葉で表せば歳入庁なのだが、第3章で述べた通り、組織統合を目標に掲げても事態の進展は期待しにくく、仮に、統合されても、看板の架け替えに終わって、中身がバラバラでは意味がない。必要なのは、組織統合ではなく、機能を再編統合し高め、使えるようにすることにある。

4　マクロ費用統計の根本的な改善

社会の幅広い議論を効率的なものとするためには、複雑化した制度をわかりやすいものとするだけではなく、意思決定の礎であるマクロ費用統計の整備が不可欠である。具体的には、ＳＨＡ（第1章参照）に則ったHealth Expenditure（健康支出）がマクロ費用統計の柱に据えられ、その推計精度が根本的に改善されなければならない。

ＳＨＡは、治療費のみならず、予防、介護、市販薬などを含み、健康に関する支出の包括的な把握を志向し、さらに、支出を経常支出と資本形成とに切り分けるなど、その体系はわが国が抱える課題を議論するうえで極めて有効である。治療から予防・介護への資源のシフト、人件費・薬剤費・資本形成の間の最適な資源配分こそがわが国の広義の医療制度における核心的課題である。その現状を捉えるためには国民医療費ではなく健康支出でなければならない。問題は、推計の抜本的改善に向けた機運に乏しいことである。

２０１６年7月、ＳＨＡの初版であるＳＨＡ１・０から改訂版にあたるＳＨＡ２０１１への完全準

図6－2　健康支出の対GDP比、LTCとLTC以外別、更新前後

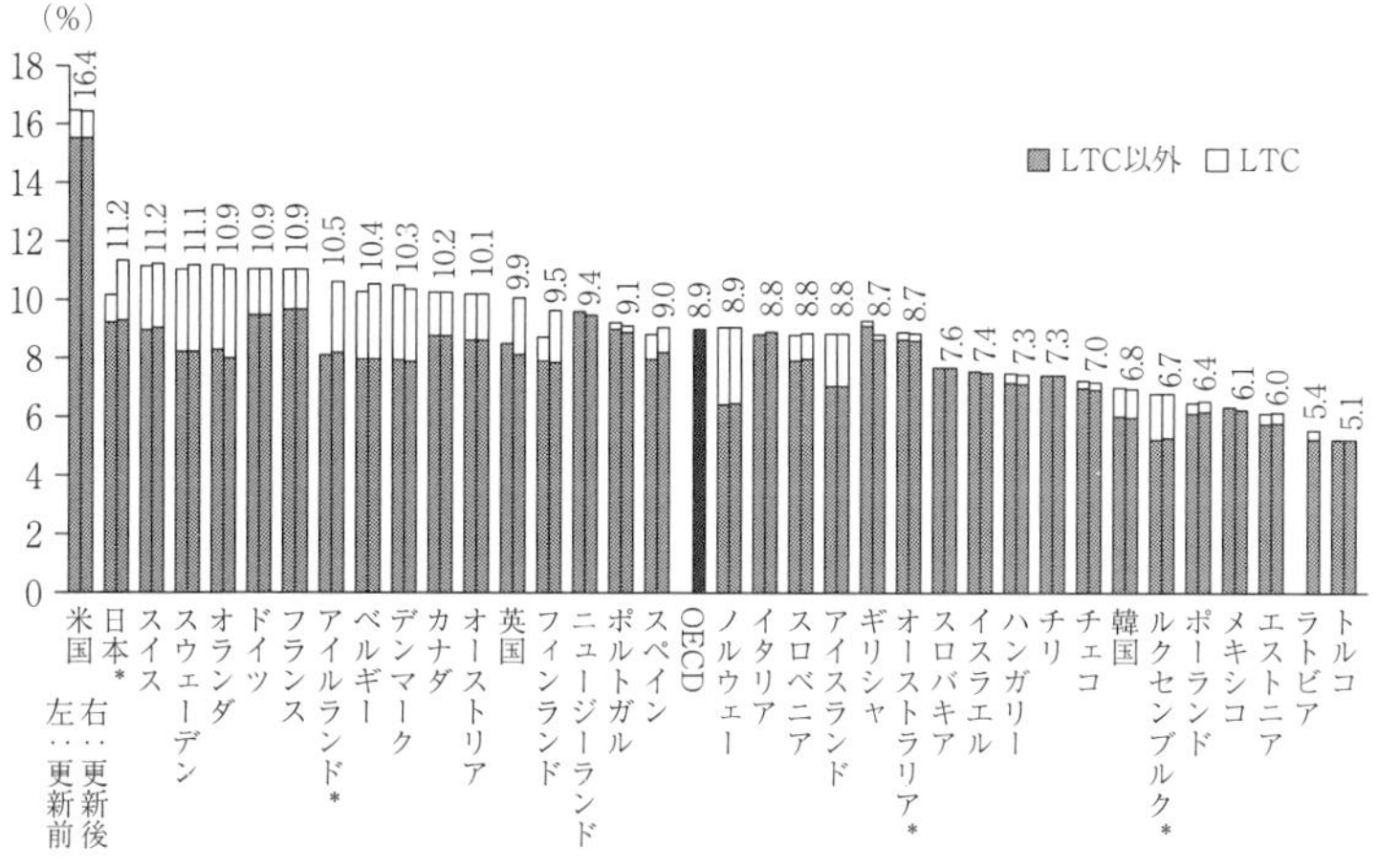

注1：数値は、更新後の健康支出の対GDP比。
注2：2013年。*を付した国は2012年のデータ。2013年のデータが取得出来ないため。アイルランドは、更新前のみ2012年のデータ。
資料：OECD Health Statisticsの2016年6月30日公表データ（更新後）、2016年6月15日取得データ（更新前）より筆者作成

拠に伴い、健康支出はリバイスされ、わが国は対GDP比11・2％、OECD加盟国のなかでの順位第2位となった（図6－2）。リバイス前の公表値では、10・1％、第11位であったから、大幅な上方修正である。同年8月、わが国の健康支出を推計している医療経済研究機構（IHEP）は、プレスリリース「OECD基準による日本の保健医療支出」を公表し、そのなかでわが国の数値の異同の背景について次のように説明している。

「今回このガイドラインがSHA1・0からSHA2011へと変更になりました。（中略）新基準と旧基準の違いは、長期医療（保健）サービスのうち、日本の介護保険サー

ビスの範囲です。２０００年公表の旧基準（ＳＨＡ１・０）は、長期医療サービスの定義（境界）が明確ではありませんでしたが、新基準では長期医療（保健）サービスには、『医療の有資格者が提供するサービス』に加え『ＡＤＬ（Activities of Daily Living：日常生活動作）に関するサービス』等が含まれることとなりました。結果として、日本における介護保険に係る費用について、旧基準には含まれていなかったもののうち、その多くが新基準には含まれることとなっています」

なお、ＩＨＥＰのプレスリリースでは、Health Expenditure が保健医療支出、Long Term Care（ＬＴＣと一般に略される）が長期医療サービスと訳されている。ＳＨＡでは、ＬＴＣを、ＡＤＬを補助するサービス、ＩＡＤＬ（Instrumental Activities of Daily Living：日常生活関連動作）を補助するサービスに分類し、それぞれをＬＴＣ（health）、ＬＴＣ（social）に対応させている。ＡＤＬを補助するサービスとは、入浴、着衣、食事、室内移動などの介助である。ＳＨＡは、そのうちＬＴＣ（health）を健康支出に計上し、ＬＴＣ（social）は参考推計に位置づけるルールとしている。ＩＨＥＰのプレスリリースでは、health に保健という訳語が充てられている。

ＩＨＥＰが、ＳＨＡ１・０のもと、ＬＴＣを「医療の有資格者が提供するサービス」と解釈し計上してきたのは、療養病床、老人保健施設、訪問看護の三つである。これらは、２０００年度に介護保険制度が創設された際、医療保険から介護保険に移されたサービスである。すなわち、２０００年度に国民医療費という親会社の売上の一部が介護保険という子会社に付け替えられ、その付け替え分を連結売上として計上してきたのにとどまる。

こうしたＩＨＥＰのプレスリリースには、少なくとも次の二点が指摘できる。一つは、ＩＨＥＰの説明とＯＥＣＤの説明との間に齟齬がみられることである。ＩＨＥＰのプレスリリースでは、ＳＨＡ１・０からＳＨＡ２０１１に基準が変わり、ＡＤＬに関するサービスも含まれるようになったと説明されている。それに対し、２００６年にＯＥＣＤから公表されたＬＴＣの推計に関するガイドラインでは、すでにＳＨＡ１・０において、ＬＴＣにＡＤＬに関するサービスを含むと記されている。すなわち、ＳＨＡ１・０とＳＨＡ２０１１とでは基準が変わっていないことになる(6)。

ＯＥＣＤの医療部長のマーク・ピアソンも、ＳＨＡ２０１１が公表された翌２０１２年にＩＨＥＰが行ったインタビューのなかで同様の説明をしている。「その点については、基本的な定義は変更していません。定義の解釈が各国でまちまちであったので、定義をより詳細にし、どの国でも同じように解釈されるように、定義を明確化しただけの変更です。（中略）日本の長期療養費用も実態よりはかなり低い数字が報告されているものと見ています。定義を明確にして、実態に合わせようとするのが、Version-２・０での改定の趣旨です(7)」。なお、長期療養費用とはＬＴＣを指し、Version-２・０はＳＨＡ２０１１を指している。ピアソンは、日本のＬＴＣは過小報告だろうとも指摘している。

実際、２０１６年7月のリバイス時、数値の大きな異同があった国は、わが国のほか、英国、フィンランド、アイルランドの四カ国のみである（図６－２）。いずれの国も、ＬＴＣの費用を新たに計上するか（英国、アイルランド）、大幅に上方修正している（日本、フィンランド）。それ以外の国では、リバイス時に数値の異同はほとんど見られず、もともとＬＴＣの費用をＳＨＡに忠実に計上していたものと考えられる。よって、基準が変わったというＩＨＥＰの説明は検証される必要がある。

もう一つ、ＩＨＥＰのプレスリリースに対し指摘できるのは、「介護保険サービス」への限定である。ＳＨＡでは、健康支出に計上するか否かは、サービスの機能に着目しており、それが提供される方法も受ける側の年齢も問うていない。ＳＨＡに基づけば、介護保険のような社会保険制度であろうが、介護保険制度導入前の税を財源とした措置制度であろうが、対象が高齢者でも若者でも、介護サービスが提供されれば、その費用が計上されなければならない。ところが、介護保険サービスに限定すると、わが国では高齢者介護に絞られてしまい、社会保険という方法をとらない若年障害者向けの介護サービスなどが抜け落ちてしまう。実際、わが国の健康支出のＬＴＣには、若年障害者の介護費用が計上されていないとみられる。

ＳＨＡについては、２０１０年4月、厚生労働省に「医療費統計の整備に関する検討会」が設けられ、公的統計への位置づけの是非が議論されたことがある。これは、「公的統計の整備に関する基本的な計画」（２００９年3月13日閣議決定）において、ＳＨＡの公的統計への位置づけが検討項目として示されたことを受けたものである。公的統計とは、統計法第1条において、国民にとって合理的な意思決定を行うための基盤となる重要な情報と説明されている。もっとも、厚生労働省の検討会はわずか2回開催されたのみで、意見の集約をみないまま終了している。

今後、進むべき道は明らかである。ＳＨＡの体系は極めて有効であり、その推計精度および情報開示の改善は不可欠である。よって、ＳＨＡに基づく健康支出の推計を、一研究機関に依存するのではなく、２００９年の「公的統計の整備に関する基本的な計画」に立ち返り、政府自らが担うべきである。候補は、厚生労働省のほか、ＳＮＡを所管する内閣府、あるいは、社会保障費用統計を推計している国立社会保障・人口問題研究所などが考えられる。

それによって、国民から寄せられる意見を推計精度改善に活かし、なお残る統計の限界を国民に周知する体制を整えなければならない。新型コロナに関しても、要した費用をＳＨＡの健康支出の1項目である「予防」に正確に計上しておく必要がある。各国のコロナ対策費を共通の定義で比較するのは、ＳＨＡだろう。健康支出を、その対ＧＤＰ比が諸外国比決して低くなくなってしまったことから、診療報酬引き上げを正当化する材料として使えなくなったとお払い箱行きにするのではなく、効率的な議論のインフラとして重視し育てていくことが、社会保険としての医療保険制度を運営していくうえでも欠かせない。

5　消費税の再評価と改善

消費税から目を背け続けている現状を改めなければ、本格的な財政健全化の道筋は見えてこず、かつ、医療保険制度への公費付け替えが制度本来のあり方を歪める構図に歯止めがかからない。

２００1年4月から２００6年9月まで首相に就任していた小泉純一郎は、自らは消費税率を上げないと公言していたが、税の議論を封じ込めることはしなかった。実際、２００5年6月、政府税制調査会は、石弘光会長のもと「個人所得課税に関する論点整理」という報告書を公表。そのなかには、給与所得控除の見直しなど国民の琴線に触れる内容も含まれていた。以降、政府内において基幹税目に関する理論的な議論をほとんど見ることができず、周辺的なテーマに終始してしまっている感がある。政府の審議会や研究会の検討結果を採用するかしないかは、政治の判断もあろうものの、課題設定に制約を設け、議論そのものを封じ込めてしまっては、税に対する国民の理解は深まらない。

本来、絶えず理論的蓄積と国民の理解を深めつつ、同時に、税目ごとに改善を図っていく必要がある。たとえば、その一つに医療にかかる消費税の問題がある。第5章で述べたように、診療報酬は消費税が非課税とされつつ、診療報酬（本体）、薬価にはそれぞれ約2％（筆者推計）、10％の税率で消費税が課税されている。２０１９年10月、消費税の標準税率が10％に引き上げられた際、テイクアウトの飲食料品と定期購読の新聞に対しては軽減税率８％が適用されている。他方、処方薬は10％である。客観的に判断して合理的ではない。

診療報酬（本体）についても、本来、医療機関に仕入税額控除を認めれば済むにもかかわらず、それをせず、仕入時の支払い消費税を、最終価格である診療報酬（本体）に上乗せして補填するという対応が続けられている(8)。こうした仕組みを続けている限り、医療機関ごとに損税と益税が発生することは避けられず、かつ、資源配分に歪みが生じる。消費税を国民から信頼を寄せられる税目としていかなければ、次の税率引き上げに向かっていかない。

6　社会保障横断的な改革に進める場合

このような税と社会保険料の再構築を、医療保険制度の枠組みにとどまることなく、社会保障制度

表６－１　公的年金のキャッシュフロー

（兆円）

制度	収入	保険料	国庫負担	その他	支出	給付費	基礎年金拠出金	その他
厚生年金保険	42.3	30.9	9.5	1.9	41.1	23.1	18.0	0.0
共済組合	7.1	4.9	1.1	1.0	7.6	5.2	2.2	0.1
国民年金	3.3	1.4	1.9	0.0	3.7	0.1	3.0	0.6
計	52.8	37.3	12.5	3.0	52.4	28.4	23.2	0.8

勘定	収入	基礎年金拠出金	特別国庫負担	支出	給付費
基礎年金	23.6	23.2	0.4	23.6	23.6

注１：収入面の基礎年金交付金は、支出面の給付費と相殺している。収入面の厚生年金交付金、実施機関拠出金収入は、支出面の厚生年金拠出金、実施機関保険給付費等交付金と相殺している。

注２：運用損益は除いている。

資料：社会保障審議会年金数理部会「公的年金財政状況報告―平成29年度―」より筆者作成

横断的に解を求める視点が欠かせない。広井（1997）の言葉でいう保険原理と税の原理が混然一体となっているのは、医療保険だけではなく、年金と介護も同様である。

年金給付は、1階部分に相当し全国民を対象とした基礎年金と2階部分に相当する厚生年金（報酬比例部分）とに分けられる。1986年4月に導入された基礎年金の仕組みは、その約2年前、1983年2月に導入された老人保健制度と酷似している。基礎年金の給付費用は、厚生年金保険、共済組合、国民年金の各制度から基礎年金拠出金（老人保健拠出金に相当）が持ち寄られることで賄われている。基礎年金拠出金の2分の1は公費で補填される（表6－1）。

たとえば、厚生年金保険の場合、18・3%の厚生年金保険料を労使折半で負担する。保険料30・9兆円は、年金特別会計厚生年金勘定に入金される。同勘定には、基礎年金拠出金18兆円に対する国庫負担8兆円と旧法厚生年金への国庫負担が入金される。同勘定からは、厚生年金（報酬比例部分）23・1兆円が給付され、基礎年金拠出金18兆円が年金特別会計基礎年金勘定に入金される。共済組合もほぼ同様の構造である。保険料18・3％のうち、厚生年金（報酬比例部分）と基礎年金拠出金の内訳はわからない。国民年金制度については、支出はほぼすべて基礎年金拠出金となる。介護については、第2章で述べた通りである。

こうした医療、介護、基礎年金、厚生年金（報酬比例部分）の四つの給付を、次の二つに分類する。一つは、負担と受益が対応する社会保険という方法がふさわしい給付である。医療、介護、厚生年金（報酬比例部分）がこちらに該当すると判断される。もう一つは、負担と受益を対応させず、税で費用を調達し、全国民一律に給付する手法である。これは、しばしば税方式、あるいは、福祉原理という言葉が充てられる。基礎年金はこちらに該当すると判断される。ただし、税方式という言葉は、蔑みのニュアンスを含めて用いられるなど、しばしば不当な扱いを受けている。

厚生年金（報酬比例部分）は、現在でも年金保険料のみでの財源調達を原則としており、給付は報酬水準と加入期間に比例し、負担と受益の対応が明確である。医療と介護についても、それぞれ原則、健康保険料、介護保険料のみでの費用調達に切り換える。公費は、現行の機関補助はすべて廃止し、低所得の家計への保険料軽減目的に限定する（図6－1）。オランダの医療保険制度における税務署から被保険者向けの補助金のような形式である。

他方、基礎年金については、現在給付費の2分の1となっている公費負担を1分の1すなわち全額公費とする。あるいは、現実的な戦略として、徐々に1分の1に近づけていく。こうした案は、古くは1977年の社会保障制度審議会の基本年金構想が代表的なものとして挙げられ、以降も、多方面からしばしば提言されてきた(9)。

現在、国の一般会計の社会保障関係費のうち、年金給付費、医療給付費、介護給付費はそれぞれ11・5兆円、11・4兆円、2・9兆円である（前出表1-4を参照）。すなわち、大まかにいえば、以上の提案を実現するためには、医療給付費と介護給付費計14・3兆円の社会保障関係費のうち11・5兆円を年金給付費に振り替えればよい。差額2・8兆円は、低所得の家計への保険料軽減目的の補助金の原資に充てる。

家計の目線に立てば、厚生年金保険料は18・3％から5～6％程度下がり、1万6540円の国民年金保険料はなくなる。組合健保、共済組合の健康保険料はほぼ変わらない。協会けんぽ、国保、後期高齢者医療制度の保険料は上がるが、これらの制度に加入している一定所得以下の層には、国から先ほどの2・8兆円を用いて直接補助が行われる。

従来、基礎年金の公費負担を1分の1とする案（いわゆる税方式）に対しては、追加的な公費が必要となることがネックとして指摘されてきたが、このような四つの給付間の公費の再編であれば、追加的な公費負担を必要とせず、社会保障全体において、保険原理と税の原理が混然一体となっている状況が解消に向かうことになる。これは制度横断的な抜本改革である。こうした改革は、従来型の行政主導では難しく、政治のイニシアティブが欠かせない。

7　国の財政運営の見直し

医療保険制度改革を進める観点からも、国の財政運営見直しが不可欠である。一つめは、財政健全化の目標設定である。まず、財政健全化の指標を、プライマリーバランスの黒字化にとどめるのではなく、歳出に支払い利子も含んだ純業務収支の黒字化にレベルアップし、かつ、中央政府と地方政府のみならず、一般会計の歳出を社会保障基金に振り替える会計操作を断つため、社会保障基金の財政健全化も明確に視野に入れる必要がある。そのためには、社会保険における公会計の整備が不可欠であり、参考になるのは、米国財務省が公表している社会保険報告書（SOSI：Statements of Social Insurance）である。[10]

次いで、純業務収支の黒字化実現に向け、歳出抑制のみならず、歳入増すなわち税収増で賄われる部分を明確にする。税収の自然増に過度に期待するのではなく、税制改正の全体像を描く必要がある。2005年6月の「個人所得課税に関する論点整理」が公表された頃を最後に、顕著になった感のある租税からの逃避の根本的転換が図られなければならない（第2章）。

二つめは、財政運営の基盤となるべき将来推計の改善である。たとえば、年に2回、当面10年間の経済と財政の姿を描いた「中長期の経済財政に関する試算」が内閣府から公表されるが、与野党問わず議論の前提とできるレベルの客観性を備えているとは言い難い[11]。

三つめは、消費と投資の峻別である。2年に1回の診療報酬改定に際しては、薬価のマイナス改定で得られた財源を診療報酬（本体）のプラス改定に回すという、操作にも近い予算編成が常態化している。新薬と後発品のうち、新薬の価格については、製造コストのみならず、開発費のコスト回収および新規開発費用の確保、すなわち、投資の側面がある。他方、後発品は、もっぱら製造コストのみである。

新薬と後発薬とでは、このように原価の構造が異なるにもかかわらず、２年に１回の診療報酬改定では、同じルールのもとで薬価が改定されている。しかし、本来は、新薬と後発薬では異なるルールが適用され、価格にはメリハリが付けられるべきである。すなわち、新薬については特許期間中、開発コスト回収が可能な価格を維持し、特許が切れて後発薬にシフトした際には、市場競争を通じ徹底的に価格を下げていくようにするのである。

新型コロナの事態収束のためには、ワクチンの開発と十分な供給量確保が待ち望まれるところであるが、わが国の薬価制度がそうした要請に応え得るものとなっているのか改めて検証される必要がある。

8　後期高齢者支援金・前期高齢者納付金をどうするか

現行制度のままであれば、被用者保険の支出に占める後期高齢者支援金と前期高齢者納付金（支援金等）のウエートが50％を超える日が目の前に迫っている。健保連は、支出に占める支援金等のウエートに50％の上限を設け、それを超える分に対し公費充当を求めている。[12]仮に実現すれば、保険料率の上昇に歯止めがかかり、支出のうち50％は自らの保険制度の加入者向け給付に充てられることから、ギリギリ負担と受益の対応が保たれているとみることもできる。

もっとも、本来であれば、１９８３年導入の老人保健制度を嚆矢とした高齢者医療費への財政支援にはここでピリオドを打ち、高齢者自らの保険料負担引き上げと低所得層に絞った公費充当へと切り替えれば、被用者保険、後期高齢者医療制度、および、国保いずれの制度においても負担と受益の対応関係は明瞭になる。健保連の提案は、ベストプラクティスとしてではなく、実現可能性との折り合いをつけた当面の妥協点として考えられたものと思われる。政府内に根本的な改革に向けた機運が見られないためである。

健保連案をベースにするとしても、改善すべき点がある。一つは、支援金等の出し手である被用者保険から後期高齢者医療制度広域連合と国保に対しガバナンスを効かせることである。国から国保に対しては、保険者努力支援制度がある。それに類似した、あるいは、より発展した仕組みがあって然るべきであろう。たとえば、後期高齢者の医療費実績が当初想定を上回ったとしても、上回った分については広域連合自らが保険料の引き上げ等で賄うこととし、被用者保険と国保に追加的な後期高齢者支援金の負担を求めないこととする。

二つめは、支援金等の課税ベースを広げることだ。支援金等は、健康保険料の名目で徴収されていても、実態は受益の乏しい目的税である。税であると捉えれば、租税原則の観点からチェックを受けなければならない。そのとき、健康保険料は、いわば1事業所賃金課税であり、水平的公平や中立性の観点から難がある。少なくとも複数事業所勤務者の賃金については、確実に合算される必要があるし、さらには、事業所得や不動産所得など賦課対象拡大の議論も不可欠である。

三つめは、前期高齢者納付金については、現在自らの保険に加入する前期高齢者の医療費を抑えることによって納付金を少なくするインセンティブが付されており、このインセンティブについては残す必要がある。前期高齢者納付金についても、後期高齢者支援金などと同様、総報酬割導入を求める声が政府内から出ることがあるが、それは、医療費を抑えるインセンティブの放棄となることに十分留意しなければならない。前期高齢者の財政調整制度についての優先課題は、国保において、前期高齢者、非前期高齢者それぞれについて会計を明らかにすることである。

9 保険者によるデータ利活用と留意すべき点

2011年度からすべてのレセプトについてオンライン提出が原則義務化され、保険者機能の発揮の基盤が整っている。かつては、紙を積み上げると富士山の2倍の高さになると言われていた。これでは分析のしようがなかった。

たとえば、協会けんぽ大阪支部は、レセプトデータを用いて、重複受診者の分析を行っている。約300万人の加入者から、同月内で一度でも複数の医療機関からベンゾジアゼピン系睡眠剤ゾルピデムの処方を受けている者を抽出したところ、1308人が見つかった(13)。大阪支部は、そのうえで、観察対象者として384人を抽出、介入群と非介入群とに分け、介入群には、主治医を定めて処方について相談を勧める文書を送り、介入によって調剤数量及び医療機関数ともに減少効果が見られたことを確認している。これなど、レセプトを活用した保険者機能発揮の好例であろう。

他方、データ利活用に突き進んでいくあまり、本質を見失ってもならない。たしかに、一人の患者について、バラバラに管理されている医療保険（レセプト、カルテ）、健診、さらには介護保険それぞれのデータを接続できれば、全体としてのサービスの質向上が期待できる。もっとも、データの接続のみならず、一人の医師が患者の介護サービスの利用状況も含め全体像について把握できる体制整備も重要なはずであり、むしろ本質的ではないだろうか。そのような体制があれば、複数の医療機関から睡眠剤の処方を受けるといったことももとより起きにくい。

医師の草場鉄舟（北海道家庭医療学センター理事長）は、医療、介護、特定健診の情報を個人単位で連結させるデータベースの構築について、評価とともに、次のような見解を加えている。「患者の主治医が『かかりつけ医機能』を十分発揮して、正しい健康問題を十分に把握している状況で、介護保険の担当ケアマネジャーと情報を適正に共有していれば、こうしたデータベースを利用する必要は全くない。実際に、筆者自身はカルテに介護保険の認定状況やケアマネジャーの名前と所属する事業所名を記録し、提供されている介護サービスも把握できるような状況にしている[14]」。

医師が、患者からのデータをキャッチする重要性について、郡司篤明は次のように述べている。「薬の副作用について最も敏感に感じるのは患者さん自身なのだから、その貴重なデータを提供できる立場にいるのも患者さんたちなのである。その訴えや兆候を素早くキャッチできるのは身近で患者を診ている医師、すなわちプライマリーケアに従事する医師である[15]」。

10　保険者という寄辺と多様な議論

医療保険制度が分立し、それぞれ財政力が異なるため財政調整の要請も強まり、軋轢が生じ、財政調整後もなお格差は残る。そうしたなかから、医療保険制度の一元化を求める声も出てくる。一元化にも様々な形態があろうが、すぐに想起されるのは国営である。府県の策定した「国民健康保険運営方針」のなかにもそうした声が見られ、それは必ずしも特殊な考え方ではないようである（第４章）。

しかし、そうなると、国民が、負担と受益について、主体的意思決定に参画する機会は、国政選挙に限られてしまう。医療サービスも、地域ごとの間尺に合わせにくくなる可能性がある。もちろん、それが完璧に機能していればよいが、膨大な政府債務残高、「総理の恩返し」などといった不透明な政策決定を見ると甚だ疑問である。渡邉芳樹は、国家と国民の二者だけの関係になってしまうことについて、次のように、距離を置いた見方を示している[16]。

「国家と国民のまったく相対といいますか、二者の関係だけで仕切られる政策となってよいのかというと、どうでしょうか。確かに一般の人にもわかりやすいのですが、他方、それはニーズに根ざしたきめ細やかさや体系的バランスのない政策となりがちです。結局、社会保障を大切に思うのは個々の国民が必要に迫られた時だけ、その声を集約する日常的集約的メカニズムのない社会となり、いわば『寄辺』のない社会で、あまり住みやすくない国と言えるのかもしれません。ですから、中間項の団体をうまく活用していける政策を持つ社会や国家のほうが確かに安定感が高いだろうと思います」

たとえば、オプジーボ、ゾルゲンスマなどに続き、超高額薬の登場が見込まれるなかで、果たしてそれらをどこまで保険給付範囲に含めていくことができるのか、極めて難しい問題が突きつけられている。科学的な費用対効果の評価とともに、複数の場でわがこととして議論が蓄積され、多様な見解が併存していることが重要であると思われる。政府の審議会ですぐに保険収載について白黒つけられる問題ではなく、仮に白黒つけられたとしても、国民が意思決定に参画したという実感が伴わなければ、結果は支持を得にくいものと思われる。寄辺となる保険者が日常的に存在し、そのうえで、一段の議論の活性化に向け努力していくことが不可欠であろう。

【注】

（1）現・東京財団政策研究所。

（2）水野（2003）179ページには、次のようなエピソードが紹介されている。「(日本医師会の）村瀬会長は、厚生省の描く家庭医構想に、副会長の時代から徹底的に反対し、厚生省の『ファミリー・ドクター』にたいして『かかりつけ医』という言葉をつくった。村瀬のいう『かかりつけ医』とは国民が選んでかかりつけにしている医師という意味で、村瀬は厚生省に『家庭医という言葉を使うな』と言っていた」。

（3）葛西（2013）、180ページ。

（4）山田隆司（2016）(公益社団法人地域医療振興協会 地域医療研究所所長)「特集　日本総研シンポジウム　国民主体の医療制度構築に向けて—医療保険制度のガバナンスを考える—」『JRIレビュー』Vol. 2, No. 32.

（5）広井（1997）71ページ。

（6）英文をそのまま引用すれば次の通りである。

「Long-term nursing care comprises a range of services required by persons with a reduced degree of functional capacity, either physical or cognitive, who are consequently dependent on help with basic activities of daily living（ADL）, such as bathing, dressing, eating, getting in and out of bed or chair, moving around and using the bathroom」（GUIDELINES FOR ESTIMATING LONG-TERM CARE EXPENDITURE IN THE JOINT 2006 SHA DATA QUESTIONNAIRE）

（7）　医療経済研究機構『Monthly IHEP』２０１２年10月号。

（8）　西沢（２０１７ｂ）。

（9）　詳しくは西沢（２００８）を参照。

（10）　詳しくは西沢（２０１１）を参照。

（11）　こうした点は、東京財団（２０１２ｂ）に詳しい。

（12）　健康保険組合連合会「今、必要な医療保険の重点施策―２０２２年危機に向けた健保連の提案―」２０１９年９月９日。

（13）　協会けんぽ大阪支部「レセプトデータを用いた重複受診者への文書介入の結果」第６回協会けんぽ調査研究フォーラム（２０１９年５月16日）。

（14）　草場（２０１５）を参照。

（15）　郡司（２０１５）２１３ページ。

（16）　渡邉（２０１２）２０６ページ。

おわりに

本書は、客観的な記述を心掛けた。医療保険を真に社会保険として再構築すべきである――というメッセージを除けば、著者の意見も抑制的にしている。「はじめに」で述べたように、本書は、このメッセージを伝えるとともに、国民一人ひとりが被保険者、患者、納税者として医療保険制度について考えるための手引きとして読んでいただきたいと考えているためである。

もっとも、書き終えてみれば、著者（この「おわりに」では「著者」で統一する）の経験に大きく影響を受けている。著者が読んできたものについては参考文献に挙げている通りだが、著作物ではない、実体験のようなものもある。むしろそうしたもののほうが往々にして心に刻まれる。一人の人間の限られた経験であるからどうしても偏りが生じているが、本書を閉じるにあたり、いくつかピックアップして紹介しておくことで、本文の説明不足を補うものと考える。

一つめは、著者がもともと年金制度を研究対象としてきたことである。年金制度は厚生年金保険、共済組合、国民年金に分立し、それぞれの制度から、二階部分の給付がある制度は二階部分が給付され、加えて、基礎年金拠出金が拠出される。基礎年金拠出金には2分の1の国庫負担がつく。老人保健制度に酷似したこの仕組みは、1985年の改正で導入された。それは、財政的に窮状にあった国民年金を救う手立てとして、当時、でき得る範囲では最善の策だったのかもしれない。給付抑制に舵が切られるなど1985年改正の功績はもちろん大きい。他方、年金制度の複雑化、年金保険料の社会保険料らしさの低下などをもたらした側面も否定できない。

そうした1985年改正などもあり、年金制度も、基礎年金拠出金を通じ年金保険料が再分配に用いられていること、国庫負担の恩恵が消費税の軽減税率のように高所得層にも及び非効率であること、高齢化が進むもと財政的な持続可能性が危ぶまれていることなど、抱える課題は医療保険と共通する部分が多い。加えて、そもそも、厚生年金保険と協会けんぽは一体的に運営されている。第1章から第3章には、そうした問題意識が反映されている。

二つめは、2012年12月から2013年8月にかけ、著者が社会保障制度改革国民会議に委員として参加した際、財務省と厚生労働省それぞれの考えに、ごく一端ではあるが接したことである。通常こうした審議会では、会議開催に先立ち、委員は事務局から資料の事前説明を受ける。考えてみれば、委員は専門家として参加している建前であるから、事務局から説明を受けるのもおかしな話ではあるが、毎回1時間かそれ以上、事務局の複数名から説明を受けることになる。ことほど左様に、国民会議に限らず、審議会の主導権を握っているのは事務局である。

そのなかで、財務省と厚生労働省保険局の考えのちがいを感じる場面が何回かあった。国民会議は、内閣に置かれていたので、複数の関係省庁の職員を含めて事務局が構成される。以下は、あくまで著者の受け止め方なので、事実と異なるかもしれない。両省の相違の一つが、第4章で採り上げた国民健康保険の保険者のあり方である。財務省は、保険者を都道府県にするという考え方であり、厚生労働省保険局は、市町村のままでよいという考え方であったはずだ。なお、保険局と限定しているのは、厚生労働省のなかでも医政局は、財務省の考え方に近いのではないかと思われるためである。

保険局としてみれば、保険財政共同安定化事業の全レセプトへの対象拡大が施行（２０１５年４月）されてもいないのに、なぜその先の議論が国民会議で出てくるのだと疑問に思うであろうし、国保の法定外繰入３４００億円を公費で肩代わりするといっても、法定外繰入をしている市町村は相対的に豊かな首都圏に多いこともわかっていた。全面総報酬割導入で浮いた公費を国保に入れるなどという話を厚生労働省の審議会で議題としたこともない。仮に、国民会議が厚生労働省という一つの省のもとに置かれていたならば、このように政府内で意見が対立する局面に委員が接することもなかったであろう。

結局、２０１３年8月に公表された報告書のなかでは、保険者は都道府県であると書きこまれ、財務省の主張が通ったように見える。それでも、２０１５年5月に成立した国保改正法では、都道府県と市町村の共同保険者となった。さらに、２０１６年４月に厚生労働省から示されたガイドラインでは、医療費反映係数αについて、都道府県ごと0から1の間で任意に設定できる仕組みが示された。$\alpha=1$とすれば、２０１７年度まで実施されていた保険財政共同安定化事業とほとんど変わらない。むしろ、リスク構造調整の考え方が採り入れられより精緻化した仕組みとなっている。実際、$\alpha=1$を設定する都府県が多いのが実態である。蓋を開けてみれば、保険局の考えに寄っているようである。

保険局は、都道府県と市町村の判断によって、様々な保険者形態をとることのできる仕組みに仕立て上げたのではないかというのが著者の評価である。$\alpha=0$であれば好事例で、$\alpha=1$であればそうではないということではない。都道府県と市町村が真剣に考えた末での結論であれば、いずれでもよいのではないだろうか。

以上は、著者が審議会委員という一般的ではない経験に基づく推測が含まれている。現役官僚は、省としての見解を公にすることはないので、実際のところどうであったかは、こうした政策形成が過去のものとなり、オーラルヒストリーのようなかたちで明らかになるのを待つしかない。第4章は、著者の推測の妥当性を、公表されている事実から確認する作業ともなっている。

三つめは、社会保障を研究する過程のなかで、家庭医として活動されている医師のお話をうかがい、家庭医の制度化が必要であるとの確信に至ったことである。本文中で発言や著作を引用させていただいたのは、家庭医をされている医師である。いずれの先生も、ほんの10分程度お話を聞けば、例外なく「ああ、こういう先生に診てもらいたい」と思えるような人ばかりである。たとえば、イギリスの家庭医は、気分がすぐれないと訴える患者さんについて、それが勤務先の人間関係に原因があると判断すると、勤務先の上司に手紙を書くという。医師の優れた人間性ももちろんあるものの、教育システム、診療報酬制度の裏づけがあるのである。わが国でこれをやっても医師にとって手間がかかるだけで収入にならない。医療保険制度としてこういう診療行為を評価する必要がある。

もっとも、調べてみると、わが国では「家庭医」という言葉を使うこと自体がそもそもタブー視されているという。家庭医は、英語の Family physician の日本語訳ともなるし、中身を体現化した、一般の国民にもイメージしやすい、よいネーミングだと思うのだが、使ってはいけないらしい。そこで、わが国では、家庭医に代わる言葉として総合診療医が用いられている。ただ、その総合診療医も、お医者さんの世界では不遇をかこっているような印象である。お医者さんの世界もつくづく難しいという印象を受ける。

日本医師会が用いている用語は「かかりつけ医」である。そのかかりつけ医が目指しているところも、家庭医とおおむね共通しているのではないかと思われる。であれば家庭医と呼べばよいはずで、実際、かなり以前ではあるが、日本医師会会長であった武見太郎は、１９７６年の著作のなかで家庭医という言葉を使いながら医師のあるべき姿を描いている。

「家庭医制度、主治医制度は、疾病と健康の地域性を知悉し、広域的な地域文化についても理解を持ち、広範で多様な立場から、健康の維持、増進を考える人たちであるが、いまではその医師の養成は、どこの大学でも行われなくなった」（武見［１９７６］）。武見は、過度に教育熱心な母親とそれをストレスに感じ心身に不調をきたしている子どもの例を挙げ、そうした場合、医師は母親に諭さなければならないとしている。これなど、家庭医という呼称がぴったりである。

このように、用語に業界規制を設けているようでは、国民を巻き込んだ中身の議論など進むはずもないと思う。第４章で扱った地域医療構想も、家庭医というピースを欠いているため、画竜点睛を欠いているような印象を受ける。葛西龍樹の投げかけをまず受け止めるべきであろう。在宅医療・介護連携推進事業、地域包括ケアなども家庭医というキーワードを用いることで、もっとわかりやすく整理でき、国民の理解も深まるのではないかと常々考えてきた。

最近では、ACP（アドバンス・ケア・プランニング）という言葉を耳にする機会が増えたが、アルファベットでオブラートに包み込まず、家庭医と終末期のあり方について家族を含め事前に話し合う――と言ったほうが断然わかりやすい。1985年に設立された「家庭医に関する懇談会」をもう一度設け、国民がわかる言葉で理想の医療を語る必要があるであろう。そうした問題意識が本書の根底にある。

四つめは、医療に関するマクロの費用把握が極めて不十分であり、抜本的な改善が不可欠だと感じてきたことである。統計は民主的意思決定の基礎である。ある人からわが国の薬剤費はいくらあるのか尋ねられたことがある。著者は、それに即答できず、「国民医療費」をめくった。そこには、「薬局調剤医療費」しか掲載されていない。薬局調剤医療費は、薬局で提供された処方薬と技術料の合計であり、わが国の薬剤費を表したものではない。薬剤費という最も基本的な数値すら「国民医療費」に掲載されておらず、それに代わる統計も見当たらない。第5章の背景にはそうした問題意識がある。

薬剤費だけではない。CTスキャナーやMRI、病院・診療所の建物へ毎年いくら投資されているかもよくわかっていない。あれだけ人口あたり台数、病床数が多いと言われているにもかかわらずだ。本来、SNAのように、医療においても、毎年の資本形成の金額が把握されることが不可欠である。医療におけるマクロの費用把握の邦文文献は少なく、少ないなかからSHAにたどり着き、SHAの推計指針では、経常支出と資本形成を分けていることがわかった。

そこで、ＳＨＡについてかねてより問題提起されていた知己の医療経済学者にお声かけいただき、ある雑誌の特集号で資本形成について寄稿した頃から、徐々にＳＨＡを勉強するようになった。第１章と第６章で述べたように、健康支出（Health Expenditure）に治療のみならず、予防や介護を含めるなど、ＳＨＡはうまくできている。それにもかかわらず、ＳＨＡを公的統計にするという議論は、約10年前にたった2回開催された検討会だけである。

なぜこのようにマクロの費用把握が貧弱なのだろうか。二つの理由が推測できる。一つは、様々な統計が作られてはいるが、行政利用が目的であり、国民向けに判断の材料として提供するという意識が、おそらく徹底されていないためだ。定められた通りの調査がなされていなかった「毎月勤労統計」の事例も、統計はもっぱら行政が雇用保険や労災保険の給付額の算定に用いるものという感覚が強かったことが背景にあるのではないだろうか。

もう一つ、推測を膨らませれば、仮にきっちりとした正確な数字を出しても、批判があれば批判に答え、利害調整が必要であれば、その調整を担う人がいないからではないだろうか。財源というパイが限られるなか、薬剤費比率などは、極めてナーバスな数値である。薬剤費比率は、有り体にいえば医療機関と製薬会社の取り分だ。よって、薬剤費比率が毎年変動する、あるいは、トレンドを持つよりり、毎年大きな変化もなく、フワッとしているほうが、波風立たずに丸く収まる。官僚からすればラクである。そのため、数値が客観的な事実の描写というよりも、意図が込められたものとなってしまっているのではないだろうか。そうした視点で改めて表５－１の薬剤費比率をみると、２０００年代半ば以降ほぼ横ばいで推移しており、絶妙のバランスを見せている。もっとも、それは実態と乖離している。

こうした数値に限らず、現在は「経済財政白書」と改名されているかつての「経済白書」も、もとの名のままのほうがよかったのではないかと思う。「経済財政白書」は、その時どきの政権の政策を反映し、メッセージ性が込められているが、本来、目の前にある経済が丹念に分析され、歴史に耐え得る記録として残されていくべきだろう。主観は排除されなければならない。行政がそうした本来的な仕事に集中できる環境を保証するのは、政治の責任であると思う。

最後に、五つめは、２０１０年から約10年間、社会保障審議会年金事業管理部会の委員に加えられたことである。これは、日本年金機構の業務運営に関する審議会である。そこでは、政策というより、事務処理の改善、システム刷新、人事制度の見直しなど現場の細かな話が中心なのでついていくのは大変だが、研究を進めるうえで得るところが多かった。

たとえば、日本年金機構理事長は、審議会の場で「制度を実務に落とし込む」と言われていた。法律をいくら作っても、それを実現するためのヒトとモノが手当てされ、実務として回っていかなければ意味がない。

逆に、実務に工夫を施すことで、法律を大きく書き換えずとも、好ましい効果を得ることもできる。近年、協会けんぽと厚生年金保険の適用事業所が大幅に増えているのはその好例である。第３章の適用、資格取得、および、保険料納付方法の見直しは、このように実務に目を向ける発想に由来している。

著者の考えをかたちづくっているのは、もちろんこれらの経験だけではない。勤務先の株式会社日本総合研究所、お一人お一人のお名前を上げきれないが、社外の多くの方々のご教示が基礎となっている。深く感謝申し上げたい。

単行本は編集者と著者の共同作業であると思う。著者に執筆の機会を与え、本書の完成へと導いて下さった慶應義塾大学出版会の増山修氏に心より感謝申し上げたい。

最後に、本書を父と母に捧げることをお許しいただきたい。

2020年8月

著　者

参考文献

【邦文文献】

有岡二郎（１９９７）『戦後医療の五十年　医療保険制度の舞台裏』日本医事新報社

井伊雅子、五十嵐中、中村良太（２０１９）『新医療経済学』日本評論社

池上直己（２００５）「急性期以外の入院医療のための新たな支払い方式」池上直己・遠藤久夫編著『講座医療経済・政策学第２巻　医療保険・診療報酬制度』所収、勁草書房

池本美香（２０１８）「幼児教育無償化の問題点―財源の制約をふまえ教育政策としての制度設計を―」日本総研 Research Focus No. 2017-040

泉田信行（２０１６）「医療サービスの供給確保・地域医療構想」『社会保障研究』Vol. 1, No. 3, ５８０－５９５ページ。

伊関友伸（２０１９）『人口減少・地域消滅時代の自治体病院経営改革』ぎょうせい

伊藤周平（２０１５）「医療保険制度改革法の諸問題と課題―国民健康保険の都道府県単位化の問題を中心に」『賃金と社会保障』１６３６号、４－21ページ。

今井澄（２００２）『理想の医療を語れますか―患者のための制度改革を』東洋経済新報社

岩田克彦（２００４）「雇用と自営、ボランティア―その中間領域での多様な就業実態と問題の所在―」JILPT Discussion Paper Series 04－010

岩本康志・鈴木亘・両角良子・湯田道生（２０１６）『健康政策の経済分析：レセプトデータによる評価と提言』東京大学出版会

江口隆裕（２０１５）「何のための国保改革か」『週刊社会保障』No. 2812（2015.2.9）

――――（2016）「医療保険制度の課題と将来―何のための国保都道府県単位化か―」『週刊社会保障』第70巻2887号、48－51ページ。

栄畑潤（2007）『医療保険の構造改革』法研

OECD（2014）「医療の質レビュー　日本　スタンダードの引き上げ　評価と提言」

大平正芳記念財団（2000）『去華就實　聞き書き大平正芳』財団法人大平正芳記念財団

尾形裕也（2005）「保険者機能強化論の経済・政策学」池上直己・遠藤久夫編著『講座医療経済・政策学第2巻　医療保険・診療報酬制度』所収、勁草書房

――――（2015）「地域医療構想と保険者の役割」『健康保険』第69巻8号、18－21ページ。

岡光序治編著（1993）『老人保健制度解説　第一次、第二次改正と制度の全容』ぎょうせい

翁百合（2017）『国民視点の医療改革―超高齢社会に向けた技術革新と制度』慶應義塾大学出版会

葛西龍樹（2013）『医療大転換―日本のプライマリ・ケア革命』筑摩書房

――――（2014）「地域包括ケアシステムにおけるプライマリ・ケアの役割と課題」『医療経済研究』Vol. 26, No. 1, 3－26ページ。

笠木映里（2017）「国民健康保険の『都道府県単位化』」『法律時報』第89巻第3号、30－37ページ。

加藤智章（2016）『社会保険　核論』旬報社

亀井善太郎（2017）「『こども保険』は誰のためなのか　問題の先送りを許す政治からの転換を」『Voice』7月号、206－212ページ。

唐澤剛（2015）「インタビュー　国保制度は50年ぶりの抜本的改革　リスク構造調整の導入は画期的」『社会保険旬報』No. 2612（8.11）6－13ページ。

神田裕二（2016）「今後の医療制度改革について―医療経済フォーラムジャパン主催第77回定例研修会から（上）」『社会保険旬報』No. 2641、12－17ページ。

草場鉄周（２０１５）「松田・藤野論文への一考」『フィナンシャル・レビュー』No. 3（通巻第１２３号）97－99ページ。

郡司篤晃（１９９８）『医療システム研究ノート』丸善プラネット
――（２０１５）『安全という幻想　エイズ騒動から学ぶ』聖学院大学出版会
経済産業省（２０１５）「将来の地域医療における保険者と企業のあり方に関する研究会報告書」

経済団体連合会（２０００）「保険者機能の強化への取組みと高齢者医療制度の創設」

健康保険組合連合会（２０１４）「国民健康保険の財政構造と機能分析に関する調査研究報告書」

――（２０１７）「医療保険制度における『負担の公平』に関する調査研究報告書」

――（２０１８ａ）「独仏の医療保険制度に関する調査研究〈ドイツ報告書〉」

――（２０１８ｂ）「独仏の医療保険制度に関する調査研究〈フランス報告書〉」

――（２０１９）「日独医療保険セミナー～ドイツに見る保険者のあり方～開催報告書」

厚生労働省保険局医療課（２０１７）「平成30年度診療報酬改定の概要　ＤＰＣ／ＰＤＰＳ」

国土計画協会（２０１７）「所有者不明土地問題研究会最終報告～眠れる土地を使える土地に『土地活用革命』～」

小村武（１９８４）「社会保障予算」ファイナンス20（3）、4－20ページ。

財政制度等審議会（２０１３）「財政健全化に向けた基本的考え方」

――（２０１８）「平成31年度の予算編成等に関する建議」

――（２０１９ａ）「令和時代の財政の在り方に関する建議」

――（２０１９ｂ）「令和2年度予算の編成等に関する建議」

齋藤隆夫（２０１８）「加入者の『健幸』づくりに向けた取り組み」『ＪＲＩレビュー』Vol. 4, No. 55, 4－18ページ。

財務省財務総合政策研究所財政史室編（２００４ａ）『昭和財政史：昭和49～63年度第2巻』東洋経済新報社
――（２００４ｂ）『昭和財政史：昭和49～63年度第5巻』東洋経済新報社
佐藤敏信（２０１８）『ＴＨＥ中医協　その変遷を踏まえ健康保険制度の『今』を探る』薬事日報社

佐藤主光（2014）「国民皆保険を守るための改革：社会保険料の租税化と機能分離」『健康保険』第68巻第11号、16－21ページ。
――――（2017）「英国のPAYE（Pay As You Earn）に学ぶ所得情報のデジタル化」東京財団政策研究所　論考（1月20日）
澤憲明（2012）「これからの日本の医療制度と家庭医療（全7章）」『社会保険旬報』No. 2489（3.11）～No. 2513（11.11）
柴田洋二郎（2017）「フランスの医療保険財源の租税化」『JRIレビュー』Vol. 9, No. 48, 4－25ページ。
島崎謙治（2011）『日本の医療―制度と政策―』東京大学出版会
――――（2016）「医療提供制度を改革する政策手法―診療報酬、計画規制、補助金―」『社会保障研究』Vol. 1, No. 3, 596－611ページ。
鈴木亘・八代尚宏編（2011）『成長産業としての医療と介護―少子高齢化と財源難にどう取り組むか（シリーズ現代経済研究）』日本経済新聞出版社
全国保険医団体連合会（2011）「薬価の国際比較調査にもとづく医療保険財源提案」『月刊保団連』臨時増刊号 No. 1087
――――（2013）「膨張する医療費の要因は高騰する薬剤費にあり―2000年度～2012年度における概算医療費と薬剤費の推移―」
総合研究開発機構（2015）「社会保障改革しか道はない―2025年度に向けた7つの目標―」
高椋正俊（2010）「『医療費と医療費配分』の見直しを―薬剤費に係わる費用を中心に―」『日本外科学界雑誌』第111巻第3号、189－194ページ。
武見太郎（1976）『医心伝真』実業之日本社
田近栄治・尾形裕也編著（2009）『次世代型医療制度改革』ミネルヴァ書房
土田武史（2005）「医療保険」『日本社会保障資料Ⅳ』所収、国立社会保障・人口問題研究所
堤修三（2018）『社会保険の政策原理』国際商業出版
寺内順子（2016）『検証！　国保都道府県単位化問題　統一国保は市町村自治の否定』日本機関紙出版センター
土居丈朗（2013）「医療保険・介護保険における税と保険料の役割分担」『三田学会雑誌』Vol. 106, No. 1, 95－107ページ。

参考文献

東京財団（２０１２ａ）「医療・介護制度改革の基本的な考え方～真の国民的議論を実現するために～」
――（２０１２ｂ）「将来推計の抜本見直しを―日本の経済財政社会保障に関する将来推計の課題と将来像」
土佐和男（２００７）「後期高齢者医療制度の基礎知識」『週刊社会保障』No. 2415～2434
飛田英子（２０１４）「医療計画の実効性を高めるためにアメリカＣＯＮ規制から学べ」『ＪＲＩレビュー』Vo. 4, No. 14, ２－17
ページ。
――（２０１８）「介護医療院創設の評価と課題」日本総研 Research Focus　No. 2018-28
――（２０１９）「医療計画の見直しに必要な視点―望ましい医療提供体制の構築に向けて―」『ＪＲＩレビュー』Vol. 7, No. 68,
28－42ページ。
中川秀空（２０１５）「国民健康保険の現状と改革の論点」『レファレンス』（７６９）平成27年２月号、５－27ページ。
長坂健二郎（２０１０）『日本の医療制度』東洋経済新報社
長澤優（２０１２）「国民医療費に占める薬剤費の推計―２００１～２００９年度―」『政策研ニュース』No. 36（７月）
中村昭弘（１９８４）「退職者医療制度と財政調整」『関西経協』38（４）、22－29ページ。
西沢和彦（２００８）『年金制度は誰のものか』日本経済新聞出版社
――（２０１１）『税と社会保障の抜本改革』日本経済新聞出版社
――（２０１５ａ）「国民健康保険財政「赤字」の分析」『ＪＲＩレビュー』Vol. 3, No. 22, 27－42ページ。
――（２０１５ｂ）「『総保健医療支出』における Long-term care 推計の現状と課題―医療費推計精度の一段の改善」『ＪＲＩ
レビュー』Vol. 11, No. 30、２－20ページ。
――（２０１５ｃ）「『総保健医療支出』推計の問題点（特集 地域医療・介護の費用対効果分析に向けて）」『フィナンシャル・
レビュー』（３）、１６３－１８７ページ。
――（２０１７ａ）「『保健医療支出』における予防費用推計の現状と課題」『ＪＲＩレビュー』Vol. 9, No. 48, 60－80ページ。
――（２０１７ｂ）「医療にかかる消費税の現状とあるべき姿」『ＪＲＩレビュー』Vol. 9, No. 48, 81－97ページ。

――（2018a）「処方薬は飲食料品・新聞より消費税率が高くなる⁉」東京財団政策研究所HP
――（2018b）「薬価制度改革の在り方―イギリスとの比較を通じた考察―」『JRIレビュー』Vol.5, No.56, 92－111ページ。
――（2019）「働き方の多様化と厚生年金保険適用・資格取得・保険料納付の見直し」東京財団政策研究所　税・社会保障改革ユニット「『働き方改革』と税・社会保障のあり方」所収
――（2020）「予防接種費用推計の現状と課題」『JRIレビュー』Vol.5, No.77, 71－86ページ。
新田秀樹（2015）「国保の都道府県『移管』で果たして何が変わるのか？」『都市問題』第106巻第9号、59－66ページ。
――、島崎謙治、三谷宗一郎、江利川毅、木村哲也、和田勝、野々下勝行、田中耕太郎、浜田淳（2017）「医療政策ヒストリー座談会録第2回1984（昭和59）年健康保険法改正」『医療と社会』第27巻第3号、297－346ページ。
日本医師会（2010）「国民の安心を約束する医療保険制度」
日本医師会総合政策研究機構（2019）「日本の医療のグランドデザイン2030」
野々下勝行（2013）「加入率調整・保険料の保険者帰属の問題点」『健康保険』4月号、68－72ページ。
橋爪甲太郎（1984）「退職者医療制度は医療保険制度に何をもたらすか」『関西経協』第38巻第12号、14－17ページ。
広井良典（1997）『医療保険改革の構想』日本経済新聞社
PHP総研（2019）「統治機構改革1・5&2・0―次の時代に向けた加速と挑戦」
複数の事業所に雇用される者に対する雇用保険の適用に関する検討会（2018）「報告書」
藤田晴（1984）『福祉政策と財政』日本経済新聞社
――（1997）「税と保険料を考える（1）～（3）」『健康保険』5、6、7月号
保健医療2035策定懇談会（2015）「保健医療2035」
松田晋哉（2013）『医療のなにが問題なのか：超高齢社会日本の医療モデル』勁草書房
松本武洋（2016）「市町村長から見た新しい国民健康保険制度」『病院』第75巻第3号、194－197ページ。

松山幸弘（２０１７）『財政破綻に備える　次なる医療介護福祉改革』日本医療企画

真野俊樹（２０１７）『医療危機―高齢社会とイノベーション』中央公論新社

水野肇（２００３）『誰も書かなかった日本医師会』草思社

三原岳（２０１７）「地域医療構想を３つのキーワードで読み解く（１）」『ニッセイ基礎研レポート』2017-11-24

――（２０１９ａ）「策定から2年が過ぎた地域医療構想の現状を考える（上）公立・公的医療機関の役割特化を巡る動きを中心に」『ニッセイ基礎研レポート』2019-05-30

――（２０１９ｂ）「策定から2年が過ぎた地域医療構想の現状を考える（下）都道府県の情報開示・情報共有を中心に」『ニッセイ基礎研レポート』2019-06-05

八代尚宏（２０１３）『規制改革で何が変わるのか』ちくま新書

山崎泰彦監修（２０１６）『国民健康保険制度改革の解説～平成30年度からの都道府県主体による財政運営に向けて～』社会保険出版社

山田久（２０１６）『失業なき雇用流動化―成長への新たな労働市場改革』慶應義塾大学出版会

――（２０１７）『同一労働同一賃金の衝撃「働き方改革」のカギを握る新ルール』日本経済新聞出版社

山田雄三監訳（１９６９）『ベヴァリッジ報告　社会保険および関連サービス』至誠堂

山本隆一（２０１７）「医療のＩＴ化をめぐる問題」『ＪＲＩレビュー』Vol.9, No. 48, 26－37ページ。

兪炳匡（２００６）『改革のための医療経済学』メディカ出版

吉田あつし（２００９）『日本の医療のなにが問題か』ＮＴＴ出版

吉原健二編著（１９８３）『老人保健法の解説』中央法規出版株式会社

渡邉芳樹（２０１２）『分岐点　皆保険皆年金は結果か政策か』社会保険実務研究所

【欧文文献】

Kroneman, M., W. Boerma, M. van den Berg, P. Groenewegen, J. de Jong, and E. van Ginneken（2016）“The Netherlands: health system review,” *Health Systems in Transition*, 2016; 18（2）

PhRMA（2018）‘To Contribute to a Goal of JAPAN AS THE BEST PLACE TO LIVE AND AGE: VISION REPORT OF THE INNOVATIVE BIOPHARMACEUTICAL INDUSTRY’

【著者略歴】

西沢和彦（にしざわ・かずひこ）

1965年生まれ。89年、一橋大学社会学部卒業、三井銀行入行。98年より（株）さくら総合研究所環境・高齢社会研究センター主任研究員。2001年、（株）日本総合研究所調査部主任研究員。2002年、法政大学修士（経済学）取得。社会保障審議会年金部会委員、社会保障制度改革国民会議委員等を歴任。

現在（株）日本総合研究所調査部主席研究員。

主著

『年金制度は誰のものか』（日本経済新聞出版社、2008年、日経・経済図書文化賞）

『税と社会保障の抜本改革』（日本経済新聞出版社、2011年、日本公認会計士協会学術賞）

『北欧モデル』（共著、日本経済新聞出版社、2012年）　ほか

医療保険制度の再構築
——失われつつある「社会保険としての機能」を取り戻す

2020年10月20日　初版第1刷発行

著　者————西沢和彦
発行者————依田俊之
発行所————慶應義塾大学出版会株式会社
〒108-8346　東京都港区三田2-19-30
TEL〔編集部〕03-3451-0931
〔営業部〕03-3451-3584〈ご注文〉
〔　〃　〕03-3451-6926
FAX〔営業部〕03-3451-3122
振替　00190-8-155497
http://www.keio-up.co.jp/
装　丁————坂田政則
組　版————株式会社キャップス
印刷・製本——中央精版印刷株式会社
カバー印刷——株式会社太平印刷社

Printed in Japan　ISBN978-4-7664-2707-3